U S A

Dutch Harbor
20. September 2002

Kap Deshnew
6. September

Beringstraße

Providenija 9.–11. September

WRANGEL-INSEL
30. August

● Umkehrpunkt 1994

Kap Schmidt

● Pewek

T I S

AYON-INSEL

NEUSIBIRISCHE-
INSELN

SEWERNAJA
ZEMLJA

80°

Kap Tscheljuskin
13. August

L →

DENSKIÖLD-
ARCHIPEL

st

70°

Tiksi
17.–22. August

Lena

nördlicher Polarkreis

USA

K A N A D A

60°

G R Ö N L A N D

A L A S K A

Dutch Harbor ●

Providenija ●

Nordpol ◆

Bergen ●
Ålesund ●
Hamburg ●
Tromsø ●
Vardø ●
Murmansk ●

Barentssee

*Kara-
see*

*Kap
Tscheljuskin* ●

Tiksi ●

Dikson ●

50°

Route der DAGMAR AAEN
1993 auf der Nordwestpassage

90°   100°   110°   120°   130°   140°   150°   160°   170°   40°

ARVED FUCHS

KÄLTER ALS EIS

Die Wiederentdeckung der Nordostpassage

Delius Klasing Verlag

Von Arved Fuchs sind darüber hinaus folgende Titel
im Delius Klasing Verlag erschienen:
Abenteuer zwischen Tropen und ewigem Eis
Der Weg in die weiße Welt
Im Faltboot um Kap Hoorn
Abenteuer Russische Arktis
Im Schatten des Pols
Wettlauf mit dem Eis

Bibliografische Information Der Deutschen Bibliothek
Die Deutsche Bibliothek verzeichnet diese Publikation in der
Deutschen Nationalbibliografie; detaillierte bibliografische
Daten sind im Internet über http://dnb.ddb.de abrufbar.

2. Auflage
ISBN 3-7688-1431-9
© by Delius, Klasing & Co. KG, Bielefeld

Schutzumschlaggestaltung: Buchholz/Hinsch/Hensinger, Hamburg
Layout: Ekkehard Schonart
Lithographie: scanlitho.teams, Bielefeld
Druck und Bucheinband: aprinta Druck, Wemding
Printed in Germany 2003

Delius Klasing Verlag, Siekerwall 21, D - 33602 Bielefeld
Tel.: 0521/559-0, Fax: 0521/559-115
e-mail: info@delius-klasing.de
www.delius-klasing.de

Ich möchte dieses Buch der Crew der DAGMAR AAEN widmen,
ganz besonders aber meinem Freund Slava Melin,
ohne den es diese Expedition niemals gegeben hätte.

INHALT

PROLOG

Jeder hat es in der Hand,
ob er am Ende seines Lebens auf eine Summe von Versäumnissen zurückblickt,
oder auf ein Leben voller Ereignisse …

Als ich im September 1994 beim Verlassen des Hafens von Providenija die letzten tristen und baufälligen Gebäude der Stadt hinter einer Fjordbiegung verschwinden sah, war meine erste Amtshandlung den Deckwaschschlauch hervorzuholen und die Pumpe anzustellen. Mit zusammengebissenen Zähnen, verbittert und ohne einen weiteren Blick nach achtern zu werfen; spritzte ich das Deck von Ruß, Kohlenstaub und Sand frei – mit einer Entschlossenheit, als könnte ich damit gleichsam auch unliebsame Erlebnisse und Erinnerungen über Bord waschen. Für mich war das Thema Russland durch. Ich war frustriert, enttäuscht, wütend und traurig zugleich.

Nein, hier wollte ich nicht wieder hin. Im Rahmen der Icesail-Expedition hatten wir uns in den letzten vier Jahren über alle Maßen in Russland engagiert. Für uns war es nicht nur ein schlichtes Abenteuer, eine spannungsgeladene Eisfahrt mit einem traditionellen Segelschiff – die Reise bedeutete für uns Begegnung mit Menschen, mit einem sich im Umbruch befindenden politischen und sozialen System. Wir waren Zeitzeugen und Teilnehmer zugleich und wir wollten helfen. Als humanitäre

Hilfe rüsteten wir ganze Krankenhäuser aus, schickten Wagenladungen an Hilfsgütern nach Sibirien, hatten eine Initiative »Sportler und Kulturaustausch« ins Leben gerufen und versuchten wirtschaftliche Kontakte herzustellen. In vielen Bereichen waren wir womöglich ein wenig naiv gewesen, aber trotzdem hatten wir jede freie Minute und jeden Pfennig, den wir damals aufbringen konnten, in das Projekt gesteckt. Wir standen morgens mit Russland auf und gingen spät abends mit Russland ins Bett, und oft genug klingelte mitten in der Nacht noch das Telefon – irgendein russischer Freund oder Partner hatte eine Frage.

Wirtschaftlich hatte mich das Projekt fast ruiniert. Ich erwartete keine Gegenleistung, zumindest aber doch eine gewisse Form der Anerkennung. Die kam zwar auch von den Menschen, denen wir geholfen hatten, aber diejenigen, die gar keiner Hilfe bedurften, wollten auch ihren Teil – und zwar in harter Währung –, ansonsten würde man uns Schwierigkeiten bereiten. Ich zahlte, was ich konnte, und verlor wegen der zeitlichen Verzögerung und der fortgeschrittenen Jahreszeit an der sibirischen Nordküste um ein Haar mein Schiff, da wir

Alte Pracht im heutigen St. Petersburg, das einst kulturelles Zentrum des alten Europas war.

unvermittelt in schwere Eispressungen geraten waren. Mit eingedrückten Planken, teilweise abgerissenem Ruderblatt und einem arg mitgenommenen Nervenkostüm erreichten wir unter eigener Kraft Providenija, um dort auszuklarieren.

Der Versuch der Durchfahrung der Nordostpassage war im dritten Anlauf gescheitert. Weniger wegen der schwierigen Eisverhältnisse – damit hätte ich gut leben können –, sondern vielmehr wegen der ablehnenden Haltung einiger Verwaltungsbeamter und der Hafenbehörde. Warum das so war, habe ich nie verstehen können. Mein russischer Freund und Begleiter Slava Melin war zu diesem Zeitpunkt mindestens genauso traurig wie ich – und erklären oder verstehen konnte auch er es nicht. Vielleicht erwarteten wir einfach zu viel.

Damals stand für mich fest, dass ich nie wieder mit einem Schiff in die russische Arktis zurückkehren würde. Zu hoch schien mir der Einsatz, zu gering die Erfolgsaussichten und überhaupt – ich hatte die Nase gestrichen voll!

Warum ich im März 2001 dennoch wieder den Entschluss fasste, einen weiteren Versuch zu unternehmen, kann ich auch heute nicht genau erklären. Sibirien entlässt einen nicht so mir nichts dir nichts. Man kann sich nicht einfach von dem Land mit all seinen Ärgernissen und Widrigkeiten, aber auch von seiner Faszination lösen. Sibirien bedeutet Widerspruch. Ich hatte Abstand gewonnen, mich aber niemals richtig gelöst. Ich hatte probehalber im

Mit schwindendem
Tageslicht setzen 1994
in der De Long-Straße die
schweren Eispressungen
ein, die fast zum Verlust
des Schiffes führen.

»All hands« sind auf einem Traditionsschiff gefordert. Hier wird die Großschot geholt.

Sommer einen Törn nach St. Petersburg unternommen und verwundert festgestellt, dass sich das Land gewandelt hatte. Aber St. Petersburg ist nicht Sibirien.

Letztlich war ein Besuch Slavas bei mir zu Hause in Bad Bramstedt ausschlaggebend. Er verstand es, meine alte Neugierde und meine Sehnsüchte in Bezug auf das Land erneut zu wecken. Dass diese neue Reise stattfindet, ist zunächst sein Verdienst. Er nahm mir die alte Abneigung, den Frust und auch ein wenig die Angst, wieder irgendwo bei einer Behörde aufzulaufen.

Sich auf die Nordostpassage erneut einzulassen, hieß endlose Korrespondenz mit russischen Behörden einzugehen. Eine Kalkulation zu erstellen, die eigentlich nur aus lauter Unbekannten bestehen würde. Ich würde mich wieder in die Hände von Menschen begeben, die gnadenlos jeden abzocken, der sich in ihren Einflussbereich begibt. Ich würde mich nur darauf einlassen, wenn Slava mit von der Partie wäre. Er sicherte mir dies spontan zu, wir stießen mit einem Glas Vodka darauf an – und ich war gefangen.

Noch lange danach quälte mich die Unsicherheit, ob ich mich hier auf etwas eingelassen hatte, das meinem eigenen innersten Wunsch entsprach oder ob es hier um schlichte Überredungskunst sowie eine sportliche Herausforderung ging – mit sehr ungewissem Ausgang. Letztere Gründe wären ein schlechter Ratgeber gewesen. Das Eis schreckte mich nicht – obwohl ich allen nötigen Respekt davor habe. Aber die Ungewissheit, ob wir alle Genehmigungen erhalten würden, und natürlich die Erfahrungen der früheren Reisen – das machte mir Angst.

Deshalb soll dieses Buch auch kein schlichter Bericht einer Eisfahrt werden. Ich habe so viele Meilen im Eis und unter schwierigsten Bedingungen zurückgelegt, dass ich diese Art zu reisen trotz aller Faszination als eine Art Handwerk verstehe. Ich habe gelernt, mit dem Eis umzugehen, auch wenn ich immer wieder staunend und sorgenvoll wie ein Berufsanfänger vor neuen Herausforderungen und Schwierigkeiten stehe. Die Abenteuer stellen sich ganz von allein ein. Aber ich brauche mir diesbezüglich nichts mehr zu beweisen. Sibirien hingegen ist für mich etwas sehr Persönliches. Sibirien ist anders. Sibirien hält mich gefangen. Und Sibirien ist hochaktuell! Wohin steuert das Land? Wie mögen die Städte wie Dikson, die einsam und

An der sibirischen Küste ist es fast unmöglich, Schutz vor dem Packeis zu finden. Nordwind treibt die Schollen bis auf den Strand.

Die DAGMAR AAEN ist gut gegen das Eis geschützt. Trotzdem fordert die Eisfahrt äußerste Konzentration und Umsicht.

von wirtschaftlichen Perspektiven abgeschlagen an der Küste des Nordpolarmeeres vor sich hindämmern, heute aussehen? Damals waren sie schon dem Verfall preisgegeben. Was ist aus den Menschen geworden? Aus den riesigen, kraftstrotzenden Eisbrechern, den archaisch wirkenden Naturvölkern? Gibt es noch die öffentlichen Banjas, die Waschräume, die Gastfreundschaft der Menschen, die das Wenige, was sie haben, ohne zu überlegen mit dem Reisenden teilen würden? Gerade in der Retrospektive zu unseren früheren Reisen im Rahmen der Icesail-Expedition würden sich interessante Vergleiche herstellen lassen.

Als wir 1991 nach Russland einliefen, gab es noch die Sowjetunion. Wir hatten den Militärputsch im August 1991 ebenso miterlebt wie den Flaggenwechsel von Hammer und Sichel hin zu der russischen Nationale. Was passiert heute in diesem riesigen Land? Keine andere Region der arktischen Hemisphäre ist so abgelegen und verbirgt ihr Antlitz so total wie der sibirische Norden. Berichte vom Untergang der KURSK ließen Bilder eines baufälligen Murmansk über die Bildschirme flimmern, aber Murmansk ist fast noch Europa! Sibirien beginnt erst weit dahinter im Osten.

Darüber möchte ich berichten. Über die Veränderungen, über die hoffentlich entstehenden Perspektiven und über meine ganz eigenen und persönlichen Eindrücke. Dies ist nicht die Reportage einer Rekordfahrt – andere sind Generationen vor uns schon durch diese Passage gesegelt. Es ist der Versuch einer Bestandsaufnahme und der Bericht über eine neu gewachsene Neugierde, die mich auf diese neue Expedition treibt, deren Ausgang zu diesem Zeitpunkt noch völlig ungewiss ist. Ich werde meine Eindrücke unterwegs zu Papier bringen und sie so stehen lassen, wie sie mir begegnet sind. Vielleicht werde ich am Ende der Saison wieder meinen Deckwaschschlauch hervorkramen und mit finsterer Mine sagen: »Das war endgültig das letzte Mal.« Vielleicht komme ich aber auch zu einem ganz anderen Ergebnis. Und diese Ungewissheit ist Rechtfertigung genug, um eine neue Reise zu unternehmen. Würden wir nicht das Unbekannte wagen, wären wir schon zu Lebzeiten erstarrt.

Murmansk, 21. Juli 2002

13

Die Nordostpassage

*Die Nordostpassage ist die kürzeste Verbindung
zwischen den Häfen Nordeuropas und den Häfen Asiens.*

Als Einstieg ein kleines Zahlenspiel:
Die Strecke von Hamburg nach Yokohama beträgt
auf der Suez-Kanal-Route 11 073 Seemeilen. Auf
der längeren Route um das Kap der Guten Hoffnung herum muss ein Schiff sogar 14 542 Seemeilen zurücklegen. Die Nordostpassage jedoch schlägt
dagegen lediglich mit 6920 Seemeilen zu Buche, sie
ist also um ganze 4153 Seemeilen kürzer als die
heute gebräuchliche Suez-Route.
Wäre dort nicht das Eis!
Die bloße Erkenntnis, dass rein rechnerisch gesehen
der Seeweg über den Pol nach Asien kürzer ist als
der lange und beschwerliche Weg um die Konti-
nente mit ihren stürmischen Kaps herum war den
Kaufleuten, Geografen und Seefahrern schon seit
Jahrhunderten bewusst. Unzählige Schiffe, Besat-
zungen und kostbare Ladungen gingen auf der Südroute verloren. Anlass genug, um Expeditionen
auszusenden, die den Auftrag hatten, eine Passage
auf der Nordroute zu erkunden. Es gab aber auch
noch eine politische Komponente. Als 1494 im
Vertrag von Tordesillas die Welt zwischen Portugal
und Spanien sozusagen aufgeteilt wurde, waren

anderen seefahrenden Nationen die Südrouten
weitestgehend versperrt. Selbstverständlich versuchten diese sich rechtzeitig neu zu orientieren –
und damit erwuchs das Interesse an den arktischen
Regionen.
England konzentrierte sich auf die Suche nach einer
nordwestlichen Durchfahrt, der Nordwestpassage,
während Holland sich frühzeitig auf die Suche nach
einer nordöstlichen Durchfahrt machte. Die russischen Zaren – in Unkenntnis über die wahre Größe ihres Reiches und den Küstenverlauf – sandten
ebenfalls Expeditionen aus, um das Land zu karto-
grafieren und neue Handelswege zu Wasser und zu
Lande zu erkunden.
Einer der Ersten, der brauchbare Informationen
über den östlichen Teil der russischen Nordmeer-
küste mitbrachte, war der Kosake Semjon Deshnew, der 1648 als Erster mit sechs Booten und
neunzig Mann von dem Fluss Kolyma bis nach
Anadyr segelte und damit den Beweis antrat, dass
Sibirien und Amerika nur durch eine Wasserschei-
de – die Beringstraße – getrennt sind. Lediglich ein
Boot und fünfundzwanzig Mann überstanden die

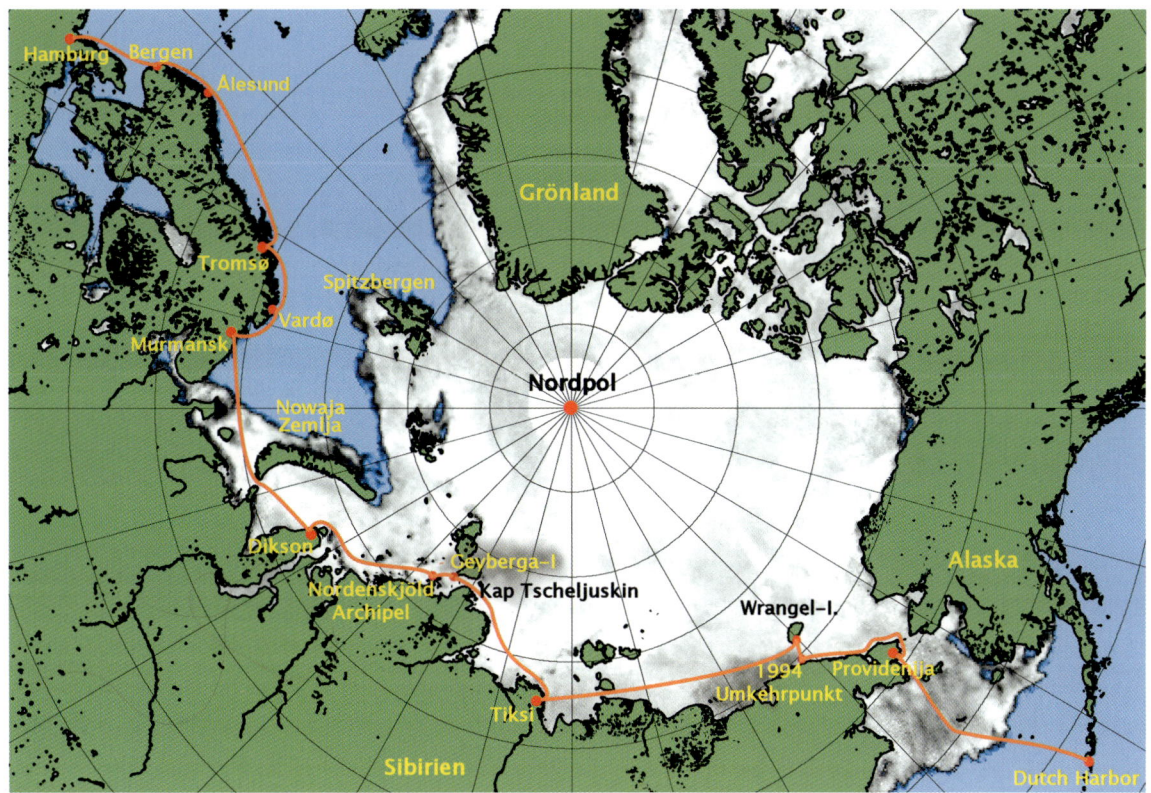

Strapazen dieser Expedition. Die Landkarten, die er im Verlauf seiner Reisen anfertigte, unterlagen 100 Jahre lang der höchsten Geheimhaltung.

Der Holländer Wilhelm Barents versuchte 1596, einen Seeweg von Westen kommend zu erkunden und gelangte immerhin bis an die Nordspitze Nowaja Zemljas, wo sein Schiff schließlich einfror und zerdrückt wurde und er sich aus den Wrackteilen mit seiner Mannschaft eine Behausung bau-

te, um den arktischen Winter zu überstehen. 25 000 Gulden – für die damalige Zeit eine unvorstellbar hohe Summe – waren als Belohnung für die Entdeckung einer Passage ausgelobt worden. Zwar gelang es den Holländern, den polaren Winter zu überstehen. Bei dem Versuch, im nächsten Sommer das Festland zu erreichen, erlag Barents jedoch den Strapazen. Die Überlebenden hingegen wurden gerettet und mit ihnen die Aufzeichnungen Wil-

**Einjähriges Eis, das sich in
Auflösung befindet.
Aber der Schein trügt:
Das Eis ist immer noch
knapp zwei Meter dick.**

helm Barents'. Die Passage hatten sie nicht entdeckt, wohl aber das Wissen über diese Region
vertieft. 300 Jahre später wurden durch einen Zufall
sogar die Reste des Winterlagers auf Nowaja Zemlja gefunden. Damit ist diese Expedition vermutlich
nicht nur eine der frühesten auf der Suche nach der
Nordostpassage, sondern zugleich diejenige, die am
besten dokumentiert ist.

Berichte über Expeditionen – alle mit mehr oder
weniger fatalem Finale – füllen bei mir zu Hause
mittlerweile ganze Bücherregale. Als Autoren
zeichnen auch Expeditionsleiter, sofern sie ihre
Unternehmung überlebt hatten, um darüber zu
schreiben. Andere, die nicht so viel Fortune hatten,
brauchten sich zumindest um ihre posthume
Berühmtheit keine Sorgen zu machen. Chronisten

Die VEGA, ursprünglich ein deutsches Schiff, wurde von Nordenskiöld für die Expedition angekauft.

Adolf Erik
Nordenskiöld

nahmen sich ihrer Sache an und strickten daraus so manches Heldenepos, wobei viele angebliche Fakten im spekulativen Bereich angesiedelt waren, da man die genauen Abläufe und Zusammenhänge ja nicht kannte. Allein die Tragödie um John Franklin und seine 129 Mann, die allesamt in der Nordwestpassage ums Leben kamen, führte zu über 40 Suchexpeditionen und einem Vielfachen an Büchern, die sich mehr oder weniger sachkundig mit dieser Expedition beschäftigten. Das glorreiche Scheitern diente als Romanvorlage, als Anlass für glühende patriotische Reden, als Durchhalteparole. Andere Expeditionen mit ähnlich unseligem Ausgang fanden dagegen kaum Erwähnung, obwohl sie an Dramatik kaum zu überbieten waren. Als eigentlicher Entdecker der Nordostpassage gilt

Die FRAM ist das berühmteste aller Polarschiffe. Auf mehreren Expeditionen hat sie unter der Leitung Nansens, Amundsens und Sverdrups ihre Klasse bewiesen. Bei unserer Trainingsreise nach Oslo besuchen wir das FRAM-Museum.

der schwedische Baron Adolf Erik Nordenskiöld. Mit seinem Schiff VEGA durchfuhr er von 1878 bis 1879 vollständig die Passage. Günstige Eisverhältnisse erlaubten ihm innerhalb eines Sommers bis kurz vor die Beringstraße zu segeln, und hätten sie nicht – wie Nordenskiöld selbst freimütig einräumt – an der einen oder anderen Stelle unnötig Zeit verloren, hätten sie ohne weiteres die gesamte Durchfahrt in nur einer Navigationsperiode schaffen können. So aber blieben sie – nur wenige Meilen vom offenen Wasser entfernt – an der Tschukotka-Halbinsel liegen und mussten den Winter dort verbringen.

Da es keine Kommunikationsmöglichkeiten mit der Außenwelt gab, war die Überfälligkeit der Expedition Anlass zu Spekulationen. Der amerikanische Zeitungsbaron Bennet ließ an der Westküste der USA die JEANETTE ausrüsten, die unter Leitung von De Long Richtung Beringstraße und

Polarmeer segeln sollte, um nach der VEGA zu suchen.

Während die VEGA problemlos den arktischen Winter überstand, wurde die JEANETTE vom Eis eingeschlossen. Diese Expedition sollte sich zu einem der größten Dramen in der Polargeschichte entwickeln. Das Schiff wurde nach monatelanger Drift schließlich vom Packeis zerstört. De Long und seine Männer flüchteten in drei Rettungsbooten über die Neusibirischen Inseln und erreichten schließlich an unterschiedlichen Stellen das Lenadelta. Das eine Boot landete in unmittelbarer Nähe des heutigen Ortes Tiksi. Die erschöpfte Bootsbesatzung wurde von Einheimischen gerettet. De Long und seine Bootsbesatzung hingegen landeten weiter im Norden des Deltas. De Longs Tagebuchaufzeichnungen über das langsame Sterben stehen an Dramatik den letzten Tagebuchseiten von Robert Falcon Scott in der Antarktis in nichts nach. Immerhin wurden die

Leichen sowie die Aufzeichnungen und Tagebücher entdeckt und die Leichen bestattet. Das dritte Boot hingegen wurde nie wieder gesichtet.

Während De Long und seine Leute ihrem Ende entgegendrifteten, gelang es Nordenskiöld im darauffolgenden Sommer, durch die Beringstraße zu segeln und ohne weitere Probleme auf der Südroute zurück nach Schweden zu gelangen. Währenddessen wurden Wrackteile der JEANETTE quer über das Polarbecken getrieben und von der Strömung letztlich an der Südwestküste Grönlands wieder freigegeben, wo sie schließlich von Jägern entdeckt und eindeutig identifiziert werden konnten.

Mit dieser Entdeckung war Fridtjof Nansens Plan geboren, mit einem eigens dafür gebauten Schiff die Polardrift zu untersuchen. Von dem norwegischen Bootsbauer Colin Archer wurde die FRAM gebaut, ein Schiff, das in Bauweise und Robustheit einzigartig war. Mit der FRAM segelte Nansen 1893-1896 bis zu den Neusibirischen Inseln und ließ sich dort gezielt einfrieren und mit der Drift nach Norden treiben. Niemals zuvor hat ein solideres Schiff die polaren Gewässer befahren als die FRAM. Trotzdem gab es im Verlauf der Expedition Momente, in denen die Expeditionsmannschaft daran zweifelte, ob der Rumpf dem gewaltigen Druck des Packeises standhalten würde. Er tat es – als erstes Schiff überhaupt – und wurde bekanntermaßen in den späteren Jahren auf anderen Expeditionen erfolgreich eingesetzt, unter anderem von Roald Amundsen für seine Südpol-Expedition.

Amundsen ist es auch gewesen, der 1918 bis 1920 mit einem der FRAM ähnlichen Neubau, der MAUD, die zweite Durchfahrt durch die Passage schaffte. Allerdings mit erheblichen Problemen. Zwei Überwinterungen, eine am Kap Tscheljuskin und die andere in der Nähe der heutigen Siedlung Pewek, ließen seine Pläne von dem Versuch einer neuerlichen Polardrift scheitern. Die Durchfahrt bis nach Amerika war mehr ein Rückzug denn erklärtes Expeditionsziel.

Die russische Revolution schließlich ließ ein anderes Zeitalter aufziehen. In spektakulären Expeditionen wurde der Norden mit immer moderner und stärker werdenden Eisbrechern, ausgerüstet mit Dampfmaschinen, angegangen. Auch hier gab

Eduard Dallmann

es Tragödien, Schiffsuntergänge und Helden, die den neuen Machthabern als Aushängeschild dienten. Jede einzelne dieser Expeditionen, ob von Nordenskiöld oder die Fahrt des Eisbrechers SIBIRIJAKOW im Jahr 1932, der die Passage erstmals in einer Navigationsperiode bewältige, sind in umfangreichen Büchern dokumentiert worden. Wenig dagegen findet sich über die vielen Pioniere, die häufig genug die Wissensgrundlage für die großen staatlichen Expeditionen gelegt haben: die Walfänger und Kaufleute.

Der deutsche Kapitän Eduard Dallmann beispielsweise ist einer der engagierten Kapitäne gewesen, der im Auftrag von Kaufleuten und Reedern schon Jahre vor Nordenskiölds Durchfahrung einige Fahrten zum Ob und Jenissei unternommen und dabei wirtschaftliche Kontakte geknüpft hatte. So gesehen war er seiner Zeit weit voraus. Zusammen mit Karl Koldewey stellt er für mich auch im internationalen Vergleich einen der ganz großen Polarfahrer dar. Seine Forschungsreisen in die Arktis, die Antarktis sowie in die Südsee sind einfach nur nicht so publik geworden. Dallmann wie auch Koldewey waren Seeleute durch und durch. Auf See an Bord eines Schiffes fühlten sie sich am wohlsten, die Öffentlichkeitsarbeit überließen sie anderen. Ihnen ging es nicht um nationales oder persönliches Prestige, sondern sie waren im wahrsten Sinne des Wortes Pioniere und Wegbereiter für Kaufleute, die ihren Routen folgen sollten.

Der merkantile Gedanke zieht sich wie ein roter

Der Eisbrecher ROSSIA bahnt einem Frachter den Weg durch das Eis, während wir von der Brücke der WAIGATSCH, einem Eisbrecher mit 44 000 PS, mühelos dem Konvoi folgen. Das war 1992, heute gibt es kaum noch Schiffsverkehr in der Passage.

Faden durch die Geschichte der Nordostpassage. An seiner Peripherie tummelten sich über Jahrhunderte hinweg immer wieder Expeditionen, von denen jede für sich ein episches Drama vom Kaliber der ENDURANCE-Expedition Shackletons war. Aber richtungsweisend waren die Männer wie Dallmann, der 1877 in nur einem Sommer eine Reise von Bremen zum Jenissei und zurück unternahm. Oder der Engländer Wiggins, unter dessen Leitung 1878 und 1888 insgesamt 14 große Dampfer – beladen mit Handelsware – den Ob und den Jenissei erreichten, sowie Jonas Lied, ein norwegischer Reeder, der in den Anfängen des 20. Jahrhunderts mit seiner Siberian Steamship, Manufacturing and Trading Ltd. die wirtschaftliche Bedeutung des sibirischen Nordens erkannte.

Mit einer eigenen Flotte von 60 Dampfern und 170 Lastkähnen erschloss Lied die Flüsse Ob und Jenissei, die ihm als »Autobahn« ins Innere Russlands dienten. In den Flussmündungen wurden Handelsniederlassungen gegründet. Die florierenden Geschäfte, von Lied clever gemanagt, entwickelten sich trotz der widrigen klimatischen Verhältnisse hervorragend. Holz aus der sibirischen Taiga, Felle und selbst Butter und Fischkonserven wurden aus Sibirien exportiert und im Gegenzug Industrieanlagen und westliche Handelsgüter importiert. Wasserkraftwerke, Sägewerke und Fischverarbeitungsbetriebe wurden eingerichtet, und wäre nicht die Revolution von 1917 gekommen, die wie ein überdimensionierter Wirbelsturm von einem Tag zum anderen alle Investitionen und das Engagement hinwegfegte, hätte die Entwicklung Sibiriens heute einen völlig anderen Stand erreicht. Zwar betraf die Anreise zum Ob und Jenissei erst die westliche und leichter befahrbare Hälfte des Nördlichen Seeweges, aber einfach war es dennoch nicht. Die von den Seeleuten ehrfurchtsvoll als »Eiskeller« bezeichnete Karasee war alles andere als einfach zu passieren. Insgesamt betrug die Navigationsperiode nur wenige Wochen oder Monate.

Von 1872 bis 1938 wurden dennoch rund 470 Reisen von Handelsschiffen zum Ob und Jenissei durchgeführt. Gab es anfangs auch zahlreiche Schiffsverluste, so besserte sich die Situation etwa von 1915 an. Die Schiffe wurden stabiler und mit größeren und solideren Dampfmaschinen und Schrauben ausgestattet, sodass sie den Eismassen besser widerstehen konnten. Hinzu kam, dass entlang des sibirischen Festlandes von 1910 an auf russische Initiative hin insgesamt 16 Beobachtungsstationen eingerichtet wurden, um Wetter- und Eisbeobachtungen durchzuführen. Ab 1920 gab es sogar Funkbrücken, die die aktuellen Eislagen an die Schiffe weitermorsten. 1932 wurde in Moskau die »Hauptverwaltung des Nördlichen Seewegs« eingerichtet, eine Behörde, die bis zum heutigen Tag überdauert hat.

Bereits 1898 war im Auftrag des Admirals Makarov in Newcastle in England der erste Eisbrecher JERMAK gebaut worden. Mit einer Verdrängung von

Der Nukleareisbrecher ROSSIA zählt mit ihren 75 000 PS zu den stärksten der Welt.

7900 Tonnen und 9500 PS war er für die damalige Zeit ein wahres Ungetüm. Mit diesem Prototyp eines Eisbrechers erreichte Makarov 81° 30' Nord. Der JERMAK folgte der Eisbrecher KRASSIN, der – wenn auch außer Dienst – bis zum heutigen Tage erhalten geblieben ist. Mit rund 100 Metern Länge und ihren etwa 10 000 PS konnten die beiden Eisbrecher immerhin noch einen Meter dickes Eis brechen und dabei sogar ca. 2 Knoten Fahrt machen. 1909 kamen zwei weitere Eisbrecher hinzu, die TAYMYR und die WAIGATSCH.

Dem Eisbrecher SIBIRIJAKOV unter der Leitung von Otto Schmidt, einem deutschstämmigen Russen, gelang es erstmals im Jahre 1932, den Nördlichen Seeweg in nur 60 Tagen zu durchfahren. Damit war ein neues Zeitalter angebrochen. Die neue Eisbrechergeneration, zu der die SIBIRIJAKOV, die RUSSANOV und die SEDOV gehörten, war deutlich leistungsstärker als ihre Vorgänger. Während des Ersten Weltkriegs wurden sie eingesetzt, um die Konvois der Alliierten in die Häfen des Weißen Meeres zu geleiten.

Auch wenn es immer wieder zu Rückschlägen kam und Schiffe wie beispielsweise die TSCHELJUSKIN unter dramatischen Umständen in den Eispressungen zerstört wurden, so bekamen die Sowjets den Nördlichen Seeweg aller klimatischen Widrigkeiten zum Trotz mehr und mehr in den Griff. Zusätzliche Wetterstationen, Lotsendienste, immer stärkere Eisbrecher und später der Einsatz von Flugzeugen ließen die Effektivität der Reisen drastisch ansteigen.

Während des Zweiten Weltkrieges sollte der Nördliche Seeweg mit einer wiederum verstärkten Eisbrecherflotte eine noch größere Bedeutung bekommen. Allein 1942 wurden 44 Schiffe mit alliiertem Kriegsmaterial von Alaska aus durch den Nördlichen Seeweg nach Murmansk geleitet. Während im Nordatlantik die verheerenden Geleitzugschlachten mit furchtbaren Verlusten auf beiden Seiten tobten, war der Nördliche Seeweg mit wenigen Ausnahmen vor dem Zugriff der deutschen Luftwaffe und der Kriegsflotte geschützt. Damit wurde die militärstrategische Rolle des Nördlichen Seeweges erkannt. Sogar ein deutscher Hilfskreuzer, die KOMET unter Kapitän Eyssen, durchfuhr zur Zeit des Hitler-Stalin-Paktes 1940 in nur einer Saison die Passage. Unterstützt wurde er dabei von russischen Eisbrechern. Danach gelang es nur noch dem deutschen Schlachtschiff ADMIRAL SCHEER 1942 bis zu der Ortschaft Dikson vorzustoßen, um im Rahmen eines Überraschungsangriffs den Ort zu beschießen und damit die Geleitzüge durch die Passage zu stören.

Dessenungeachtet wuchs die Bedeutung des Nördlichen Seeweges kontinuierlich. Rückschläge gab es zwar immer wieder, bei denen sich das Polareis als übermächtiger Gegner selbst für die starken Eisbrecher erwies, aber genau das war der Stoff, aus

Die DAGMAR AAEN **während einer Überwinterung im Polareis.**

dem Heldenlegenden gewoben wurden. In spektakulären Rettungsmaßnahmen wurde der Patriotismus geschürt. Die Eisbrecherkapitäne, die ersten Flieger, die Polarforscher, sie alle wurden zu Helden der Sowjetunion. Der Diktator Josef Stalin nutzte den Kampf mit der polaren Natur als Propaganda. Der Nördliche Seeweg war zum Synonym für den Durchhaltewillen des russischen Volkes respektive der sowjetischen Ideologie geworden. Ganze Städte wie Dikson, Tiski, Kap Schmidt oder Pewek entstanden in den folgenden Jahren. Orte, bei denen man sich fragt, worin ihre Existenzberechtigung bestand, da es kaum wirtschaftliche Gründe für ihr Entstehen gab. Aber diese Orte mit Zehntausenden von Einwohnern mussten schließ-

lich versorgt werden – über den Nördlichen Seeweg.

Mit der Einführung immer stärkerer Eisbrecher, zuletzt mit den bis zu 75 000 PS starken nuklear getriebenen Schiffen der Arktika-Klasse, wurde die Passage in den siebziger und achtziger Jahren fast zu einem Routineunternehmen. Die Logistik für die Konvois war ausgefeilt und ungeheuer effektiv. Die Eiserkundung aus der Luft, eine große Anzahl von Wetterstationen, Satellitentechnik – der Nördliche Seeweg war zu einer wichtigen und sehr lebendigen Lebens- und Verkehrsader geworden.

Anders als das nordamerikanische Pendant, die Nordwestpassage, die in einem Dornröschenschlaf versunken schien und die für die Schifffahrt kaum wirtschaftliche Bedeutung erlangte, war die Nordostpassage, der Nördliche Seeweg, ein hoch effektiver Transportweg geworden, durch den jeden Sommer Tausende von Tonnen an Ladung von Ost nach West oder in umgekehrter Richtung gelotst wurden. Hochleistungseisbrecher standen an den so genannten Flaschenhälsen bereit, um die Schiffe durch die dort meterhohen Eispressungen zu führen, sie notfalls im Schlepp mit brachialer Gewalt zu ziehen. 1977 erreichte der Eisbrecher ARKTICA als erstes Überwasserschiff den Nordpol. Das Schwesterschiff YAMAL hat diesen Sommer gerade die zwanzigste Rundreise zum Nordpol unternommen – mit zahlungskräftigen Touristen.

Selbst im Winter werden die Häfen am Jenissei von Eisbrechern angelaufen – beziehungsweise wurden. Denn mit dem Zusammenbruch der Sowjetunion brach auch dieses gesamte über Jahrzehnte kunstvoll gewachsene Gebilde der Infrastruktur entlang des Nördlichen Seeweges zusammen. Als wir 1991 noch zur Zeit der Sowjetunion in die Passage einfuhren, bekamen wir noch einen eindrucksvollen Einblick in die Funktionsweise der Konvois. Aber bereits damals befand sich alles im Niedergang. Zerfallene Orte, Menschen, die ihr Hab und Gut in Container verluden und – sofern sie es sich leisten konnten – in südlichere Landesteile übersiedelten. Leere Geschäfte, Inflation und verbitterte Verwaltungsbeamte und Militärs, die nicht wahrhaben wollten, dass das Ende der Sowjetherrschaft

und damit auch einer ganzen Gesellschaftsstruktur unwiderruflich gekommen war.

1992 waren wir immer noch im Land, sprachlos über den rasanten Verfall allerorts. Waren wir 1991 zumindest freundlich aufgenommen worden, so stießen wir 1994 bei offiziellen Stellen fast nur noch auf Ablehnung. Polarstationen wurden nicht mehr versorgt und infolgedessen aufgegeben. Die Eisbrecherflotte dümpelte zur Untätigkeit verurteilt im Hafen, schlecht gewartete Nuklearantriebe verwandelten sich in tickende Zeitbomben und die Menschen in den trostlosen Ortschaften entlang des Seeweges waren allein gelassen, verzweifelt und vor schier unlösbare Probleme gestellt. Heizkraftwerke brachen zusammen, es gab keine Kohle mehr, Ersatzteile fehlten überall – und das bei Temperaturen, die im Winter bei 50 bis 60 Grad unter Null liegen. In Krankenhäusern wurde bei Minusgraden im Schein von Petroleumlampen operiert. Krankheiten, Unfälle, Alkoholismus forderten einen großen Zoll an Menschenleben. Ich wage zu behaupten, dass sich bei uns in Europa kaum einer vorstellen kann, was das Überleben für die Menschen entlang der Passage bedeutet hat – ärgern wir uns doch schon, wenn vor unserer Haustür eine Straßenlaterne kaputtgeht.

Der Nördliche Seeweg ist innerhalb eines Jahrzehnts zur völligen Bedeutungslosigkeit verkommen und weitgehend in Vergessenheit geraten. Aber ich glaube, es ist nur ein temporärer Schlaf. Der norwegische Polarforscher Fridtjof Nansen

**Mit sieben Knoten zieht
die DAGMAR AAEN ihre Bahn.**

hatte im Sommer 1913 eine Reise zum Jenissei und weiter ins Landesinnere unternommen und darüber ein Buch mit folgendem Titel geschrieben: »Sibirien – ein Zukunftsland«. An dieser Einschätzung hat sich meiner Meinung nach nichts geändert, besonders was den Nördlichen Seeweg angeht. Aber wie ist der Status quo? Wo steht das Land, was hat sich seit unserem letzten Besuch verändert? Dies sind die Fragen, denen wir nachgehen wollen.

DAGMAR AAEN

Schiffe haben ihre Schicksale, sie greifen auch in andere Schicksale ein.
Es laufen feine Zauberfäden zwischen der Beschaffenheit
eines Schiffes und der menschlichen Seele.
(Niels Bach)

Eine Expedition ins Polarmeer stellt besondere Anforderungen an Schiff und Material – an die Crew ohnehin. Man mag über das Für und Wider eines 71 Jahre alten gaffelgetakelten Holzkutters für derartige Zwecke unterschiedlicher Auffassung sein. Aber all die Skeptiker, Kritiker und Besserwisser, die zu Beginn unserer ersten Polarfahrt im Jahre 1991 hämisch anmerkten, dass dieser alte Kahn spätestens vor Helgoland auseinander fallen würde, sind längst verstummt. Sie sind eines Besseren belehrt worden und das offenbar in sehr nachhaltiger Form. Die DAGMAR AAEN mag zwar alt sein – aber sie ist kein Stückchen müde. Dafür habe ich im Laufe der Jahre gesorgt.

Es gibt auf der ganzen Welt wohl kein anderes Segelschiff – ob alt oder jung –, das die polaren Routen so umfassend bereist hat wie die DAGMAR AAEN. Sie hat zweimal bei Temperaturen von bis zu −58 °C im Polareis überwintert. Jede der Überwinterungen dauerte neun Monate. Und trotzdem lief alles geregelt und ohne irgendwelche Katastrophen ab. Sie ist mehrfach um Kap Hoorn gesegelt, war im Rahmen der Shackleton-Expedition in der Antarktis, hat als erste und bislang einzige Yacht Franz-Josef-Land erreicht und auf diese Art und Weise in den letzten 14 Jahren rund 150 000 Seemeilen zurückgelegt. Sie hat sowohl in der Nordwestpassage wie auch in der Nordostpassage schwerste Eispressungen überstanden, bei denen sogar ein russischer Eisbrecher leckgeschlagen ist. Sie ist ein Arbeitsschiff – ist es immer gewesen – und im Vergleich zu einer modernen Yacht segelt sie langsam und natürlich auch nicht so hoch am Wind. Aber wir segeln ja auch keine Regatta. Dafür haben wir schwerste Stürme mit dem Schiff unbeschadet

Auf der Werft von Christian Jonsson werden Planken aus dem Rumpf der DAGMAR AAEN gesägt, um anschließend gegen neue, stärkere ausgetauscht zu werden.

Die DAGMAR AAEN während ihrer neunmonatigen Überwinterung im Scoresbysund, Grönland.

überstanden und dabei niemals den Eindruck gewonnen, dass wir in eine kritische Situation gerieten. Und was ihre Eistauglichkeit angeht, ist sie wohl über jeden Zweifel erhaben. Nein, die DAGMAR AAEN erfüllt in jeder Hinsicht die Voraussetzungen für eine Polarfahrt.

Die Nordostpassage mit einem Segelschiff zu durchqueren, mag manch einem ohnehin als Anachronismus anmuten. Ob es sich dabei um eine moderne Yacht oder ein klassisches Holzschiff handelt, vermag daran nichts zu ändern. Eine moderne, entsprechend solide gebaute Yacht wird sicher das Gleiche leisten – aber auch nicht mehr. Wir haben einfach Spaß an diesem Schiff. Wir leisten das

Mehr an Arbeit gerne, auch wenn wir bei schwerem Wetter über das schwere und unhandliche Großsegel fluchen – wir finden es trotzdem toll. Wir stehen bei Wind und Wetter ungeschützt an Deck, ducken uns vor überkommenden Seen und lachen grimmig in uns hinein, wenn das schlechte Wetter überstanden ist. Die DAGMAR AAEN ist für uns nicht einfach nur ein Vehikel, sie ist eine gute Freundin geworden, ein Identifikationsobjekt, mit dem wir sehr sorgsam umgehen.

Vor jeder neuen Reise durchläuft sie die Werft von Christian Jonsson in Egernsund in Dänemark. Christian kennt das Schiff schon länger als ich selbst. Bereits der Voreigner Niels Bach hatte das Schiff von Christian – damals noch auf einer anderen Werft – warten lassen. Keine Ecke, kein Spant, keine Planke, die von Christian nicht persönlich inspiziert worden ist. Ich verlasse mich zu 100 Prozent auf ihn.

Das Rigg der DAGMAR AAEN wird von Detlev Löll und seiner Firma Navcon gewartet. Es ist bereits das dritte Rigg, seit ich das Schiff habe, das von Detlev und seinen Leuten erstellt wurde. Und was die Maschine angeht, tut nach wie vor der unverwüstliche Callesen-Diesel seinen Dienst. Egon Fogt-

Uschi Latus und Ute Künstler von der Firma NAVCON stellen im Frühjahr 2001 den neuen Mast der DAGMAR AAEN.

Auch Till und Katja helfen mit. Die ganze Crew hat angepackt – trotz winterlichen Temperaturen und Sturmböen.

mann, ehemals Werksmeister bei Callesen, heute im Ruhestand und Mitglied der Stammcrew, kennt die Maschine wie kein zweiter. Jedes Geräusch, jede Vibration, die da nicht hingehört, wird von ihm sofort erkannt und eliminiert. Egon ist der Spezialist schlechthin für alle technischen Belange. Für einen reibungslosen Ablauf der Schiffselektrik und Elektronik sorgt Frank Mertens. Auch wenn unsere Dame im äußeren Erscheinungsbild ein traditionelles Segelschiff ist, so befindet sich unter Deck insbesondere im Navigationsraum eine Menge Hightech.

Mir war klar, dass vor der neuen Expedition viel Arbeit am Schiff anstand. Um die erforderlichen Arbeitsabläufe einigermaßen koordiniert zu absolvieren, hatte ich die Baumaßnahmen in zwei Abschnitte untergliedert: Im ersten Abschnitt sollte das gesamte Rigg komplett erneuert werden, mit allem was dazugehört. Im zweiten Abschnitt sollten Rumpf und Technik überholt werden. Zur Erneuerung des Riggs gehörten auch Mast, Baum, Gaffel und Klüverbaum. Da auch das gesamte stehende und laufende Gut ausgewechselt wurde, nahm ich die Gelegenheit beim Schopf und ließ von Detlev Löll ein neues Rigg zeichnen. Die DAGMAR AAEN sollte fortan eine Stenge erhalten, einen Mast mit größerem Durchmesser, ein Toppsegel und einen Flieger fahren. Die Rah für die Breitfock würde vorerst entfallen. Eines zieht das andere nach sich. Diese Veränderungen der Dimensionen bewirkten, dass auch sämtliche Beschläge erneuert

Endlich seeklar!
Die DAGMAR AAEN **mit ihrem neuen Rigg.**

Die Steuerbordseite der DAGMAR AAEN **ist fast vollständig mit sechs Zenti-
meter dicker Eiche neu
beplankt. Die Spanten
sind noch original von
1931.**

werden mussten. Selbst der Baum, der aus dem alten Mast gehobelt wurde, sollte stärkere Dimensionen aufweisen und benötigte daher ebenfalls neue, galvanisierte Beschläge. Am Ende blieb von dem alten Rigg nichts mehr übrig. Alles, einschließlich der Wantenbretter, der Spannschrauben des gesamten Buggeschirrs – alles war neu, stärker dimensioniert und für härteste Beanspruchung ausgelegt. Damit würde die DAGMAR AAEN fit für neue Reisen unter härtester Beanspruchung sein.

Am spektakulärsten erwies sich der um 6 Meter höhere Mast. Er würde unserer Dame zu deutlich verbesserten Leichtwindsegeleigenschaften verhelfen – gleichzeitig aber natürlich auch eine neue Stabilitätsberechnung erfordern. Die wurde vom Schiffbauingenieur Helmut Radebold durchgeführt. Nach den Vorschriften des Germanischen Lloyd und mittels Krängungsversuchen wurde der Stabilitätsumfang ermittelt – und siehe da, die DAGMAR AAEN erwies sich rein rechnerisch dem neuen Rigg als vollkommen gewachsen. Alle Kriterien wurden erfüllt. Der Ballastanteil des Schiffes war von jeher sehr hoch gewesen, sodass das Schiff bei Seegang die Tendenz hatte, sich sehr schnell und heftig wieder aufzurichten. Das war nicht nur für einige Mägen schwer bekömmlich. Die Kräfte, die dabei wirkten, sind für das Rigg und den Schiffskörper nicht gut und daher nicht gewollt. Berechnungen und die Praxis zeigten, dass die Rollbewegungen des Schiffes fortan weicher ausfallen würden, insgesamt aber keine nachteiligen Aus-

wirkungen haben sollten. Die Stenge wurde zudem so konstruiert, dass wir sie bei Bedarf streichen können. Die englischen Fischereischiffe hatten das früher immer praktiziert. Warum sollte man das nicht auf der DAGMAR AAEN wieder einführen? Auf diese Art und Weise lässt sich das Toppgewicht deutlich reduzieren. Man wird das sicherlich nicht mal soeben zwischendurch machen – aber wenn wirklich schwerstes Wetter anstünde, wäre dies eine geeignete Maßnahme.

Um uns mit diesem veränderten Rigg vertraut zu machen, segelten wir im Sommer 2001 ganz unspektakulär zwei Monate lang durch die Ostsee,

Markus schleift einen
Zylinderkopf des
Callesen neu ein. Es ist
eines von insgesamt
drei 100 kg schweren
Ungetümen.

veränderten hier und dort noch mal einige Kleinigkeiten, aber ansonsten erfüllten sich meine Erwartungen voll und ganz. Das neue Rigg ist funktionell und überaus kräftig dimensioniert, gleichwohl sind hier gewaltige Kräfte am Werk. Das Großsegel hat allein eine Fläche von 100 m² und der Baum mit seinen 12 Metern Länge wiegt gut und gern an die 500 kg. Unter Segeln sieht die DAGMAR AAEN grandios aus. War sie vorher eher untertakelt, so ist sie jetzt mit Toppsegel und Flieger eine Augenweide. Der erste Bauabschnitt war erfolgreich absolviert.

Der Zweite folgte im Winter. Christian holte das Schiff auf seinen Slip und entfernte zunächst große Teile der alten Eishaut aus Aluminium. Gespannt wartete ich darauf, was wir unter dem Aluminium und dem Teerfilz vorfinden würden. Hatte das Holz Schaden genommen? Meine Befürchtungen waren unbegründet. Das Holz darunter war so hart und solide wie vor elf Jahren, als die Haut aufgena-

gelt wurde. Christian ließ vorsichtshalber einige Nägel zur Überprüfung ziehen – seinerzeit war das gesamte Schiff neu genagelt worden – und auch hier keine Korrosionsprobleme. Einige Plankenstöße mussten kalfatert werden, eine der obersten Planken hatte vermutlich durch Austrocknung in den Tropen einen langen Riss erhalten, durch den immer wieder Wasser in den Maschinenraum eingedrungen war. Andere Schäden gab es nicht zu verzeichnen.

Etwas, was mir immer wieder Kopfzerbrechen bereitete, war die Frage nach dem Zustand der Kielbolzen. Bei einem über 70 Jahre alten Schiff lag der Verdacht nahe, dass die Bolzen vom Zahn der Zeit angenagt sein könnten. Ich sprach Christian darauf an, der ein wenig verwundert reagierte. »Die haben wir bisher bei keinem Kutter erneuert«, war seine Antwort. Trotzdem, die DAGMAR AAEN ist auch anderen Belastungen ausgesetzt als ein normaler Fischkutter, insbesondere wenn es ins Eis geht. Da man die alten Bolzen bei dieser Schiffsgröße nicht mehr ziehen kann ohne das halbe Schiff zu zerlegen, schlug ich Christian vor, neue, zusätzliche Kielbolzen einzubauen. Ich vermochte Christian zwar nicht so recht von der Notwendigkeit dieser Maßnahme zu überzeugen, und sicher hat er auch Recht damit gehabt, doch ich würde fortan besser schlafen können. Also wurden fünf neue Kielbolzen eingezogen.

Egon und ich zogen derweil die Welle und montierten neue Propellerblätter mit einem höheren

Wirkungsgrad. Der Schmied installierte eine völlig neue hydraulische Ruderanlage, da die alte mechanische mittlerweile so ausgeschlagen war, dass sie einfach nicht mehr gut genug für die neue Reise war. Frank und Elise erneuerten die gesamte Elektrik. Mehrere hundert Meter Kabel wurden verlegt, ein neuer Rechner mit einem großen Monitor für elektronische Seekarten sowie für die NOAA-Wettersatellitenanlage installiert und diverse Geräte erneuert bzw. überholt.

Unter Deck wurde ein Decksbalken ausgewechselt, Wegerung erneuert und der Navigationsraum komplett umgebaut. Ein neues elektrisches Klo samt Fäkalientank löste das altgediente Pumpklo ab, neue Wassertanks aus V4A-Stahl wurden eingepasst, Frischwasser- und Abwasserleitungen neu verlegt. Kurzum: Es wurde alles zerlegt, erneuert und wieder zusammengebaut.

Auch der Callesen-Motor kam nicht ungeschoren davon: Im Verlauf des Winters wurden alle drei Zylinderköpfe abgenommen – was bei der Größe des Motors und dem daraus resultierenden Gewicht der einzelnen Bauteile ein aufwändiges Unterfangen war. Ein einzelner Zylinderkopf wiegt um die 100 Kilogramm. Die Sitze wurden neu eingeschliffen, Ventile überprüft, Dichtungen ausgewechselt, Laufbuchsen vermessen und schließlich alles wieder zusammengebaut.

Die Kupplung wurde überprüft, Pumpen und Lenzleitungen inspiziert sowie gereinigt, Dieseltanks aufgenommen und gesäubert. All die Arbei-

Christian Müller-Ramcke von der DRF unterrichtet uns in Erster Hilfe. Wir lernen Infusionen legen oder bei einer Schweinshaxe Schnittwunden nähen.

ten, die unbequem oder unangenehm sind und daher gern liegen bleiben, wurden konsequent und entschlossen angepackt, wobei die Stammcrew wie immer in der Vorbereitungsphase entschlossen und tatkräftig mit dabei war.

Als das Schiff schließlich wieder frisch gestrichen an der Werftpier lag und das Deck von überflüssigem Gerät geräumt war, wurde von der Werft abschlie-

Voll beladen und begleitet
von einem weiteren Tradi-
tionsschiff verlässt die
DAGMAR AAEN am 28. Mai
2002 den Hamburger Hafen.

ßend das gesamte Deck samt Aufbauten kalfatert.
Damit waren die Arbeiten abgeschlossen. Auf einer
Trainings- und Probereise im März nach Oslo wur-
de das Schiff einer harten Erprobung unterzogen.
Hier und da wurde anschließend noch ein wenig
nachgebessert, aber im Grunde genommen war das
Schiff nach diesen zwei Arbeitsabschnitten fast wie
neu. Ein Holzschiff wird im Laufe der Jahre immer
wieder runderneuert. Insofern relativiert sich das
Alter von 71 Jahren. Wenn man heute über das
Deck der DAGMAR AAEN blickt, sind das Maschi-
nenraumskylight und das Steuerrad die einzigen
Teile, die noch aus der Zeit meines Voreigners
stammen. Alles andere, einschließlich Relingstüt-
zen, Deck, Aufbauten und Schanz sind im Laufe der
Jahre erneuert worden.

Parallel zu den Umbauten liefen die Vorbereitungen
auf Hochtouren. In Zusammenarbeit mit der »Deutschen Rettungsflugwacht« – kurz DRF genannt –
wurden wir von dem Rettungssanitäter Christian
Müller-Ramcke in Seminaren für den Ernstfall vorbereitet. Dort wo wir segeln würden, gibt es keinen
Notarzt. Wie sinnvoll solche Schulungen in Verbindung mit einer gut ausgestatteten Bordapotheke sind,
sollten wir später leidvoll erfahren.

Mittlerweile stapelten sich Berge an Ausrüstung in
meiner Halle, die ich eigens für derartige Zwecke
eingerichtet habe. Folker Schultheiss stellte wie bei
unseren früheren Reisen wiederum seine gefrier-
getrockneten Trekkingmahlzeiten zusammen. Er
ist Spezialist auf diesem Gebiet und berät nicht nur

Unmengen an Nahrungs-
mitteln müssen an Bord
verstaut werden.
Elise zeichnet Staupläne
und gibt Anweisungen,
wo die Dinge verstaut
werden. Ohne diese
sorgfältige Planung
würde man schon nach
kürzester Zeit den
Überblick verlieren.

uns, sondern war unter anderem auch Ausrüster des erfolgreichen Illbruck-Teams bei dem Volvo Ocean Race. Obwohl wir dieses Spiel schon so viele Jahre spielen, waren wir auch dieses Mal und immer wieder überrascht, welche Mengen an Nahrungsmitteln zusammenkommen. Elise Fleer hatte die Aufgabe des Smuts übernommen und war fortan damit beschäftigt, Portionen zu verpacken, Staupläne zu zeichnen und Tagesrationen zusammenzustellen.

Derweil entwickelte ich mit unserem langjährigen Partner und Hauptsponsor Jack Wolfskin eine eigene Segelkollektion, die für uns gefertigt wurde, bevor sie dann demnächst in Serie gehen wird. Immer wieder wurden Veränderungen diskutiert und vorgenommen, bis schließlich alle zufrieden waren. Dieser Dialog würde nach der Tour fortgesetzt werden und die Erfahrungen mit der Ausrüstung in eine weitere, sofern erforderlich verbesserte Variante einfließen. Bis zur Serienreife dauert es eben seine Zeit. Die Mitwirkung an der Produktentwicklung macht Spaß und ist für unsere Zweck natürlich optimal.

Als weiterer Sponsor kamen die Globetrotter-Ausrüstungen mit ins Boot. Auch in diesem Fall findet eine Zusammenarbeit ihre Fortsetzung, die in der Vergangenheit bei früheren Expeditionen schon erfolgreich umgesetzt wurde. Die Freundschaft zu diesem Haus geht bis in die Gründungstage zurück, während der ich hautnah die Startphase und die rasante Entwicklung des Hauses Globetrotter mit-

verfolgen konnte. Last but not least fanden wir einen Medienpartner, wie er für so ein Projekt geeigneter nicht hätte sein können: das National Geographic Magazin.

Ich hatte bereits seit einiger Zeit Kontakt mit der Redaktion, auch einige kürzere Beiträge dafür geschrieben. Jetzt wollten wir gemeinsam die Nordostpassage für das Magazin umsetzen. National Geographic hat nicht nur eine 115-jährige Expeditionstradition, es stellt zugleich auch von allen Magazinen die höchsten Ansprüche an die Fotografen. Torsten Heller, der wie schon in den letzten Jahren die Expedition fotografisch einfangen würde, sah sich einer echten Herausforderung gegenüber. Zusammen mit der Agentur MXM Design in Rathenow, mit der wir vieles planen und durchführen, ging er in Klausur, um sich gezielt auf die fotografischen Vorgaben des Magazins vorzubereiten.

Damit waren die Rahmenbedingungen des Projektes definiert, Aufgaben und Zuständigkeiten delegiert und Verantwortlichkeiten in gut erkennbaren Strukturen niedergelegt.

Die Vorbereitung einer solch komplexen Expedition ist nichts anderes als Projektmanagement. Die Vorstellung, dass sich ein paar gleichgesinnte Abenteurer zusammensetzen und bei einem Glas Bier den Beschluss fassen, »mal eben durch die Nordostpassage« zu segeln, hat mit der Realität nicht das Geringste zu tun. Der Aufbau eines Teams, das über Monate hinweg auf extrem beengtem Raum

Das Steuerrad versieht
seinen Dienst ununter-
brochen seit 1931.
Wenn Steuerräder
erzählen könnten ...

und unter spartanischen Lebensbedingungen leben und funktionieren muss, erfordert eine äußerst sorgfältige Personenauswahl. Dass jemand gut segeln kann, reicht bei weitem nicht aus. Jedes Crewmitglied muss teamfähig sein, die Bereitschaft mitbringen, sich auf seine Mitsegler einzustellen, tolerant gegenüber anderen sein, ohne sich selbst dabei zu vernachlässigen. Daneben muss das Projekt finanziert, die Medienverwertung geregelt werden, Genehmigungen von den Behörden eingeholt und die gesamte Logistik erstellt werden. Ich mache das alles keineswegs allein, sondern habe ein engagiertes Team zur Seite, das entsprechend den Zuständigkeiten Probleme löst. Es ist ein Bürojob, der alles andere als abenteuerlich ist. Vor dem eigentlichen Start einer Expedition kulminiert die Arbeit. Lediglich unsere Routine hilft mir dabei, ein drohendes Chaos abzuwenden.

Als das Schiff Ende Mai in Kiel am Tiessen-Kai liegt, um ausgerüstet zu werden, sind wir nicht das einzige Schiff dort. Ein großer Teil der holländischen Charterflotte, fast alles größere Schiffe als die DAGMAR AAEN, lag eng an eng im Päckchen an der Pier. Als der Lkw mit unserer Ausrüstung vorfuhr und wir begannen, Kisten und Kartons zu leeren, um sie an Bord zu verstauen, brach schallendes Gelächter bei den holländischen Crews aus. »Das wollt ihr alles auf dem Schiff unterbringen? No way!« Tatsächlich sah es so aus, als würden Proviant und Ausrüstung schwerlich auf ein doppelt so großes Schiff passen. Ich verströmte Zweckopti-

mismus, schließlich stand ich nicht zum ersten Mal vor einer LKW-Ladung Ausrüstung und sagte nur: »Wartet bis heute Abend, dann wird alles verstaut sein!« Elise sei Dank, die mit Stauplänen auf einem Klippboard an Deck stand und jeder Tüte, jeder Dose und jedem Karton einen Bestimmungsort zuwies: Am Abend erfüllte sich meine Prophezeiung. Als der Lkw mit leeren Kisten beladen abfuhr, sah das Deck so ordentlich aus, als wäre nichts geschehen. Das Schiff lag lediglich etwas tiefer im Wasser. Ersatzteile, Werkzeuge, Proviant und Ausrüstung für die nächsten Monate hatten ihren Platz auf der DAGMAR AAEN gefunden und die Holländer blickten mehr als verwundert drein.

Am nächsten Tag ging es durch den Kanal nach Brunsbüttel und von dort weiter nach Hamburg. Am 28. Mai luden wir zur Pressekonferenz auf dem FEUERSCHIFF ein, danach setzten wir vor der Kehrwiederspitze die Segel und liefen langsam mit Maschine und Segel die Elbe abwärts. Eine Barkasse und ein gecharterter Ewer, beladen mit Journalisten und Freunden, begleiteten uns ein Stück, dann drehten sie ab – wir waren wieder allein.

Die erste Etappe war nur kurz. Sie endet in Glückstadt, wo ich das Schiff schweren Herzens verlassen muss, da mein Besuch bei der Verwaltung in Moskau genau in diesen Zeitraum fällt. Außerdem muss ich wegen einer anstehenden Fernsehdokumentation auch noch einen Kurztrip nach Ostgrönland unternehmen. Verschieben ließ sich das alles nicht. Statt meiner würde Martin Friederichs

das Schiff als Skipper bis nach Tromsø führen. Für Martin keine neue Aufgabe. Er hat die DAGMAR AAEN schon monatelang geführt und ich habe vollstes Vertrauen zu ihm. Dennoch zerreißt es mich ein wenig. Nach der ganzen Arbeit möchte ich von Anfang an dabei sein. Irgendwie fühle ich mich nicht wohl. So weit war es schon gekommen – ich plane, delegiere und organisiere – und dann geht es ohne mich los. Aber meine Aufgabe beschränkt sich eben nicht darauf, die Expedition unterwegs zu leiten – das würde noch kommen –, sondern ich muss das gesamte Gefüge zu Lande wie zu Wasser auf ein solides Fundament stellen. In vier Wochen würde ich in Tromsø an Bord gehen und dann ist alles wieder beim Alten.

Die ganze Ästhetik eines Gaffelkutters spricht aus diesem Bild. 22 Meter hoch ragen Mast und Stenge in den Himmel.

EINE REISE NACH NORWEGEN

*Kunst stellt auch auf Expeditionsreisen eine eigene Form
der Dokumentation dar und erlaubt einen völlig anderen Zugang
zu der Materie als Fotografie.*

Dem Kalender nach herrscht zwar noch kein Sommer, als das Schiff die norwegische Küste erreicht, doch die Temperaturen lassen nichts zu wünschen übrig. Die Sonne brennt und es ist schön wie im Hochsommer. Es mag ungewöhnliches Wetter für eine Polarexpedition sein, aber das macht eine Seereise zu diesen Gebieten ja gerade so interessant. Man durchläuft verschiedene Klimazonen, stellt sich physisch und seelisch und auch kleidungstechnisch auf die veränderten Bedingungen ein. Irgendwann ist man am Ausgangspunkt, sozusagen am Tor zur Arktis angekommen, und zwar nicht nur körperlich, sondern zeitgleich auch mit dem Kopf. Ein Segler hat begriffen, wie weit die einzelnen Wegpunkte voneinander entfernt liegen.

Da ich die erste Etappe von Hamburg nach Tromsø nicht mitsegeln kann, bringe ich mich um den Genuss der norwegischen Küste und der herrlichen Fjordlandschaft: dem unbeschwerten In-den-Tag-hineinleben, dem Gefühl, im T-Shirt unter Vollzeug am Ruder zu stehen und dabei neue Horizonte anzupeilen. Aber ich habe diese Strecke schon mehrere Male gesegelt, was nicht heißt, dass ich sie nicht gerne abermals mit der DAGMAR AAEN bereisen möchte. Ich habe immerhin die Genugtuung, in Tromsø an Bord gehen zu können. Es ist bereits der 28. Juni, als ich mit dem Flugzeug eintreffe und von meinem Freund Gerd Schwalenstöcker abgeholt werde. Gerd lebt seit vielen Jahren

Während ich mich mit den vorgeblich letzten bürokratischen Hindernissen herumärgere, genießt Katja ein paar stille Stunden in der fantastischen Fjordlandschaft Norwegens.

Gerd Schwalenstöcker und sein idyllisches Anwesen auf Haakøy. Hier machen wir Crewwechsel und treffen letzte Vorbereitungen.

in der Nähe von Tromsø und hat vor einigen Jahren selbst an unserer Arctic Passages Expedition nach Spitzbergen teilgenommen. Er hat auch hautnah unsere früheren Versuche, durch die Passage zu segeln, verfolgt. 1993 hat die DAGMAR AAEN nach unserer Rückkehr aus Sibirien bei ihm überwintert. Gerd wohnt auf der Insel Haakøy. Direkt an seinem Haus liegt an einer kleinen Pier die GUNBORG, ein altes hölzernes Segelschiff, mit dem Gerd vor über 20 Jahren nach Tromsø gesegelt ist. Die DAGMAR AAEN liegt bei ihr längsseits. Es ist Mitternachtssonne, geblendet stehe ich um ein Uhr nachts an Deck. Die gesamte Crew ist auf, wir begrüßen uns, sitzen in der lauen Sommerluft und trinken ein Begrüßungsbier. Alles ist vertraut und so wie immer – ich bin endlich angekommen!

Die Reise hierher ist ohne weitere Zwischenfälle verlaufen. Das Wetter hat von Anfang bis Ende durchgehalten. »Es war wie im Mittelmeer«, schwärmt Martin.

Einige Crewmitglieder fahren von hier aus nach Hause. Torsten, Katja und Henryk sind bereits vor einigen Tagen mit dem Lieferwagen, beladen mit zusätzlicher Ausrüstung, nach Tromsø gefahren. Egon, Uschi, Wolfgang, Hermann und Rainer steigen hier aus und fahren mit dem Wagen zurück – Crewwechsel, wie es seit langem geplant war. In zwei Tagen wird Ulli einfliegen, im letzten norwegischen Hafen werden noch Brigitte und Achim zusteigen, dann sind wir komplett.

Die Hektik der vergangenen Wochen kann ich nicht von einem zum anderen Moment abstreifen.

Aber das wird kommen. Ich brauche immer ein wenig Zeit, um zu mir zu finden. Die norwegische Landschaft wird mir dazu reichlich Gelegenheit bieten. Wir haben noch Zeit! Die DAGMAR AAEN wird frühestens Mitte Juli in Murmansk erwartet. Früher dort anzukommen würde nur Probleme aufwerfen, hatte Slava mich wissen lassen. Denn loslassen würde man uns erst, wenn die Eisverhältnisse der Jahreszeit entsprechend günstig wären. Vor der zweiten Julihälfte ist damit nicht zu rechnen. Die Eisdecke in der Karastraße ist derzeit immer noch geschlossen. Wann hat man schon

Fototermin auf dem Vorschiff. Die gesamte Crew ist im Anhang des Buches vorgestellt.

einmal im Zuge eines solchen Projektes die Gelegenheit zum Bummeln? Wir machen ausgiebig davon Gebrauch. Wir genießen die Zeit bei Gerd, sitzen zusammen mit seiner Familie auf der Terrasse und grillen, verholen uns in die Stadt, um uns dort umzusehen und über allem thront die Sonne 24 Stunden am Tag. »Es ist ein ungewöhnlich warmer Sommer«, sagt Gerd. Das Gleiche hören wir von allen Seiten. Das Eis auf Flüssen und Seen soll unverhältnismäßig früh aufgebrochen sein. Alle Anzeichen sprechen dafür, dass es einen warmen Sommer gibt. Uns soll das nur recht sein.

Vorboten für ein günstiges Eisjahr? Die Frage stellen wir uns täglich immer wieder. Und da wir mit dem Ärgsten rechnen, genießen wir umso mehr die Ruhe und die Gelassenheit des norwegischen Nordens. Der schwache Wind trägt das Seinige dazu bei, dass wir nicht in Stress geraten. Wir setzen jeden Fetzen Segel, der zur Verfügung steht – und schleichen trotzdem dahin. Voll beladen, wie die DAGMAR AAEN derzeit ist, liegt sie tief im Wasser und braucht deshalb schon eine etwas kräftigere Brise, um in Schwung zu kommen. Aber spielt es eine Rolle? Auf dem Weg nach Hammerfest werden wir von ein und derselben Schnellfähre gleich mehrmals in beide Richtungen passiert. Uns ist es egal. Wer nicht auf Wache ist, liegt an Deck und liest, Elise überbietet sich selbst jeden Tag mit neuen kulinarischen Kreationen, Frank ist pausenlos am Testen und Einrichten irgendwelcher elektronischer Geräte. Die elektronischen Seekarten von

Eine verlassene Fischersiedlung im norwegischen Akkarfjord. Häuser und Holzpier sind völlig verfallen – gerade deshalb geht von dem Ort eine besondere Stimmung aus.

Transas laufen hervorragend. Ich bin bei derartigen Neuerungen zunächst immer skeptisch und führe deshalb auch den gesamten Satz Seekarten mit – aber irgendwann wird man wohl ganz auf das Papier verzichten. Es ist eine Frage der Zeit. Die elektronischen Hafenkarten sind bis ins kleinste Detail dargestellt.

Wo es uns gefällt, bleiben wir, wie etwa in Hammerfest oder aber in Hjelmsøy im Akkarfjord. Letzteres ist eine alte verlassene Siedlung, die wie eine Geisterstadt aus einem alten Wildwestfilm wirkt. Eingefallene Häuser, im Wind quietschende Fensterläden, eine völlig verfallene Holzpier und das alles in einer wunderschönen Fjordlandschaft. Es ist der erste Tag mit Regen, aber irgendwie passt das Wetter zu diesen maroden Gebäuden. Wir stöbern ein wenig in Ruinen herum, klettern auf die umliegenden Berge und genießen die Stille und Einsamkeit.

Am nächsten Tag passieren wir das Nordkap. Rainer Ullrich, von allen Ulli genannt, steht an Deck und malt. Ulli ist Kunstmaler und Grafiker und Besitzer der FRIEDA, einem etwas kleineren Haikutter als die DAGMAR AAEN. Seit Jahren hatte mich der Gedanke beschäftigt, einen Maler auf eine Expedition mitzunehmen. Alle historischen Expeditionen hatten einen Maler dabei. Solange man

Das Nordkap. Der Kunstmaler Rainer Ullrich hält die Beobachtungen der Reise in eindrucksvollen Bildern fest.

nicht fotografieren konnte, lag das nahe. Aber auch später, als es schon längst Film und Foto gab, wurden Maler mitgenommen. Die Kunst stellt eine eigene Form der Dokumentation dar und erlaubt einen völlig anderen Zugang zu der Materie, als es die Fotografie vermag. Jede Dokumentationsform hat ihre eigene Charakteristik und ich war immer gespannt, wie ein Künstler die Begegnung mit der polaren Landschaft umsetzen würde. Das Problem war nur, dass ich keinen Maler kannte, der unter Expeditionsbedingungen leben und arbeiten konnte, Wache gehen und dabei auch noch Spaß haben würde. Bis ich Rainer Ullrich traf. Wir kennen uns vom Museumshafen Flensburg, und irgendwann fasste ich mir ein Herz: »Ulli, hast du nicht Lust, mit auf die nächste Expedition zu kommen?« Pause. »Meinst du das im Ernst?« »Ja klar, sonst würde ich nicht fragen!« Pause. »Wenn du meinst«, strahlte er mich an, »dann bin ich dabei!« So schnell kann das gehen. Seit Tromsø ist Ulli an Bord und malt auf Teufel komm raus. Er ist kaum zu bremsen. Dane-

ben geht er Wache, ist immer gut gelaunt und hilft, wo immer es etwas zu tun gibt. Wir anderen schauen ihm ehrfurchtsvoll über die Schulter und sind fasziniert, wie scheinbar mühelos etwas aus ein paar Strichen entsteht. Er scheint dabei bisweilen völlig gedankenverloren. Katja sichert ihn fürsorglich und packt die Kästen mit Farben beiseite, damit sie nicht über Bord gehen. So sicher Ulli an Bord eines Schiffes ist, wenn er malt, vergisst er Wind und Wetter und Kälte, wir passen dann auf unseren Maler auf! Ulli ist in jeder Hinsicht eine Bereicherung in der Mannschaft.

An anderen Stellen ankern wir, um zu tauchen. Das hat seinen Grund. In den sechziger Jahren hatten sowjetische Wissenschaftler vom Pazifik Krabben nach Murmansk gebracht und sie dort im Fjord ausgesetzt. Bei den Krabben handelte es sich um die so genannten Kamchatka-Krabben, besser bekannt unter dem Namen King Crabs. In Alaska werden sie schon seit Jahrzehnten gefangen und sehr profitabel überwiegend nach Japan verkauft. Die Krabbeltiere schmecken vorzüglich und können es diesbezüglich mit dem Hummer aufnehmen – und sie werden riesig groß. Das Experiment der sowjetischen Wissenschaftler übertraf alle Erwartungen. Die Krabben vermehrten sich explosionsartig in der Barentssee, offenbar gefielen ihnen die Lebensbedingungen dort ausgezeichnet. Inzwischen verbreiten sie sich entlang der gesamten norwegischen Küste und wandern immer weiter nach Süden. Doch wie immer bei solchen Experimenten gibt es auch hierbei einen nicht zu unterschätzenden Nachteil: Kamchatka-Krabben haben außer dem Menschen keine natürlichen Feinde und sie sind überaus gefräßig. Sie fressen alles und werden, wenn sie nicht entsprechend befischt werden, den Meeresboden ratzekahl leer fressen.

Für die norwegischen Fischer hat sich damit ein ganz neuer Erwerbszweig aufgetan. Die Quoten werden streng reglementiert, aber man überlegt, ob man bereits im kommenden Sommer die Quote verdoppeln sollte! Die Krebse scheinen sich gut zu vermehren.

Wir tauchen nach ihnen. In einer Bucht werden wir sofort fündig. Ich kenne die Krabben von Alaska her. Gelegentlich hatten uns die Fischer ein Prachtexemplar beim Vorbeifahren an Deck geworfen – es reichte für die ganze Mannschaft! Die Krabben, die wir unter Wasser zu sehen bekommen, sind gemessen an denen, die ich kenne, eher klein. Ein Fischer klärt uns auf, dass sich die Krabben während der Sommermonate in tiefere Gewässer zurückzie-

Eine von unzähligen Kamchatka-Krabben, die im Norden Norwegens anzutreffen sind.

Bei einem Tauchgang müssen wir die Schraube der DAGMAR AAEN von einer Fischereileine befreien.

Die Hafenausfahrt von Vardø. Es ist kurz nach Mitternacht, in wenigen Stunden werden wir auslaufen. Von hier aus ist es nicht mehr weit bis zur russischen Grenze.

hen. Im Winter kommen sie dann wieder in küstennahe Gewässer, wo sie wie eine Invasion einfallen. Sie werden in Körben gefangen, in die man Heringe als Köder legt. Die großen Krabben können zwölf Kilogramm schwer werden – sagt man. Die Bewohner einzelner Siedlungen fangen sie für den Eigenbedarf – in der Regel braucht man ja nur ein Tier zum Sattwerden, indem sie von einem Ponton Netze ins Wasser hängen. Die Krabben klettern dann ganz allein an die Oberfläche und können dort abgesammelt werden.

Ansonsten achtet die Fischereiaufsicht mit strengem Blick darüber, dass keine Krebse außerhalb der zugeteilten Quoten gefangen werden. Wo immer wir unter Wasser abtauchen, treffen wir auf King Crabs. So lecker sie sind, auch hier hat der Mensch in das Regulativ der Natur eingegriffen. Die Krebse gehören dort einfach nicht hin. Bleibt zu hoffen, dass sich daraus nicht auch eine biologische Zeitbombe entwickelt. Ich denke, man tut gut daran, die Tierchen kräftig zu befischen. Sollten sie dort oben einmal wieder verschwunden sein, wäre lediglich der Normalzustand wiederhergestellt.

Vardø soll unser letzter Hafen in Norwegen sein. Das schöne Wetter hält an, wir segeln raumschots unter Vollzeug immer in Sicht der Küste. Die Schiffe der Hurtigrouten passieren uns, gelegentlich treffen wir auf Fischkutter, ansonsten gehört das Meer uns. Die Schären, die Vardø vorgelagert sind, kommen in Sicht, wir beginnen die Ansteuerung und da der Wind weiterhin günstig kommt, laufen wir

Eine der Eiskarten von Lars Kaleschke. Sie zeigt die Lage vom 1. Mai. Noch lässt sich wenig prognostizieren.

Die Eislage scheint durchschnittlich zu sein – also immerhin nicht ausgesprochen schlecht wie zehn Jahre zuvor.

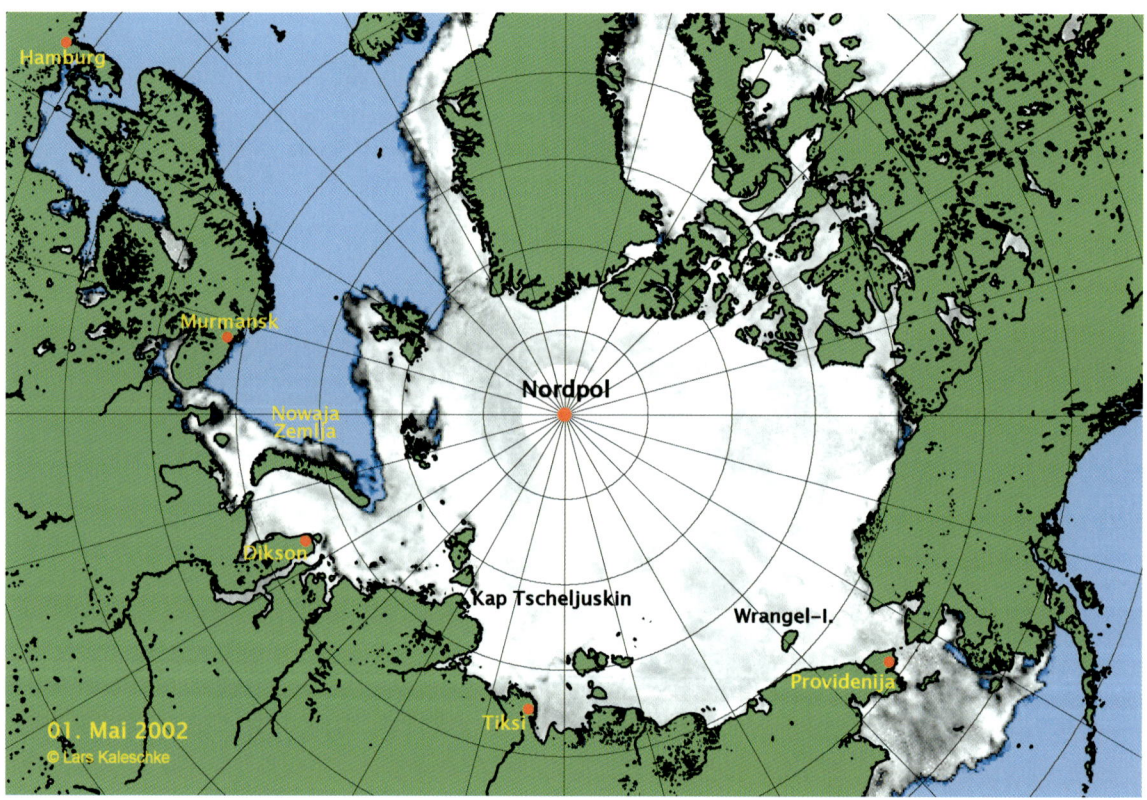

unter Segel in den Hafen ein. Dort machen wir einen Aufschießer, werfen die Fallen der Vorsegel los und fieren das Großsegel. An Land sehen uns Fischer auf ihren Booten zu, es muss ein schöner Anblick gewesen sein, unsere alte Dame in der Abendsonne unter Segel einlaufen zu sehen. Nachdem wir die Segel eingepackt und das Deck aufgeklart haben, machen wir an einer alten Holzpier zwischen Fischereischiffen fest.

Von hier an wird es ernst! Am nächsten Tag kommen Brigitte und Achim an, damit sind wir vollzählig. Wir bunkern Diesel, füllen die Wassertanks auf, ergänzen Proviant, füllen die Benzinkanister für den Außenborder und nehmen die einzige öffentliche Duschgelegenheit in Anspruch. Zusammen mit Brigitte lasse ich in einem Restaurant bei einer Flasche Wein die letzten Wochen Revue passieren. Während ich mich seit meiner Ankunft an Bord

Volle Fahrt voraus. Die DAGMAR AAEN nimmt Kurs auf die Nordostpassage.

bestens eingelebt habe und mich fühle, als wäre ich nirgendwo anders gewesen als auf diesem Schiff, kommt Brigitte direkt aus ihrem turbulenten Architekturbüro. Während sie mir von den Vorgängen von zu Hause berichtet, werde ich wieder von der Wirklichkeit eingeholt. Für mich gibt es zwei Wirklichkeiten – die auf dem Schiff und die zu Hause im Büro, wo das Leben nach ganz anderen Vorgaben abläuft. Mit einem Mal bin ich wieder mitten drin in der Organisation. Der Besuch in Moskau liegt noch keine drei Wochen zurück und doch schon in weiter Ferne. Dabei war er so entscheidend für das Projekt. Brigittes Erzählungen führen mich zurück. Einmal mehr fühle ich mich in Gedanken als Wanderer zwischen den Welten.

MOSKAU

*Mit »five drops of Vodka« wird in Russland traditionell
der gelungene Abschluss eines Gesprächs begossen.*

Ich bin wieder hier.

Obwohl ich mich seit fünfzehn Monaten mit kaum etwas anderem beschäftigt habe als mit der Planung und Vorbereitung für meine neue Expedition nach Sibirien, obwohl ich diesen Tag herbeigesehnt habe, an dem ich endlich in Moskau die Genehmigungen für das Projekt in Empfang nehmen kann, bin ich voller Selbstzweifel und innerlich aufgewühlt.

Schweigend und eiligen Schrittes gehe ich neben meinem Freund Slava Melin durch die sonnendurchfluteten Straßen Moskaus. Es ist heiß und mir läuft der Schweiß den Rücken runter. Die ungewohnte Krawatte fühlt sich um meinen Hals an wie ein Strick. An einer Hausecke sehe ich auf einer übergroßen Anzeigetafel neben Werbung ein digitales Display: Es zeigt 41 °C an.

Moskau hat sich verändert. Zehn Jahre sind es her, seit ich das letzte Mal hier gewesen bin. Damals herrschte Winter und die kalte, trostlose Witterung passte bestens zu dem tristen Grau der Häuserfassaden. Wer die Anlage zur Schwermut in sich verspürte, kam hier voll und ganz auf seine Kosten. Wie oft hatte mich Slava in der Zwischenzeit wieder eingeladen, ihn zu besuchen: »Du musst einfach kommen, das Land ist nicht mehr das Gleiche, das du in deiner Erinnerung trägst.« Immer wieder hatte ich teilweise unter fadenscheinigen Ausflüchten abgesagt – ich hatte einfach keine Lust dazu, mochte es ihm aber nicht so deutlich sagen, weil ich fürchtete, ihn damit zu verletzen. Eine unnötige Vorsichtsmaßnahme. Slava kennt mich viel zu gut, um den wahren Grund nicht längst erahnt zu haben.

Aber er hat Recht gehabt! Der Flugplatz Sheremetyevo II mag noch der Gleiche sein, aber die veränderte Welt beginnt unmittelbar nach der Passkontrolle: Eine Verkehrsdichte wie auf dem Champs-Elysées, Werbetafeln an jeder Ecke, junge Frauen, die elegant und bisweilen ein wenig schrill gekleidet sind, Häuser frisch renoviert, Ruinen abgerissen, neu erbaute Gebäude, denen man ansieht, dass damit nicht ein staatliches Plansoll erfüllt werden

Slava Melin

sollte, sondern dass Architekten wohl überlegt und geplant haben. Eisverkäufer haben Hochsaison, die Cafés sind voll belegt und in einem öffentlichen Brunnen baden ausgelassen Kinder. Heerscharen von Touristen aus aller Herren Länder belagern geduldig das Eingangstor zum Kreml und Laienschauspieler schreiten ganz ungeniert und würdevoll in der prunkvollen Robe der letzten Zarenfamilie über den Roten Platz – in unmittelbarer Nähe des Mausoleums von Wladimir Illitsch Lenin. Geschieht ihm recht! Während bei meinem letzten Besuch noch eine schier endlose Schlange von Besuchern vor der Gruft wartete, um dem verblichenen und seither kunstvoll konservierten Revolutionär ihre Aufwartung zu machen, wartet der wächserne Korpus heute vergeblich auf Besucher. Das Mausoleum ist geschlossen und nur an wenigen Tagen geöffnet. Das öffentliche Interesse hat offenbar nachgelassen.

Ein Stück weiter stoßen wir dann doch noch auf eine kleine Anhängerschar von ihm. Rote Fahnen mit Hammer und Sichel, über Megaphon werden markige Reden gehalten. Ich verstehe zwar kein Wort, aber gerade deshalb ist vielleicht meine Beobachtungsgabe intensiver. Die Zuhörer sehen eher desinteressiert aus, blinzeln bisweilen gelangweilt in die Sonne, drehen sich um und gehen weiter. Nein, eine interessierte Zuhörerschaft oder gar Begeisterung ernten die Veranstalter nicht, eher Langeweile und die unausgesprochene Botschaft: »Das kennen wir doch alles!«

Unweit des Roten Platzes holt uns dann doch ein Stück des alten Russlands wieder ein. Wir queren gerade einen Platz, als wir von zwei jungen Polizisten angehalten werden. Da ich kein Russisch verstehe, kann ich nur ahnen, um was es geht. Rein äußerlich heben wir uns dank unseres Anzuges und der Krawatte nicht von anderen Geschäftsleuten ab, deshalb ist Slava erstaunt, wie es zu dieser Kontrolle kommt. Unsere Pässe werden überprüft und an Slavas Tonfall kann ich eine zunehmende Verärgerung spüren. Erst als er in schneller Folge einige Namen nennt und auf das nahe gelegene Gebäude der Duma, dem russischen Parlament, weist,

Der Fischereihafen Vardø ist
unser letzter europäischer
Hafen vor Murmansk.

erhalten wir unsere Pässe zurück und dürfen unseren Weg fortsetzen. Slava ist zornig. Die Polizisten hatten ihn gerade darüber aufgeklärt, dass sich jeder russische Staatsbürger, der nicht in Moskau wohnhaft ist, bei einem Besuch in der Stadt bei der Polizei anmelden muss. Ein Ding der Unmöglichkeit. Slava hat geschäftlich ständig in Moskau zu tun, auch wenn er rund 200 Kilometer entfernt lebt. Sich jedes Mal anmelden, hieße stundenlanges Warten auf irgendwelchen Polizeistationen, Fragen beantworten, Formulare ausfüllen – so etwas kann sich auch im Russland von heute kein Geschäftsmann mehr leisten. Außerdem ist die Bestimmung verfassungswidrig! Jeder weiß das hier, einige Polizisten halten sich dennoch daran, sehr zur Verärgerung der Bevölkerung. Und alle leben mit dem Widerspruch. Eine Änderung ist derzeit nicht in Sicht.

Das mächtige Gebäude der Duma liegt jetzt unmittelbar vor uns. Wir haben einen Termin, wir werden erwartet. Für Menschen wie uns, die nicht dem Diplomatischen Corps angehören, dürfte es eher die Ausnahme sein, dass man Zugang zum russischen Parlament erhält oder sogar von höchster Stelle aus eingeladen wird. Der Vizepräsident der Duma, Arthur Chilingarov persönlich, hat uns einbestellt und es war eben auch dieser Name, der die beiden Polizisten von einer weiteren Untersuchung abgehalten hatte. Der Name wiegt schwer in Moskau, wir treffen hier nicht auf irgendeinen Politiker. Slava, der einige Male hier gewesen war um

Hafenschuppen auf der Westseite Vardø Hafen 24°°Uhr, 11. Juli 2002 K. Maur

Ulli ist in jede freien Minute am Malen. Die Pfahlbauten von Vardø haben es ihm angetan.

Papiere abzugeben, war bislang lediglich bis zur Security gelangt, wo man ihm dann die Papiere abgenommen und weitergeleitet hatte. Heute hingegen erwartet uns ein Assistent von Herrn Chilingarov, der den Sicherheitsbeamten mit einem Wink zu verstehen gibt, dass sie uns passieren lassen können. Ihr Blick ist allen Security-Beamten und Bodyguards, die ich kennen gelernt habe, eigen. Es wohnt eine gewisse Form der Leere, der Kälte, der Wachsamkeit und der absoluten Distanz in ihm. Aber das muss wohl so sein.

Wir werden von dem Assistenten per Handschlag begrüßt, zu einem Lift geführt und wenige Momente später und einige Etagen höher in einen getäfelten Raum geleitet, dessen Wände wie eine Fotogalerie mit Motiven aus der Arktis und Antarktis geschmückt sind. In der Ecke läuft ein Fernseher, in dem gerade das Fußball-WM-Spiel Deutschland gegen die USA zu sehen ist – ich habe kaum einen Blick dafür.

Dieser Raum ist zumindest für einen Politiker ungewöhnlich. Wir werden höflich gebeten hier zu warten und nutzen die Gelegenheit, uns die Bildergalerie anzusehen. Arthur Chilingarov mag ein wichtiges politisches Amt innehaben – seine große persönliche Leidenschaft gehört jedoch seit Jahrzehnten der Erforschung der Polarregionen. An wie vielen Expeditionen er direkt oder indirekt mitgewirkt hat, entzieht sich meiner Kenntnis. Aber bereits 1989 hatte ich seinen Namen in der Antarktis gehört, wo er als Schirmherr einer internationalen Expedition geführt wurde. Herr Chilingarov ist nicht irgendjemand, er ist der letzte Held der Sowjetunion und eine Institution in allen Bereichen und Belangen der Polarforschung.

Man kommt nicht so einfach an einen Mann wie Arthur Chilingarov heran. Monatelang hatte Slava bei allen zuständigen Behörden versucht, eine Genehmigung für unsere Expedition zu bekommen. Er bekam weder eine Zusage noch eine Absage – meistens wurde er nur vertröstet, er solle sich gedulden. Geduld – ein großes Wort und eine Tugend, die in Russland zur Grundausstattung eines jeden Reisenden gehören sollte. Aber mir brannte die Zeit unter den Nägeln. Die Expedition war organisatorisch, finanziell und logistisch auf den Weg gebracht worden. Ich hatte Verträge mit Sponsoren geschlossen, viel Geld für den Umbau

Vardø vorgelagert liegt eine Vogelinsel, auf der Papageitaucher und Kormorane brüten.

und die Überholung der DAGMAR AAEN ausgegeben, eine erwartungsvolle Mannschaft zusammengestellt, von der jeder Einzelne ebenfalls Weichenstellungen in beruflicher wie auch privater Hinsicht getroffen hatte. Wenn ich die Genehmigung nicht erhalten würde, stünde ich da wie ein Hochstapler. Aber man segelt nicht so einfach in den Norden Sibiriens. Diese Erfahrung haben wir auf unseren früheren Expeditionen dorthin machen können. Naiv deshalb der Versuch eines Holländers, der im Vorjahr versucht hat, einhand und ohne jede Genehmigung nach Murmansk einzureisen, um von dort aus durch die Nordostpassage zu segeln. Höflich, aber bestimmt hat man ihn wieder nach Norwegen zurückgeschickt – wer glaubt, dass man mal so eben die Hoheitsgewässer Russlands durchqueren kann, irrt gewaltig.

Aus diesem Grund hatte ich mich über den befreundeten Bundestagsabgeordneten Franz Thönnes ans Auswärtige Amt gewandt mit der Bitte, unser Expeditionsvorhaben bei den zuständigen russischen Behörden zu unterstützen. Gleichzeitig schrieb ich erstmals einen Brief an Herrn Chilingarov, der ihm mit diplomatischer Post seitens der Deutschen Botschaft in Moskau zugestellt wurde. Nach beharrlichem Insistieren der deutschen Botschaft kam endlich eine Antwort, die ich kaum glauben konnte: Arthur Chilingarov persönlich wolle sich um das Projekt kümmern. Danach überschlugen sich die Ereignisse. Slava telefonierte fast täglich mit den Assistenten von Herrn Chilingarov. Mit einem Mal kam Bewegung in das Genehmigungsverfahren und wie ein »Sesam öffne dich« bewegten sich wie von Geisterhand Behördentüren, die vorher trotz aller Bemühungen verschlossen blieben. Die Vorarbeit hatte zweifellos Slava geleistet. Expeditionsbeschreibungen waren von ihm detailliert ins Russische übersetzt worden, seitenlange Anträge bei den zuständigen Behörden eingereicht und endlose Telefonate geführt worden. Zusätzlich war er persönlich immer wieder vorstellig geworden – der Zeitaufwand, den er für die Expedition betrieb, war gigantisch. Und jetzt endlich der Durchbruch!

Wir werden vorgelassen. Das Büro, geräumig und edel ausgestattet, ist ebenfalls mit Landkarten und Fotos von Arktis und Antarktis geschmückt. Eine

Kartenprojektion, bei der jeweils der Nordpol bzw. der Südpol sozusagen in der Draufsicht im Mittelpunkt einer Karte liegt, ist im Normalfall eher selten anzutreffen. Wer sich solche Karten an die Wand hängt, muss vom Polarvirus befallen sein. Dazwischen Urkunden, die ihn als Mitglied des Explorer Club, der Royal Geographical Society und anderen namhaften Institutionen ausweisen. Arthur Chilingarov, ein großer vollbärtiger Mann, kommt auf mich zu und schüttelt mir die Hand. Mit der anderen Hand weist er uns einen Platz an dem Besprechungstisch zu. Er hält sich nicht lange mit Floskeln auf, sondern kommt sofort zur Sache. Über einen Dolmetscher lässt er fragen, warum ich diese Expedition durchführen möchte, worin meine Qualifikationen bestehen, was für ein Schiff wir einzusetzen gedenken und über welche Erfahrung die Crew verfügt. Ohne Umschweife beantworte ich seine Fragen genauso direkt wie sie kommen. Ich erzähle ihm unter anderem von meiner Nordpol-Expedition wie auch von der Durchquerung des antarktischen Kontinents. »You did that? When was it?« Zum ersten Mal spricht er mich direkt auf Englisch an. Zur gleichen Zeit, zu der wir damals auf Ski unterwegs waren, durchquerte eine internationale Expedition die Antarktis mit Hundeschlitten, und kein geringerer als Herr Chilingarov war seinerzeit der Schirmherr der Expedition gewesen. Es gibt direkte Anknüpfpunkte. Als ich ihm über die Durchsegelung der Nordwestpassage mit der DAGMAR AAEN sowie über einige andere mei-

ner vorangegangenen Expeditionen berichte, ist das Eis gebrochen. Der Tonfall wird lockerer, ungezwungener.

»Ich müsse verstehen«, wird mir vom Dolmetscher übersetzt, »dass Herr Chilingarov sich schon eingehend über eine geplante Expedition informieren müsse, bevor er die Schirmherrschaft übernehmen könne«. Habe ich richtig gehört? Sagte er Schirmherrschaft? Aber der Dolmetscher übersetzt fleißig weiter ins Englische und immer wieder fällt dabei das Wort »Patron« oder »Patronage«. Das ist weit mehr, als ich je zu hoffen wagte. Herr Chilingarov fordert mich auf, den Verlauf meiner früheren Expedition auf den Landkarten zu zeigen. Er schaut mir dabei über die Schulter, gibt mir zu verstehen, dass er hier oder dort auch gewesen sei und zeigt sich überaus interessiert an allem, was ich zu berichten habe. Slava schaut dem Treiben mit maßlosem Erstaunen zu. Später sagt er mir, dass ihm das wie in einem Traum vorgekommen sei. Er konnte und kann es nicht fassen, dass sich die Probleme plötzlich aufzulösen scheinen. Keiner von uns sitzt mehr, wir gehen durch das geräumige Arbeitszimmer, bleiben mal hier vor einer Karte stehen oder sehen uns an anderer Stelle Fotos an. Dann eine kurze Anweisung an den Assistenten, eine Flügeltür wird geöffnet, dahinter ein weiterer großer Raum mit einem gedeckten Tisch. Slava lächelt mich an: »Five drops, Arved – you know, it's an old Russian tradition.« Der unvermeidliche Vodka wird großzügig ausgeschenkt, wir stoßen an, Herr Chilingarov

Honingsvag in Norwegen.
Unter Deck ein »Stell-
dichein« von Notebooks.

Ohne Elektronik geht
auch auf einem
Traditionsschiff heute
nichts mehr.

wünscht jetzt »unserem« Projekt gutes Gelingen
und Erfolg auf ganzer Linie. Die Vodkagläser leeren sich, ein Stück Brot und Gurke werden gereicht,
um den Schnaps zu neutralisieren – die Atmosphäre wird immer ungezwungener und freundschaft-
licher. Der Assistent wird aufgefordert, Fotos von
ihm und mir zu machen. Arm in Arm, mit den Zei-
gefingern auf der Landkarte mal am Nordpol, mal
am Südpol, dazwischen immer wieder kräftiges
Händeschütteln und die Zusicherung, uns nach
besten Möglichkeiten zu unterstützen. Ob wir
bereit wären, im Verlauf der Expedition Wetterdaten zu sammeln und sie nach Moskau zu schicken?
Spontan sichere ich ihm das zu, zweimal täglich
werden wir von unterwegs alle verfügbaren Daten
an ihn weiterleiten. Sollten wir Probleme mit loka-
len Behörden haben – er sagt dies zu Slava auf Rus-

Der Fotograf Torsten Heller hält Inventur. Obwohl Hunderte von Filmen an Bord sind, lebt er in steter Sorge, dass sie nicht reichen könnten.

sisch –, möge er sich umgehend per E-mail oder Telefon mit ihm in Verbindung setzen. Darüber hinaus wolle er die oberste Militärverwaltung von dem Projekt unterrichten und ihnen sein Engagement in dieser Sache mitteilen. Zusätzlich würde er auch die Deutsche Botschaft darüber informieren. Wir sind schon eine gute Stunde bei ihm. Schließlich ein letztes Foto, abermals kräftiges Händeschütteln, Visitenkarten werden ausgetauscht und dann sind wir entlassen.

Der Assistent geleitet uns wieder hinunter zu den Securities. Auf dem Weg dorthin fasst er noch einmal zusammen: Bei etwaigen Problemen solle Slava sich sofort melden. Ein letztes »Good luck« und dann sind wir wieder draußen auf der Straße. Wir schauen uns an, so richtig glauben können wir beide nicht, was wir eben erlebt haben. Slava hatte ein

schwieriges Gespräch erwartet mit einem skeptischen, eher abweisenden Chilingarov. Genau das Gegenteil ist der Fall gewesen. Ihm ist die Erleichterung anzumerken, und mir ist eine zentnerschwere Last vom Herzen gefallen.

Es bleibt heute nicht bei den »five drops«. Als wir Stunden später bei Slavas Haus auf dem Lande eintreffen, ist schon eine Party vorbereitet. Seine Nachbarn, Faina, seine Frau und die Arbeitskollegen haben den Grill angeheizt und riesige Schaschliks vorbereitet. Berge von frischem Salat, Brot und Gurken und natürlich der Vodka, ohne den in Russland gar nichts geht, vervollständigen das Festmahl.

Ich verweigere mich nicht dem Rausch und habe das Gefühl, schon lange nicht mehr so entspannt gewesen zu sein. Ich bin wieder in Russland!

MURMANSK

15. Juli 2002: Zum zweiten Mal läuft die DAGMAR AAEN
diesen Hafen am Eingang der Nordostpassage an.

Der Anruf über UKW kommt nicht überraschend: »This is russian coastguard. Ship in position 69° 35' N 033° 30' E. What is your name and destination, present course and speed?«

»This is the sailing vessel DAGMAR AAEN, DIXX, we are bound for Murmansk, our course is 180°, our speed is 5 knots«. Überraschend ist lediglich der Umstand, dass der Anruf auf Englisch erfolgt. Bislang wurde erwartet, dass jedes Schiff, das nach Murmansk einlief, auch der russischen Sprache mächtig war. Wenige Minuten später taucht am Horizont die graue Silhouette eines Patrouillenbootes auf, das mit schäumender Bugwelle direkt auf uns zuhält. Kurze Zeit später dann über UKW die Aufforderung zu stoppen und abzuwarten, man wolle die Papiere überprüfen und zu diesem Zweck zwei Offiziere übersetzen. Das dauert.

Eigentlich müsste die Coast Guard genau wissen, wer wir sind, denn unser Auftauchen kann nicht überraschend für sie kommen. Den Vorschriften gemäß hatten wir bereits vor zehn Tagen per Fax unsere vermutliche Ankunftszeit Murmansk durchgegeben, danach noch einmal 24 Stunden und nochmals zehn Stunden vor unserem Eintref-

fen. Aber vielleicht will man sich vergewissern, ob wir alle Papiere ordnungsgemäß an Bord haben. Derer haben wir gleich einen ganzen Ordner voll. Mit qualmenden Dieselmotoren dreht das Coast-Guard-Schiff bei und Minuten später löst sich ein Schlauchboot von der grauen Bordwand und hält auf uns zu. Zwei junge Offiziere in Uniform grüßen uns freundlich und klettern an Bord. Beide sprechen gut Englisch – es scheint sich um eine Routineuntersuchung zu handeln.

Unter Deck bei einer Tasse Kaffee präsentiere ich die Schiffs- und Expeditionspapiere, Henryk, der fließend Russisch spricht, sitzt daneben, um den Offizieren die Konversation zu erleichtern. Endlich das Urteil: Die Papiere sind in Ordnung! Es gibt keinerlei Beanstandungen, aber – warum wir uns um Himmels Willen nicht vorher angemeldet hätten? Henryk und ich schauen uns verdutzt an. Natürlich haben wir uns angemeldet, erklärt Henryk auf Russisch und öffnet zur Beweisführung das Logbuch, wo das Fax mit Übertragungsprotokoll eingeklebt ist. Die beiden Grenzschützer überprüfen das Logbuch, Henryk zeigt ihnen auch die beiden anderen Anmeldungen, danach strahlen sie uns

an. Ganz klar, die beiden suchen kein Haar in der Suppe, sondern freuen sich mit uns, dass alles seine Ordnung hat. Über Funk teilen sie ihre Erkenntnisse ihrem Kommandanten mit. Wir bereiten schon die Verabschiedung vor, als vom Schiff die Meldung kommt, wir sollten noch abwarten, da man erst in Murmansk nachfragen wolle. Der Zeitpunkt dafür ist denkbar ungünstig. Es ist 6 Uhr morgens und zudem Montag. Vor 9 Uhr würde keine Behörde und kein Büro öffnen und auch danach würde man sich nur schleppend an die Arbeit machen. Glücklicherweise ist das Wetter schön und ruhig, die See ist fast spiegelglatt. Den beiden Offizieren tut die Verzögerung Leid. Sie sind eifrig um Konversation bemüht, wir zeigen ihnen das Schiff, laden sie zum Frühstück ein und endlich kommt Elise auf die glorreiche Idee, zu angeln. Die beiden sind begeistert. Kaum dass die Angel im Wasser ist, hat auch schon der erste Dorsch angebissen, danach geht es Schlag auf Schlag. Wer soll die vielen Fische essen? Egal, die beiden angeln, Elise schlachtet, Torsten fotografiert und wir anderen machen gute Miene zum bösen Spiel.

Ein russisches Coast Guard-Schiff bringt uns auf. Um uns die Wartezeit zu vertreiben, angeln wir mit den beiden Offizieren Dorsche, während Elise sie schlachtet und ausnimmt.

Unter Bewachung dürfen
wir schließlich nach
Murmansk einlaufen.
Es geht vorbei an zahl-
losen Wracks und Militär-
einrichtungen.

Die schöne Fjordland-
schaft tritt angesichts
solcher Ruinen völlig in
den Hintergrund.

Auch um 9 Uhr noch keine Antwort aus Murmansk, und um 10 Uhr findet sich ebenfalls keine
Lösung. Auf dem Achterdeck stapeln sich derweil
die Fische, Elises Hose ist mit Schuppen und Fisch-
blut gesprenkelt und in den Gesichtern aller spie-
gelt sich der Unmut über diese Verzögerung. Endlich scheint es auch dem Kommandanten zu lang-
weilig zu werden. Er gibt Anordnung, dass einer der
beiden Offiziere mit dem Schlauchboot zurück-
kommen solle, während der andere bei uns an Bord
bleiben soll. Da unsere ETA-Meldung bislang nicht
aufgetaucht ist, müsse man uns leider festnehmen.

Eisbrecher der Arktika-Klasse liegen untätig im Hafen von Murmansk.

Im Klartext heißt das: Wir sind aufgebracht und verhaftet worden – trotz aller Genehmigungen. Henryk, der den Funkkontakt verfolgen kann, hört deutlich den Unmut des Kommandanten über die Schlamperei in Murmansk heraus, aber wenn der Behördenweg einmal eingeschlagen ist, gibt es kein Zurück mehr. Sobald das Schlauchboot, in das Elise schnell noch einen großen Plastiksack mit Fischen gelegt hat, an Bord genommen ist, fährt das Patrouillenboot voraus, wir laufen hinterher.

Unterwegs überholt uns eines der großen russischen Atom U-Boote, ansonsten passieren wir jede Menge Schiffswracks, verlassene und verfallene Häuser links und rechts des Fjordes, den abgesehen von dem Verfall und den militärischen Einrichtungen eine schöne nordische Fjelllandschaft säumt. Bereitwillig gibt uns unser Offizier Auskunft über die Region. Wir passieren die verbotene Stadt Severomorsk, das große Schwimmdock, in dem angeb-

lich das deutsche Schlachtschiff TIRPITZ gelegen haben soll und in dem noch vor wenigen Monaten die Überreste der KURSK abgewrackt worden sind. Endlich zeichnet sich hinter einer weiteren Fjordbiegung Murmansk ab. Die großen Atomeisbrecher der Arktika-Klasse liegen arbeitslos an einer Pier. Ich lese die Namen SIBIR, ARKTICA – das erste Überwasserschiff, das 1977 den Nordpol erreicht hat – ROSSIA sowie LENIN. Letzteres ist der erste Atom-Eisbrecher überhaupt gewesen. Bekannt geworden ist er vor allem durch zahlreiche Störfälle – nun liegt er schon seit vielen Jahren still und soll zu einem Museumsschiff umgebaut werden. In einem Schwimmdock liegt ein weiterer Nukleareisbrecher, die TAYMYR, und gleich daneben ein dieselelektrischer Eisbrecher, die KAPITAN DRA-NYTSIN. Wenn man berücksichtigt, dass mindestens ein weiterer der großen Eisbrecher mit Touristen zum Nordpol unterwegs ist, bleiben nicht mehr viele Einheiten übrig, um Konvois durch den Nördlichen Seeweg zu geleiten. Daraus kann man nur schließen, dass es kaum Bedarf gibt bzw. kaum Handelsschiffe, die die Passage befahren.

Wir machen an einer Schwimmpier fest. Eine kleine Armee Uniformierter ergießt sich auf unser Deck, inzwischen hat sich wohl auch unsere Anmeldung eingefunden – immerhin ist es erst 14 Uhr –, und so ist die Situation nicht ganz so angespannt wie ich befürchtet hatte. Aber trotzdem! Wer hat denn nun die Schuld an dem Zwischenfall? Unser Offizier von der Coast Guard wirft sich für uns ins Getümmel: Nein, die Coast Guard hätte uns gegenüber keinerlei Vorwürfe aufzuweisen, wir hätten uns absolut korrekt verhalten und man habe nur auf Weisung gehandelt und uns nach Murmansk geleitet. Ich fülle stapelweise Formulare, Zolllisten, Crewlisten et cetera aus. Irgendwann ist auch das getan. Ich schenke dem Coast Guard-Offizier ein Buch über unsere letzte Expedition, er verabschiedet sich per Handschlag von jedem von uns – und dann bleibt nur noch die Frage, wer die Schuld an dem ganzen Dilemma trägt. Eine Zivilperson mit ernster Miene erscheint wenig später auf der Pier und bittet an Bord kommen zu dürfen. Henryk übersetzt, als wir schließlich zu dritt um den Tisch in der Messe sitzen. Es ist, wie bei solchen Fällen üblich, ein Eiertanz. Jeder weiß, dass uns keine Schuld trifft, aber wollen wir wirklich eine Schuldzuweisung treffen? Er sei hier, um den Fall zu klären, teilt er Henryk mit. Er könne jetzt die Sache weiterverfolgen, was – so lässt er durch die Blume wissen – uns sicherlich bei der Bewältigung weiterer behördlicher Auflagen für die Befahrung des Nördlichen Seeweges nicht sehr dienlich sein würde. Oder wir würden die Schuld auf uns nehmen und damit alle anderen von jedweden Versäumnissen freisprechen. Das sei doch die viel bessere Lösung! Mit 2000 Rubeln, etwa 70 Euro, sind wir dabei!

Den schwarzen Peter übernehmen wir, dafür ist man uns hoffentlich gewogen, das Verfahren wird eingestellt und wir sind nun endlich offiziell eingereist. So einfach geht das!

Abends trifft Slava ein. Er hat von dem Zwischenfall gehört und ist außer sich. Er reagiert in solchen Situationen noch viel empfindlicher als jeder andere von uns. Gerade weil er Russe ist und eben weil er selbst alle Papiere bearbeitet und eingereicht hat, trifft es seinen Stolz und seinen Gerechtigkeitssinn an einer empfindlichen Stelle.

Wir sind nicht allein an der Pier. Hinter uns dümpelt eine französische rote Yacht, auf deren Rumpf in weißen Buchstaben der Name VAGABOND steht. Die VAGABOND, ursprünglich von einem Polen namens Janusz Kurbiel gebaut, hat zahlreiche Fahr-

ten ins Eis hinter sich, unter ihrem neuen Eigner, dem Franzosen Eric Brossier, war sie zuletzt an der Südostküste Grönlands gewesen. Die Yacht ist mit 13 Metern deutlich kleiner als die DAGMAR AAEN, das ändert aber nichts an ihrer stabilen Bauweise sowie ihrer Ausstattung, die kompromisslos auf den Einsatz in polaren Gewässern ausgelegt ist. Wir kommen schnell mit der Crew – allesamt Franzosen und eine Holländerin – ins Gespräch. Seit fünf Wochen liegen sie bereits fest. Eric, der Skipper, weilt seit zwei Wochen in Moskau, um ausstehende Genehmigungen einzuholen. Kurioserweise sind auch sie trotz Anmeldung bei ihrem Eintreffen vor der Küste von Murmansk von der Coast Guard aufgebracht worden – genauso wie eine englische und eine norwegische Yacht, die eine Reise

Im Zentrum von Murmansk machen wir an einer Pier fest. Hinter uns liegt die VAGABOND des Franzosen Eric Brossier. Sie warten schon seit fünf Wochen auf eine Genehmigung.

Die Zentrale der Murmansk Shipping Company. Jeden Tag müssen Slava und ich dort vorstellig werden und endlose Papiere und Formulare sichten, unterzeichnen und stempeln. Zwölf lange Tage lang das gleiche Prozedere.

einen ebenso freundlichen wie überlegten Mann kennen, der scheinbar nicht von irgendwelchen spektakulären Rekordabsichten getrieben wird, sondern von dem Interesse an dem Land, den Menschen, den Kulturen sowie der polaren Landschaft. Beide Crews besichtigen wechselseitig die Schiffe, wir sitzen an Deck und tauschen Erfahrungen aus und entwickeln gemeinschaftlich Strategien, wie wir mit den Behörden weiterhin taktisch schlau verfahren würden.

Unsere Geduld soll auf eine harte Probe gestellt werden. Ursprünglich hatte ich drei bis vier Tage in Murmansk eingeplant – es werden insgesamt zwölf. Die Besuche im Büro der Murmansk Shipping Company gehören schon bald zur täglichen Routine wie das morgendliche Zähneputzen.

Um Punkt 11 Uhr – vorher ist es nie genehm – sitzen Slava und ich im Büro von Sergeij Deyneka und diskutieren. Eigentlich ist nur Slava derjenige der redet, ich sitze mit stoischer Miene daneben und verstehe kein Wort. Gelegentlich darf ich einige Schiffspapiere aus meinem Aktenkoffer hervorkramen und auf den Tisch legen, bei anderer Gelegenheit mit todernster Miene den Schiffsstempel sowie meine Unterschrift unter Formulare setzen, deren Inhalt ich sowieso nicht lesen kann – ich fühle mich ausgeliefert. Wäre Slava nicht, dem ich hundertprozentig vertraue – ich wüsste nicht, was ich täte. Gegen 14 Uhr enden in der Regel die Konsultationen, um am späten Nachmittag an Bord fortgeführt zu werden.

ins Weiße Meer unternehmen wollten. Der Vorgang hat offenbar System. Die VAGABOND will wie wir durch die Nordostpassage segeln. Es sind ganz sicher keine Phantasten oder Draufgänger, sondern freundliche, offene Menschen, die sich professionell auf diese Expedition vorbereitet haben und in deren Nachbarschaft wir uns spontan wohl fühlen. Als wenige Tage später Eric Brossier ein wenig frustriert aus Moskau zurückkommt, lerne ich ihn als

Ein Hoch auf Slava!
Der Verhandlungs-
marathon ist bewältigt.
Ausgelassen feiern wir
das Ereignis.

Bei all dem geht es primär um den technischen Zustand beziehungsweise um die Eignung der DAG-MAR AAEN für den Nördlichen Seeweg. Alle Verweise auf die Icesail-Expedition einschließlich der neunmonatigen Überwinterung im Eis des Jenisseis oder gar die Durchfahrung der Nordwestpassage hinterlassen keinen Eindruck. Der Nördliche Seeweg – so lässt man uns wissen – sei nun einmal etwas Besonderes. Hinsichtlich der bürokratischen Hürden vermag ich diesbezüglich nicht zu widersprechen.

Ohne überheblich scheinen zu wollen: Es gibt wohl kaum ein vergleichbares Schiff, das sich hinsichtlich Ausrüstung, Erfahrung und Vorbereitung mit der DAGMAR AAEN und ihrer Crew messen kann. Auch die VAGABOND, die vorbildlich ausgestattet ist, verfügt z.B. nicht über eine eigene Empfangsanlage für NOAA-Wettersatelliten, die neben dem Wetter auch Eisinformationen vermitteln. Wir können alle technischen Einrichtungen vorzeigen und demonstrieren, wir haben einschließlich einer aktualisierten Stabilitätsberechnung nach Vorgaben des Germanischen Lloyd alles vorzuweisen, was man über ein Schiff an Daten überhaupt haben kann, wir verfügen über Tauchequipment, um unter Wasser gegebenenfalls beschädigte Propellerflügel zu wechseln und sogar ein kleines Bordflugzeug, die POLARIS. Von den diversen Kommunikationseinrichtungen und elektronischen Seekarten einmal ganz zu schweigen. Da können auch die technischen Inspektoren, die dergleichen vermutlich kaum jemals gesehen haben dürften, letztlich keine Einwände mehr haben.

Dann kommt ein Inspektor aus Moskau, den ich von der Hauptverwaltung des Nördlichen Seeweges aus Moskau kenne, angereist, und tatsächlich erhalten wir den behördlichen Segen. Endlich! Die DAGMAR AAEN ist für den Nördlichen Seeweg geeignet. Nachdem wir das Eis gebrochen haben, will man die Angelegenheit offenbar schnell zum Abschluss bringen und zwei Tage später erhält auch die VAGABOND dieses begehrte Gütesiegel.

Doch die erste Euphorie wird schnell gedämpft. Glaubten wir tatsächlich, wir hätten den behördlichen Spießroutenlauf beendet? Keineswegs. Jetzt geht es um die Frage des Eislotsen. Laut Vorschrift muss jedes Schiff – egal wie groß oder klein – einen staatlichen Eislotsen an Bord nehmen. Das Problem: Woher nehmen? Wir erkundigen uns, tatsächlich gibt es einige interessierte Lotsen, von denen aber keiner abkömmlich ist. Nur einer steht zur Verfügung und der sitzt am Schwarzen Meer in Odessa: Boris Volny.

Volny ist ein alter Bekannter von uns. Während der Icesail-Expedition 1991/92 war er unser Lotse. Damals war er bereits Anfang 60, mit gesundheitlichen Problemen beschäftigt und an allem anderen interessiert, nur nicht am Eis. Er spricht fließend Englisch und – auch wenn er das stets abstritt – auch Deutsch. Er verstand jedes Gespräch, passte sozusagen auf uns auf und damit ist seine Aufgabe wohl auch besser umschrieben als mit der Berufsbezeichnung Eislotse. Wenn wir es irgendwie vermeiden können, wollen wir ihn nicht wieder an Bord haben. Und: Die VAGABOND benötigt ebenfalls einen Lotsen, obwohl sie immer noch nicht alle Genehmigungen aus Moskau vorliegen hat.

Und was machen wir? Slava wirft sich in die Brust: Schließlich sei er Russe, habe jahrelang auf Arktiswie auch Antarktisstationen Dienst getan, kenne den Nördlichen Seeweg wie kaum ein Zweiter – also sei er doch schließlich der geeignete Lotse für die DAGMAR AAEN. Was keiner zu hoffen wagte – die Verwaltung in Moskau lässt sich darauf ein! Obwohl die Entscheidung offenbar intern kritisiert und von unterschiedlicher Seite völlig gegensätzlich bewertet wird, bleibt es dabei: Slava ist unser Lotse – etwas Besseres hätte uns nicht passieren können.

In den sauren Apfel müssen indes Eric und seine Crew beißen. Da sie kein russisches Crewmitglied an Bord haben und Boris Volny offenbar unbedingt – mit 70 Lebensjahren – zum Einsatz kommen will, müssen sie zähneknirschend zustimmen.

Als Abschied geben wir eine Bordparty, bei der die offiziellen Vertreter der Murmansk Shipping Company sowie der Verwaltung aus Moskau Gäste sind. Es gibt reichlich zu essen und – wie immer in Russland – reichlich Vodka.

Boris stellt finanzielle Forderungen, die nicht von Pappe sind, hinzu kommen Flüge sowie Spesen von und nach Odessa – Eric tut mir aufrichtig Leid.

Zwischen unseren Besuchen bei der Murmansk Shipping Company, die weiterhin an der Tagesordnung sind, müssen wir mit der obersten Hafenbehörde sprechen, die für sich wiederum in Anspruch nimmt, die kompetenteste und wichtigste Instanz in Sachen Nördlicher Seeweg überhaupt zu sein. Ob wir denn wüssten, das dort viel Eis liegt und ob wir denn auch warme Sachen dabei hätten, fragt einer der Uniformierten mit einem Seitenblick auf Henryks Füße, die unbestrumpft in Sandalen stecken. In Murmansk ist eben Sommer! Alle Papiere müssen wieder vorgeholt und langatmig begutachtet werden, Stempel werden auf Stempelkissen gedrückt, angehaucht und mit wichtiger Miene auf ein x-beliebiges Dokument gepresst. Mir hebt es bisweilen die Schädeldecke, Henryk, der das sieht, meint nur: »Gut, dass du kein Russisch verstehst, dann wäre es um deine Contenance geschehen.« Ich glaube ihm gern, auch so bin ich an der Grenze meiner Geduld angelangt.

Das gleiche Theater erwartet uns beim Zoll, nur dass der sich im Freihafen befindet und dorthin keiner Zugang hat. Slava muss sich für 20 Rubel an anderer Stelle einen Passierschein besorgen und darf damit samt Schiffspapieren in den Freihafen – mir bleibt dieser Gang glücklicherweise erspart, mir hat man keinen Passierschein ausgestellt. Ein weiterer Besuch bei jener Hafenbehörde, die für den Teil des Hafens zuständig ist, in dem wir liegen, diverse Telefonate mit anderen Behörden – dann wieder die Mitteilung, dass Slava nun doch nicht Lotse sein könne, kurz darauf die Richtigstellung, dass er dieses gewichtige Amt sehr wohl ausfüllen kann – so vergeht Tag auf Tag. Wir geben an Bord einen Empfang für alle beteiligten Inspektoren. Die Stimmung ist gut, es fließt reichlich Wodka. Ein Vertrag mit der Murmansk Shipping Company steht noch aus. Im Büro von Sergeij ist ein junger Anwalt, der mit uns den Vertrag unterzeichnen soll. Der Vertrag ist zweisprachig in Englisch und Russisch abgefasst. Es gibt Übersetzungsfehler, inhaltliche zudem, der Vertrag wird immer wieder geändert, und wenn er dann endlich unterzeichnet ist, wird er in einer oberen Etage der Murmansk Shipping Company wieder verworfen. Als wir endlich auf die Reise gehen, ist die endgültige Version immer noch nicht gefunden, aber alles ist tausendmal unterschrieben und gestempelt – keiner blickt mehr durch, am allerwenigsten offenbar der smarte Anwalt, dem seine Chefs ständig in den Rücken fallen.

Am 27. Juli um 09:30 Uhr kommen endlich Zoll und Grenzschutz an Bord, um uns auszuklarieren. Um 10 Uhr kommt der Hafenlotse dazu und um 10:45 werfen wir unter den betrübten Blicken von Eric und seiner Crew die Leinen los. Sie sind jetzt sieben Wochen hier, und noch immer fehlen ihnen die hier über alles geschätzten Genehmigungen für irgendeine Kleinigkeit. Ich kann es kaum glauben, aber offenbar dürfen wir endlich – nach zwölf Tagen Bürokratenmarathon – los. Wieder geht es vorbei an Atom U-Booten der Marke KURSK, an der verbotenen Stadt, an Schiffswracks und einer ansonsten harmlosen nordischen Fjordlandschaft. Der Lotse, ein freundlicher Mann, der für seine Dienste nicht einmal ein Honorar verlangt, wird an der

Ausfahrt des Fjordes von einem Lotsenboot abgeholt. Danach setzen wir Segel und gehen auf südöstlichen Kurs um die Insel Kildin herum. Endlich beginnt die Reise durch die Nordostpassage.

Der Lotse geht von Bord. Endlich sind wir wieder unterwegs.

STURM UND EIS

Zwischen dem Wort und der Tat liegt das Eis.

Die Wolkenbank, die sich drohend hinter uns aufbaut, verheißt nicht Gutes. Vorsichtshalber binden wir ein Reff ins Großsegel, fieren das Groß ein wenig auf und behalten die Front, die hinter uns aufzieht, im Auge. Als die Bö uns wenig später trifft, sind wir dennoch von der Heftigkeit überrascht. Der Windmesser zeigt 35 Knoten, gleich drauf 40 Knoten – wir haben viel zu viel Segel oben. »All hands«, brüllt jemand in den Niedergang runter, die DAGMAR AAEN holt weit über, der Großbaum taucht ins Wasser und pflügt gewaltige Fontänen auf. Ich luve an, um in den Wind zu gehen, rufe Katja, Achim und Markus zu, den Klüver zu bergen, jetzt muss alles schnell gehen. Die Manöver sind unzählige Male durchgeführt, jeder Handgriff sitzt – aber das Segel bewegt sich nicht. Der Klüver lässt das Schiff trotz Ruderlage wieder abfallen, die Krängung ist jetzt so stark, dass die Backskisten auf Backbordseite überspült werden. Irgendein Stagreiter klemmt oder das Fall – ich kann es von achtern nicht erkennen. Die Vorschiffleute werfen die Schot los, das Segel schlägt wie wild, bewegt sich aber dennoch nicht. Ich falle wieder ab,

gehe vor den Wind. Irgendwie gelingt es schließlich, den Klüver zu bergen, gleich darauf binden wir zwei weitere Reffs ins Groß, die DAGMAR AAEN stabilisiert sich und wir laufen bei nunmehr reduzierter Segelfläche vor dem Wind ab. Aufregende Momente, die uns die behäbigen Hafentage von Murmansk endgültig austreiben.

Das sind die Nachteile eines gaffelgetakelten Kutterriggs. Die Segelfläche des Groß ist enorm, hinzu kommen der schwere Baum und die Gaffel. Wenn der richtige Zeitpunkt zum Reffen verpasst ist, wird ein Reffmanöver immer zu einer sehr ernsten Angelegenheit. Vor der Erneuerung des Riggs hatte ich daher ernsthaft daran gedacht, das Schiff als Schoner oder Ketsch umzutakeln. Kleinere Segelflächen verteilt auf zwei Masten lassen sich in jedem Fall leichter handeln und man kann bei schlagartig wechselnden Wetterlagen schneller reagieren. Es spricht tatsächlich vieles dafür. Einen Kutter in dieser Größe zu segeln, ist schon ein sehr sportliches Unterfangen. Aber fast alle aus der Crew waren gegen diesen Umbau. Im tiefsten Inneren war ich selbst auch dagegen. Ein gaffelgetakelter

Der Baum der DAGMAR AAEN taucht ein und pflügt eine Schneise ins Wasser. Ein ungewöhnlicher Anblick. Wir sind wachsam, denn der Wind nimmt ständig zu.

Die DAGMAR AAEN in ihrem Element. Irgendwie kann ich mich des Gefühls nicht erwehren, dass dem Schiff das raue Wetter Spaß bringt. Wir hingegen müssen uns erst wieder daran gewöhnen.

Kutter ist eine Augenweide. Auch wenn es vielleicht bisweilen unpraktisch ist, das Rigg ist einfach ästhetisch und schön. Und zudem bringt es Spaß, mit einer eingespielten Mannschaft dieses Schiff zu segeln. Dafür muss man dann eben auch bereit sein, die Nachteile zu akzeptieren.

Die Zeichen bleiben weiterhin auf Sturm stehen. Unter dreifach gerefftem Groß und der Fock laufen wir fast 7 Knoten. Der Wind kommt jetzt raumschots, das Schiff wiegt sich in der bewegten See und zieht unverdrossen weiter Richtung Osten. Strecktaue werden an Deck gespannt, der defekte Stagreiter am Klüver ausgewechselt, Tauwerk aufgeschossen und durchnässte Kleidungsstücke im Maschinenraum zum Trocknen aufgehängt. Der plötzliche Wetterumschwung hat auch sein Gutes: Plötzlich ist Murmansk in weite Ferne gerückt. Der Bordalltag nimmt uns gefangen und wir konzentrieren uns auf das Wesentliche: Wir sind wieder unterwegs!

Wir liegen gut in der Zeit. Trotz der Verzögerung in Murmansk müssen wir nicht befürchten, unter Zeitdruck zu geraten. Noch immer zeigen die Eiskarten dichtes Eis im Bereich der Karastraße, jener Meeresenge, die die Barentssee von der Karasee trennt. Jugorski Shar, südlich der Karastraße gelegen, ist noch total blockiert. Würden wir zu früh in die Karastraße einfahren, hätten wir nichts gewonnen. Im Gegenteil! Wir würden im Eis herumlavieren, Material und Nerven strapazieren und dennoch nicht schneller vorankommen, als wenn wir

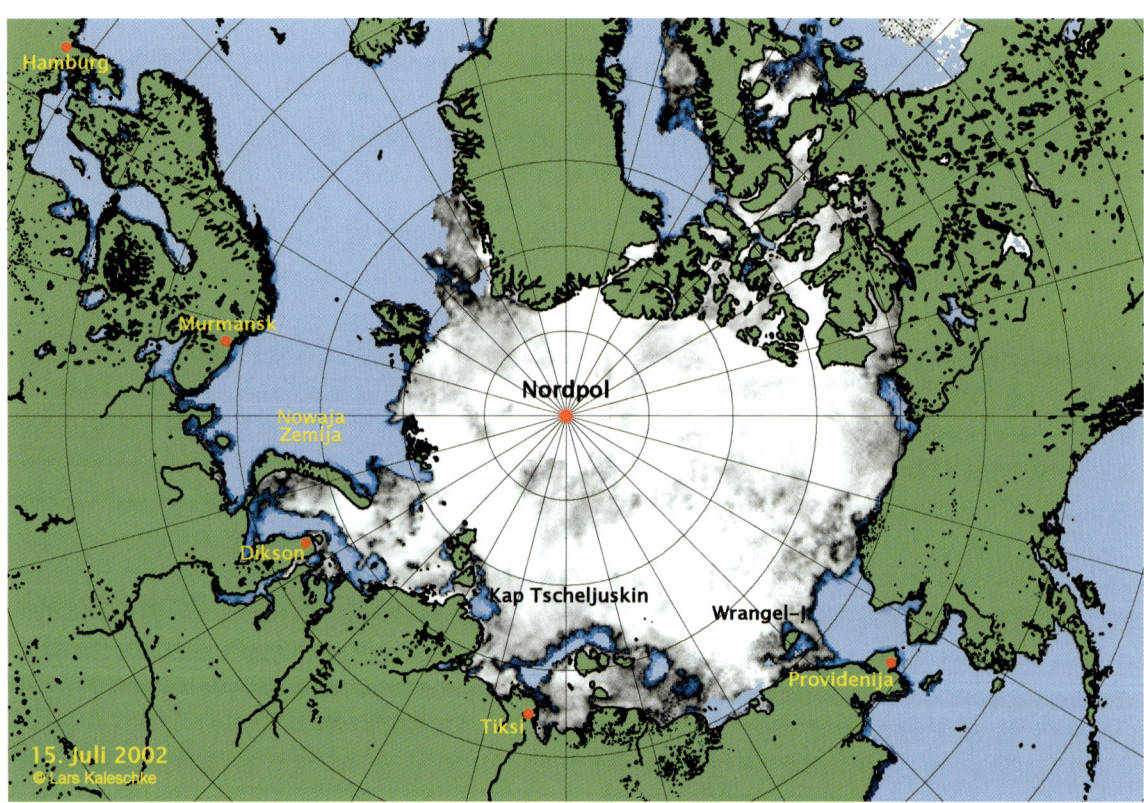

Wir atmen auf, die Eissituation scheint sich zu unseren Gunsten zu wenden.

die Jahreszeit für uns arbeiten lassen. Mit Gewalt lässt sich in diesen Breiten nichts erreichen.

Die Durchfahrung der Nordostpassage ist unter anderem deshalb so schwierig, weil es ganz klar definierte Schlüsselstellen gibt, die man zu einem ganz bestimmten Zeitpunkt erreichen beziehungsweise passieren muss. Ist man zu früh, kommt man nicht durch und hängt im Eis fest. Ist man zu spät, kann man vielleicht noch diese eine Stelle passieren, dafür aber nicht mehr die nächste, weil sich das Eis dort schon wieder geschlossen hat. Und von solchen Stellen kann die Nordostpassage gleich mit einer ganzen Handvoll aufwarten: die Karastraße, das Nordenskiöld-Archipel, Kap Tscheljuskin als

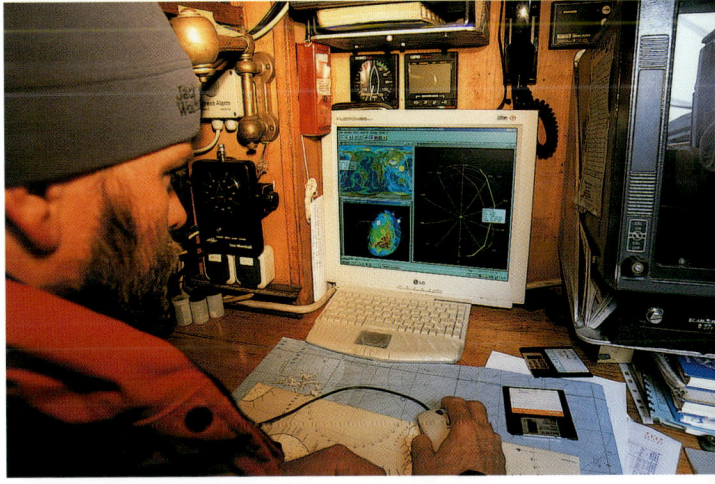

**Frank Mertens betrachtet auf dem Rechner die Bahndaten der NOAA-Satelliten.
Werden wir eine brauchbare Eiskarte erhalten?**

der Knackpunkt schlechthin, die Dmitri-Laptev-Straße, das Ayon-Eis sowie die als Schiffsfriedhof berühmt-berüchtigte De Long-Straße. Zum richtigen Zeitpunkt an der richtigen Stelle sein – das ist unsere Strategie.

Genau um diese Möglichkeit hatte man uns bei unserem letzten Versuch im Jahre 1994 gebracht. Indem man uns in Providenija festhielt, konnten wir diesen eng gesteckten Zeitplan nicht mehr einhalten, versuchten es dennoch und verloren dabei um ein Haar das Schiff.

Bei unserem jetzigen Versuch stehen uns allerdings auch andere Informationsquellen zur Verfügung. Anders als bei den vorangegangenen Fahrten, bei denen wir fast ausschließlich auf die recht dürftigen Eisinformationen der Russen angewiesen waren, sind wir jetzt unabhängig. Lars Kaleschke, ein junger Wissenschaftler von der Uni Bremen, hatte sich angeboten, uns per Satellit jeweils die neuesten Eiskarten zu übermitteln. Täglich bereitet er die Informationen auf, die er wiederum von Wetterbeobachtungssatelliten erhält, fertigt danach eine Karte für uns und schickt sie per E-mail an Bord. Es ist bei weitem die genaueste Eisvorhersage, die wir jemals auf einer Expedition bekommen haben. Zusätzlich erhalten wir von der Murmansk Shipping Company Empfehlungen, wie wir zu fahren haben, verlassen uns aber lieber auf die Karten von Lars. An Bord befindet sich zudem eine NOAA-Empfangsanlage, mit deren Hilfe wir die NOAA-Satelliten beim Überflug empfangen und das dabei entstehende Foto auf unserem Monitor sichtbar machen können. Das funktioniert allerdings nur bei wolkenfreiem Himmel – eine Wetterlage, die leider Gottes dort oben nur selten anzutreffen ist. Meistens ist der Himmel mit Wolken verhangen oder es herrscht Nebel, was die gleichen Auswirkungen hat: Wir können dann nichts erkennen. Darüber hinaus – und das ist vielleicht das Wichtigste – muss man trotz aller technischen Möglichkeiten seine Erfahrung und seinen Verstand gebrauchen. Die Auflösung der Eiskarten gibt keine Detailinformation preis. Man muss sie zu interpretieren wissen und die aktuelle Wetterlage mit in die Überlegung einbeziehen, bevor man sich ins Eis begibt.

Eisfahrten erscheinen mir immer wie ein Schachspiel. Indem man die Eisfelder erreicht, eröffnet man das Spiel. Das Eis macht den nächsten Zug. Mal verhalten, mal gutmütig, dann wieder aggressiv und unerwartet. Man ist ständig in der Defensive und rechnet immer mit dem Schlimmsten.

Sollte man zumindest. »Ice is nice« heißt es so schön und ich kann dem nur zustimmen. Aber Eis ist auch tückisch und bedrohlich und verfügt über ein unglaubliches Zerstörungspotenzial. Dabei wirkt es immer harmlos und versucht einen in die Falle zu führen.

»So schlimm ist das doch alles gar nicht«, ist eine verhängnisvolle Geisteshaltung, weil sie einen leichtfertig und nachlässig werden lässt. Und dann schlägt das Eis plötzlich zu! Ich merke das besonders gut bei den Crewmitgliedern an Bord, die noch nie im Eis waren. Ulli, der die Expedition als Maler begleitet, kann es gar nicht abwarten, die ersten Eisfelder zu sehen. Dicht und gewaltig sollen sie sein, je dramatischer desto besser. Markus denkt ähnlich. Kaum kann er es abwarten, bis die ersten Eisfelder auftauchen. Die anderen sind je nach der Intensität ihrer Eiserfahrung verhaltener. Elise, die zwar

gen auf Unverständnis stößt. »Wir sind doch hierher gesegelt, um ins Eis zu fahren«, bekomme ich zu hören.

»Falsch«, sage ich, »wir sind nicht hier, um ins Eis zu fahren, sondern um durch die Nordostpassage zu segeln. Das ist ein Unterschied. Aber dabei müssen wir zwangsläufig durchs Eis hindurch. Aber suchen tue ich es ganz sicher nicht.« Zumindest nicht auf dieser Expedition. Die Zielsetzung ist eine andere. Die Eisverhältnisse in der Nordostpassage ändern sich von Jahr zu Jahr. Es gibt gute Jahre und es gibt schlechte. Das Problem beseht darin, rechtzeitig zu erkennen, in welche Richtung das Pendel ausschlägt. Da man eine Expedition von langer Hand planen muss, gibt es zu diesem frühen Zeitpunkt keinerlei Hinweise, wie sich die Eislage entwickeln wird. Man muss das Risiko auf sich nehmen, dass man ein ungünstiges Jahr erwischt. Die Wahrscheinlichkeit, dass man ein schlechtes Jahr erwischt, ist größer als die, an ein gutes Jahr zu geraten. Wie sich die aktuelle Eislage in einem Sommer entwickeln wird, lässt sich oftmals erst wenige Wochen vorher beurteilen. Und selbst dann gibt es viele Unsicherheiten. Die Möglichkeit, auf ein gutes Jahr zu warten um dann erst loszufahren, besteht also nicht. Daran hat sich seit den Zeiten von Eduard Dallmann oder Fridtjof Nansen nichts geändert. Take it or leave it. Allerdings gibt es in diesem Sommer Hinweise dafür, dass das Frühjahr im Norden Norwegens und auch in den angrenzenden russischen Gebieten ungewöhnlich warm

genügend Eis gesehen hat und auch die eingefrorene DAGMAR AAEN kennt, hat die Bedrohlichkeit von Eispressungen noch nicht miterlebt. Achim, Katja und Torsten, die an der Ostküste Grönlands an Bord waren, sind da schon zurückhaltender, und Slava, Henryk, Brigitte und ich freuen uns über jeden Tag, an dem wir noch kein Eis vorfinden. Wir haben die umfangreichste Eiserfahrung. Ich bemerke auch, dass mein vorsichtiges Taktieren bei eini-

und milde war. Das lässt zumindest hoffen. Vergleiche mit den Vorjahren zeigen uns, dass die Eisfelder weiter im Osten in dem Maße abnehmen, wie es in einem durchschnittlichen Jahr zu erwarten wäre. Mehr können wir noch nicht ableiten. Aber ein durchschnittliches Jahr gibt uns zumindest eine faire Chance. Anders als im Jahre 1992, als das Eis in weiten Bereichen den ganzen Sommer an der Küste liegen blieb und jegliche Versuche von uns, einen Weg hindurch zu finden, zunichte machte. Dieses Mal dürfen wir berechtigte Hoffnung hegen.

Die Barentssee bleibt weiterhin stürmisch. Mittlerweile haben wir das dritte Reff im Groß. Vorbei sind die milden, sonnigen Tage der norwegischen Küste oder die Zeiten, in denen Henryk wie in Murmansk barfuß in die Schuhe schlüpfte. Jetzt ist es kalt und nass. Handschuhe werden ausgepackt und angezogen, und wenn nach vier Stunden die Wache vorüber ist, zieht man sich schnell zum Aufwärmen unter Deck zurück.

Seit wir Murmansk verlassen haben, sind uns mit Ausnahme einiger russischer Trawler keine Schiffe begegnet. Wir sind allein auf weiter Flur. Ich hatte bei unseren täglichen Besuchen bei der Murmansk Shipping Company versucht herauszufinden, warum die Eisbrecherflotte untätig im Hafen liegt. Warum gibt es kein Frachtaufkommen innerhalb der Passage? Neben dem Eisbrecher YAMAL, der seine alljährliche Nordpol-Kreuzfahrt unternimmt, sind offenbar nur zwei weitere Eisbrecher im Einsatz: die TAYMYR, die wir noch in Murmansk in der Werft gesehen haben, sowie die SOVIETSKI SOJUS, einer der großen 75 000 PS starken Atomeisbrecher. Letzterer sollte im Bereich der Karastraße liegen und dort Schiff, die zum Jenissei oder Ob wollen, durchs Eis geleiten. Einen Konvoi, der die gesamte Passage befährt, gibt es dieses Jahr nicht – wie auch schon in den vorangegangenen Jahren. Nach dem Grund befragt, ernten wir nur ein Schulterzucken – no comment!

Das stürmische Wetter hält an, Murmansk gibt sogar eine Sturmwarnung aus. Um nicht bei Sturm und Seegang in die Eisfelder der Karastraße einzufahren, entschließe ich mich, in Lee der Kolgujev-Insel beizudrehen und auf eine Wetterbesserung zu warten. Einmal in den Eisfeldern drin, hat der Seegang keine Auswirkungen mehr, da das Eis die See glättet. Die Schwierigkeit besteht darin, erst einmal weit genug ins Eis zu gelangen, bis sich die See beruhigt hat. Davor geht es nämlich zu wie auf einem Verschiebebahnhof. Eisschollen werden von der Dünung hin und her geworfen, prallen aufeinander und ändern unberechenbar ihre Richtung. Bei einem Seegang von drei bis vier Metern spielen sich dabei spektakuläre Szenen ab. Wehe dem Schiff, das von einer surfenden Eisscholle gerammt wird! Wenn ich es vermeiden kann, warte ich ab und fahre bei günstigeren Verhältnissen ins Eis, so wie jetzt.

Die Kolgujev-Insel ist flach und bietet so gut wie keinen Schutz vor dem Wind. Zudem läuft sie so

flach aus, dass wir über eine Meile vor der Küste nur noch wenige Meter Wassertiefe haben. Alle Ankerversuche schlagen fehl, also setzen wir Trysegel und Sturmfock und liegen bei. Sofort liegt das Schiff verhältnismäßig ruhig, wir gehen unter Deck, genießen die Ruhe und trinken eine Tasse Tee nach der anderen. Langsam, mit etwa 1,5 Knoten, treiben wir genau in die richtige Richtung, und als am nächsten Tag der Wind nachlässt, setzen wir wieder volle Segel und nehmen Kurs auf die Karastraße.

Täglich setzt Slava über Inmarsat einen Positionsreport an die Murmansk Shipping Company ab und fügt dem einen kurzen Situationsbericht hinzu. Dazu hatten wir uns verpflichtet. Andererseits erhalten wir aus Murmansk jeden Tag aktuelles Wetter und Empfehlungen hinsichtlich der Eisentwicklung in der Karasee. Daneben bekommen wir täglich einen äußerst genauen Wetterbericht vom Deutschen Seewetterdienst, mit dem wir für diese

In der Karastraße treffen wir auf die ersten Eisfelder. Ständig steht jetzt einer in der Eistonne, um Ausguck zu halten.

Expedition eine Kooperation vereinbart haben: Auf der einen Seite übermittelt uns das Institut stets die aktuellen Wetterdaten. Das Wissen um die Wetterentwicklung ist für die Durchfahrung der Nordostpassage äußerst wichtig, weil das Eis mit dem Wind driftet. Verfügt man also über eine verlässliche Prognose über die Wetterentwicklung der nächsten Tage, ist die Entscheidung darüber leichter, ob man ins Eis hineinfährt oder besser nicht. Ablandiger Wind treibt das Eis von der Küste fort und lässt dadurch eine eisfreie Rinne entstehen, auflandiger Wind schiebt das Eis und gegebenenfalls das Schiff auf die Küste – mit einem möglicherweise katastrophalen Ausgang. Der Wetterbericht war für uns deshalb von größter Bedeutung. Sozusagen als Gegenleistung haben wir uns dazu

**Mit der Richtantenne peilt Frank die
NOAA-Satelliten ein. Wolken und
Nebel versperren dem Satelliten
häufig den Blick, sodass wir nur
selten brauchbare Bilder erhalten.**

verpflichtet, als Wetterbeobachtungsschiff zu agieren. Unter Martins Obhut wurden bis zu sechsmal täglich genaue Wetterbeobachtungen nach einer Vorgabe des DWD durchgeführt und anschließend über Inmarsat nach Hamburg durchgegeben. Die Daten fließen in einen Rechner ein und speisen die Wettermodelle mit entsprechenden Angaben. Da nahezu alle russischen Wetterstationen ihren Dienst eingestellt haben, fehlen von dort oben Messdaten, die wir jetzt liefern können. Schnell stellen wir fest, dass die Prognosen aus Hamburg deutlich genauer und zutreffender sind als die aus Murmansk. In komprimierter Form senden wir die Wetterdaten täglich auch noch nach Moskau in das Büro von Arthur Chilingarov, wie ich ihm das bei meinem Besuch in Moskau versprochen hatte. Auf einem

relativ kleinen Schiff wie der DAGMAR AAEN nehmen die Messungen von Luft- und Wassertemperatur sowie Windrichtung und -geschwindigkeit, Taupunkt und Wolkenformationen, das Codieren und anschließende Versenden der Daten ziemlich viel Zeit in Anspruch. Zwischen dreißig und vierzig Minuten dauert der Vorgang. Trotzdem wird es durchgezogen.

Am 1. August erreichen wir die Karastraße. Es herrscht rund um die Uhr Tageslicht, daher spielt es keine Rolle, dass wir uns dem Eis während der Nachtstunden nähern. Zu beiden Seiten taucht in der Ferne Land auf, im Norden zeigen sich die Umrisse von Nowaja Zemlja. Es ist strengstens verboten, sich der Insel zu nähern geschweige denn sie zu betreten. Es ist ganz sicher auch nicht ratsam, zumindest nicht, wenn einem an seiner Gesundheit etwas liegt. Auf dieser Insel haben die größten überirdischen Atombombentests der Geschichte stattgefunden. Die langgestreckte Insel – ursprünglich ein Naturparadies – ist im unteren Drittel von der so genannten Matoshin Shar durchbrochen. Dieser Fjord, der noch zu Dallmanns Zeiten Schutzhafen und Zugangsmöglichkeit zur Karastraße darstellte, ist heute offenbar hochgradig nuklear verseucht. Die größte jemals gezündete Bombe soll eine Sprengkraft von 50 Millionen Tonnen TNT gehabt haben, was der 4000-fachen Sprengkraft der Hiroshima-Bombe entspricht – und es war offenbar nur eine von vielen. Das kontaminierte Terrain wartet immer noch auf eine Sanierung – sofern dies technisch überhaupt machbar ist. Die Region wurde zum Sperrgebiet erklärt, Informationen, wie es heute dort aussieht, unterliegen nach wie vor der Geheimhaltung. Lediglich der Norden der Insel soll offenbar unbelastet sein. Slava, der lange Zeit auf Mys Zehlaniya auf der Polarstation gearbeitet hat, hatte damals täglich Strahlungsmessungen durchgeführt, ohne jemals Unregelmäßigkeiten festzustellen.

Als wir diese riesige Insel mit ihren schneebedeckten Bergen und Tälern am Horizont auftauchen sehen, verfluchen wir einmal mehr die Leichtfertigkeit, mit der man ganze Landstriche verwüstet und sie für Generationen zu einer nuklearen Wüste verkommen lassen hat, in der es auf Dauer kein Leben geben kann.

Wir waren Mitte der neunziger Jahre im Südpazifik vor dem Muroroa-Atoll gewesen, als Frankreich dort seine letzten Kernwaffentests durchführte. Immer wieder trifft man auf Inseln, die von diesem Wahnsinn betroffen sind, etwa Amchitka auf den Aleuten oder andere Inseln im Südpazifik. In der Karasee wurden in den siebziger und achtziger Jahren zudem ungeheure Mengen an abgebrannten Kernbrennstäben versenkt, die auf Eisbrechern oder Marineschiffen verwendet wurden. Der erste nuklearbetriebene Eisbrecher LENIN hat dort gleich ganze Generationen seiner offenbar störanfälligen Reaktoren versenkt. Wo und in welchem Zustand sich der Atommüll heute befindet, ist ebenfalls ungewiss. Für ein Sanierungsprogramm fehlt offenbar das Geld und wohl auch die Einsicht zur Notwenigkeit. Und überhaupt, wohin mit dem Kram? Mehrere Jahrgänge von ausgedienten U-Booten und Reaktoren aus den zivilen wie militärischen Bereichen warten dort auf ihre Verschrottung. 1991 lagerten an Bord der im Hafen von Murmansk aufgelegten LENIN die Brennstäbe ganzer Reaktorgenerationen, sozusagen als Zwischenlager. Der ausgediente Frachter LEPSE soll angeblich noch heute als schwimmende Atommülldeponie dienen, ebenso wie die WOLODARSKIJ, ein anderer ausgedienter Frachter. Alles in unmittelbarer Nähe von Murmansk. Die Kernkraftwerke dieser Region würden in der westlichen Welt umgehend vom Netz genommen werden müssen, so marode sind sie. Was darüber hinaus noch in den geheimen und als absolutes Sperrgebiet ausgewiesenen Militärbasen wie etwa Seweromorsk lagert, weiß keiner. Darüber kann nur spekuliert werden.

Die LENIN soll jedenfalls zu einem Museum ausge-

1. August 2002, 70. Meilen vor NOVAJA SEMLJA · NW 4-5, Wassertemperatur 4,7°, 08⁰⁰ Uhr

So sieht Rainer Ullrich die Annäherung an die Karastraße bei stürmischen Wetter.

Losgelöst vom Schiff, kann ein Maler eine beliebige Position einnehmen.

baut der Öffentlichkeit zugänglich gemacht werden. Das bedeutet ja wohl, dass der Abfall auf welche Weise auch immer entsorgt worden sein muss.

Die ersten Eisschollen, auf die wir treffen, werden mit großem Hallo empfangen. »Endlich Eis«, höre ich Elise jubeln, so als ob es sich um ein Geschenk des Himmels handeln würde. Ich merke, wie sich bei mir die alte Unruhe ausbreitet, die ich immer verspüre, wenn ich ins Eis fahre. Es ist eine Art der inneren Anspannung, wie sie ein Regattasegler vor dem Start empfindet. Die Konzentration wächst und alle Sinne werden geschärft, alles andere tritt in den Hintergrund.

Tatsächlich sieht es großartig aus. In der niedrig stehenden Sonne zeichnet das Licht weiche Pastelltöne, die Ulli umgehend zu den Stiften und Pinseln greifen lässt. Ununterbrochen sitzt er an Deck und bringt die Stimmungen mit einer Intensität und einem Einfühlungsvermögen aufs Papier, dass wir nur staunen können. Seitdem er in Tromsø an Bord gekommen ist, malt Ulli jeden Tag, ganz gleich wie das Wetter ist. Sein Tagebuch, seine unglaubliche Begabung, Eindrücke zu sammeln und sie ins Bild zu setzen, versetzt uns alle immer wieder in Erstaunen. Im Laufe der Reise entsteht auf diese Art und Weise ein einzigartiges Dokument.

Mit einem großen Schlag nach Süden ansegeln in die großen Eisfelder in der Laptev See, kurs Tiksi.

Obwohl uns Murmansk die Empfehlung ausgesprochen hat, einen nördlichen Kurs durch die Eisfelder zu nehmen, wählen wir einen südlicheren, da unsere Eiskarten dort günstigere Verhältnisse ausweisen. Irgendwo weiter im Norden soll die SOVIETSKI SOJUS auf Station liegen, aber mit dem Eisbrecher haben wir ohnehin nichts zu tun. In Murmansk hatte man uns wissen lassen, dass uns jeder Tag, an dem uns ein Eisbrecher helfen würde, 44.000 US $ kosten würde. Wir hatten dankend abgelehnt.

Die Karastraße ist der erste Flaschenhals, den wir passieren müssen. Die starken westlichen Winde der vorangegangenen Tage haben das Eis überwiegend aus der Enge geblasen, aber dahinter wartet es auf uns. Die Stimmung an Bord ist ausgelassen, »Das ist ja alles gar kein Problem«, lautet die Einschätzung. Eine Bewertung, die wenig später in aller Stille revidiert wird. Fast glauben wir, die Eisfelder schon passiert zu haben, als es wirklich dicht wird. Das sorgt für Irritation – wieso? Irgendwo muss es doch einen Durchgang geben? – Gewiss, aber wo? Vom Mastkorb aus gesehen erstrecken sich vor uns riesige Eisfelder, die zwar immer wieder Streifen schwarzen Wassers aufweisen, die zugleich aber auch im Irgendwo enden. Das Eis treibt. Fahren wir dort hinein, droht es uns einzuschließen. »Fahre niemals in unübersichtliches Eis«, lautet eine alte Regel der Eismeerfahrer. Abwarten können wir aber auch nicht. Also was tun? Wie weit müssen wir nach Süden ausweichen – und gibt es

dort vielleicht nicht auch noch Küsteneis, das uns den Weg versperren wird?

Mit einem Mal weicht die ausgelassene Stimmung und Freude über das Eis einer gewissen Ernsthaftigkeit. Ständig steht jemand oben im Krähennest und sucht Schneisen. Vorn am Bug steht eine weitere Person und zeigt mit ausgestrecktem Arm dem Rudergänger die Richtung an, in die er steuern muss. Ich berate mich mit Martin und treffe die Entscheidung, noch weiter nach Süden auszuweichen, da vor uns alles dicht ist. Das alte Spiel hat wieder angefangen.

Ein heftiger Stoß geht durchs ganze Schiff, als der Rudergänger nicht schnell genug die vom Vorschiffmann angewiesene Kursänderung durchführen kann. Mit über 5 Knoten knallt der stahlbewehrte Steven der DAGMAR AAEN gegen eine Eisscholle, die genauso wenig nachgibt wie eine Kaimauer. Ich bin ärgerlich und lasse meinem Unmut freien Lauf. »Völlig unnötig so etwas!«, rufe ich verdrossen, »das ist erst der Anfang und ihr fahrt hier durch das Eis als sei es Styropor!«

Die DAGMAR AAEN kann das zum Glück ab, aber so etwas darf einfach nicht passieren. Ein schwächer gebautes Schiff hätte jetzt ein Loch oder zumindest eine gewaltige Beule. Aber das Erlebnis sorgt dafür,

Auch wenn das Eis auf den ersten Blick mürbe wirkt – es ist immer noch etwa zwei Meter dick.

dass dem Eis fortan mit mehr Respekt begegnet wird. Konzentriert wird Ausguck gegangen. Der Rudergänger gerät trotz der kühlen Witterung ins Schwitzen, da er ständig am Kurbeln ist. Im Zickzackkurs geht es weiter. Gegen Mittag macht sich eine leichte Dünung bemerkbar, ein untrügliches Zeichen dafür, dass sich das Eis ausdünnt.

Dafür kommt ein »eisiges« Fax aus Murmansk an Bord geflattert. In einem harschen Ton werden wir

Vier Stunden dauert eine Wache. Bei dem kalten und stürmischen Wetter kann das eine lange Zeit werden. Brigitte steuert das Schiff.

aufgefordert, angefügte Erklärung zu unterschreiben und unverzüglich nach Moskau zu faxen – anderenfalls würden wir im nächsten Hafen festgenommen werden. Slava ist empört. »Wir haben alle Papiere, sämtliche Genehmigungen, was soll das nun schon wieder?« Das Papier wäre kurios, wäre es nicht in einem so geharnischten Tonfall verfasst. Der Inhalt lässt sich in einen Satz zusammenfassen: Wir müssen zusichern, dass wir keinerlei militärische Anlagen fotografieren werden – und sie nicht einmal beobachten würden! Militärische Anlagen dürfen in der Regel nirgendwo auf der Welt fotografiert oder gefilmt werden. Aber hinschauen? Wer wollte uns das verwehren oder gar überprüfen? Slava hatte zudem in Murmansk bereits gefragt, ob es Sperrgebiete gibt, denen wir nicht zu nahe kommen dürften. Mit dem Hinweis, dass man uns diese Gebiete nicht nennen könne, weil wir dann ja um ein militärisches Geheimnis wüssten, hatte man uns diese Information verweigert. Mit einer Ausnahme – Nowaja Zemlja! Aber wie sollen wir wissen, wo wir hinschauen dürfen und wo nicht, wenn uns Gebiete der militärischen Anlagen nicht bekannt sind? Es gibt keine Angaben von Sicherheitszonen oder Sperrgebieten – es ist kurios. Wenn es nach den Behörden ginge, müssten wir mit geschlossenen Augen durch die Passage segeln. Aber was soll's. Wir sind hier, und Moskau ist weit weg. Brav unterschreibe ich alle Papiere und faxe sie nach Moskau. So einfach ist das. Es lebe der Formalismus.

Das Wetter bleibt schlecht. Wir haben Gegenwind und dampfen gegenan. Je weiter wir uns dem Mündungsgebiet von Ob und Jenissei nähern, desto häufiger treffen wir auf Baumstämme. Von den vorangegangenen Reisen gewarnt, gehen wir weiterhin Ausguck. Die teilweise riesigen Stämme stammen von den Holzeinschlaggebieten im Inneren Sibiriens. Anfang der neunziger Jahre hatten wir noch etliche Holzfrachter getroffen, die die Stämme abholten. In diesem Jahr haben wir noch kein einziges Schiff gesehen. Offenbar wird trotzdem geholzt. Bisweilen treffen wir auf ganze Felder von Baumstämmen, von denen einige senkrecht treiben und daher schwer auszumachen sind. Ansonsten bleibt das Meer leer. Keine Schiffe weit und breit. Was ist aus den Visionen eines Jonas Lied, eines Eduard Dallmann oder eines Kapitän Wiggins geworden? Was aus der Infrastruktur zur Zeit der Sowjetunion? Eine ganze Region mit einem ungeheuren Potenzial liegt brach und scheint in einen Dornröschenschlaf versunken zu sein.

NACH DIKSON

Warum gibt es diesen Ort eigentlich?
Eine Frage, auf die wir bis zum Schluss keine Antwort erhalten.

Als wir 1991 das erste Mal mit der DAGMAR AAEN im Rahmen der Icesail-Expedition in den Nördlichen Seeweg einfuhren, gab es noch die Sowjetunion. Als Gastlandflagge führen wir Hammer und Sichel auf rotem Grund, Gorbatschow war Präsident und die Rede war von Glasnost und Perestroika. Das ganze Land schien in Aufbruchstimmung zu sein. Wo immer wir einliefen – ob in Murmansk oder in den Häfen im Weißen Meer –, wir wurden mit offenen Armen empfangen. Als erstes westliches Schiff erhielten wir die Genehmigung zur Durchfahrung der Nordostpassage, wir durften sogar das Franz-Josef-Land ansteuern und konnten uns dort völlig frei bewegen – eingeschränkt höchstens vom Eis. Im August 1991 kam es dann in Moskau zum Militärputsch. Wir befanden uns gerade auf dem Rückweg vom Franz-Josef-Land und hörten gebannt die Nachrichten über die Deutsche Welle. Norddeich Radio, damals noch aktiv, schickte uns über Funk aktuelle Informationen. Der knisternde, verrauschte Funkverkehr, die persönliche Ansprache des Funkers von Norddeich – das alles vermittelte schon etwas sehr Ernsthaftes. Wir waren wie betäubt. Damit hatten wir nicht gerechnet. Was würde aus uns werden? Sollten wir das Land verlassen?

Ich entschied mich trotz der ernsthaften Situation in Igarka am Jenissei, wie von den Behörden vorgeschlagen, zu überwintern. Hätten wir das Land verlassen, hätte man uns nie wieder eine Genehmigung erteilt. Also blieben wir. Aber es war nicht einfach! Die angespannte Stimmung an Bord, die schwierige Entscheidungslage und auch die Bedenken habe ich seinerzeit in meinem Buch »Abenteuer Russische Arktis« niedergeschrieben. Schlagartig hatte unsere Expedition einen anderen Charakter bekommen.

Ursprünglich hatten wir geplant, den Nordpol so zügig wie möglich zu umrunden, die Nordostpassage sollte der erste Schritt dazu sein. An einen längeren Aufenthalt im Land war eigentlich nicht gedacht. Doch aus der ursprünglich geplanten dreijährigen Nordpolumrundung sollten elf Jahre werden. Meine Planungen wurden auf den Kopf gestellt. Unvermittelt sah ich mich der Aufgabe gegenüber, das Schiff mitten in Sibirien überwintern zu lassen, wobei alles, vom Klopapier bis hin zur Zahnbürste, eingeflogen werden musste, da in dem Ort Igarka die Auslagen der Geschäfte leer waren. Eine Crew musste gefunden und eingeflogen werden, die das Schiff durch den eisigen Winter brachte. Die Herausforderungen spielten sich auf vielen Ebenen ab und hatten mit dem ursprünglich geplanten Projekt nur noch wenig gemeinsam. Alles hatte auf einer anderen Ebene eine andere Ernsthaftigkeit erhalten. Gleichzeitig öffnete uns die veränderte Situation die Augen. Wir waren ohne unser Zutun zu Zeitzeugen geworden und haben damit vielleicht eines der spannendsten Kapitel in diesem Land miterlebt.

Die Inhalte unseres Projektes änderten sich grundlegend. Zwar wollten wir immer noch den Nordpol umrunden und daher die Nordostpassage durchfahren, aber in den Vordergrund meines Interesses waren Land und Leute gerückt. Wir initiierten zusammen mit der Organisation »Help« von Deutschland aus Hilfstransporte, schickten zwei Flugzeugladungen voll mit medizinischen Geräten und Medikamenten nach Igarka, um das dortige Krankenhaus zumindest mit dem Notwendigsten zu versorgen. Andere Transporte gingen per Lkw in russische Städte.

Während der Überwinterung kam das Ende der Sowjetunion. Auf der DAGMAR AAEN wurde in einem stillen, aber doch feierlichen Akt die alte Sowjetflagge zum letzten Mal eingeholt und dafür die russische Flagge gesetzt. Damals brach nicht nur ein politisches System zusammen, sondern das gesamte politische Weltgefüge veränderte sich. Wir standen dieser Entwicklung positiv gegenüber. Viele Russen und auch wir glaubten an eine sonnige Zukunft. Der eiserne Vorhang hatte sich gehoben, es schien ein Ruck durch das Land zu gehen. Wie ein Schiff eine Kursänderung vollzieht, so wurde hier eine neue Richtung eingeschlagen, die ein neues und anderes Verständnis von Freiheit und Lebensqualität erwarten ließ. Aber die Zusammenhänge waren viel komplexer, als wir sie uns je hatten vorstellen können, denn die politischen Veränderungen wurden nicht von allen Bevölkerungsschichten begrüßt. Viele sehnten sich nach der trügerischen Geborgenheit des abgehalfterten Sowjetsystems zurück. Tatsächlich war die Versorgungslage früher besser gewesen, jetzt gab es so gut wie nichts mehr. Gehälter wurden nicht ausgezahlt, dringend notwendige Investitionen und Reparaturen blieben aus. Die alte Nomenklatura saß immer noch fest im Sattel und hielt an ihren Privilegien fest. Kriminelle erkannten in der neu erworbenen Freiheit ungeahnte Möglichkeiten – und nutzten sie dementsprechend. Die Versorgungslage brach völlig zusammen, Menschen verarmten, andere improvisierten, wieder andere wurden unermesslich reich. In Moskau wurde zu dieser Zeit der Club »Junger Millionäre« – Dollarmillionäre versteht sich – gegründet, dessen Satzung vorsah, dass keiner der Mitglieder älter als 25 Jahre sein durfte. Viele andere Menschen lebten unterhalb dessen, was man weithin als Existenzminimum bezeichnen würde. Die Städte Sibiriens zerfielen buchstäblich. Wer konnte, siedelte irgendwo in südlichere Landesteile um, in der Hoffnung dort Arbeit und Lohn zu finden. Wir steckten als absolute Exoten mittendrin und erlebten das alles hautnah.

15. August 2002. Arktischer Sommer für zwei Walrosse. In der Laptevsee treffen wir auf einzelne Schollen, die mit der Drift von Norden kommen.

»Ice is nice« lautet ein Wahlspruch der Eismeerfahrer. Der Faszination kann sich schwerlich jemand entziehen.

Nach dem Eisaufbruch im Frühjahr 1992 segelten wir nicht gleich Richtung Norden, um unseren Weg fortzusetzen, sondern fuhren genau in die entgegengesetzte Richtung den Jenissei stromaufwärts, trafen auf einen verlassenen Gulag, auf Menschen, die während der Stalin-Ära verbannt worden waren und immer noch in aller Armut dort lebten. Wir befuhren kleinere Nebenflüsse des Jenissei und tauchten tief in das Land, in dessen Geschichte und Widersprüche ein, um es besser verstehen zu können – und begriffen es dennoch nie.

An der Mündung des Jenissei in die Karasee standen wir genau an der Stelle, an der Jonas Lied eine Handelsstation hatte bauen lassen. Zur Oktoberrevolution wurde sie dem Erdboden gleichgemacht. Wer damals Gewächshäuser hatte oder gar Handel mit den Europäern trieb, wurde standrechtlich exekutiert, die Einrichtungen wurden dem Erdboden gleichgemacht. In der Nähe dieser ehemaligen Handelsstation wurde später eine Polarstation errichtet, die mit Unterbrechungen als eine der ganz wenigen sogar heute noch betrieben wird: Sopochnaya Karga. Slava hatte dort 1987/88 gearbeitet. Für ihn war das ein freudiges Wiedersehen, als wir 1992 dort vor Anker gingen und er seine alten Kollegen wiedertraf. Er stöberte gut gelaunt in seinem alten Revier herum, versorgte uns mit frischem Fisch und schwelgte in Erinnerungen. Das Leben auf den Polarstationen war ganz nach seinem Geschmack. Drei Wochen mussten wir dort bleiben, weil uns das Eis an der Weiterfahrt hinderte. In dieser Zeit verloren wir zwei Anker durch Eiseinwirkung und mussten ständig verholen, um Schutz vor den Eisschollen zu suchen. Erst am 23. Juli 1992 konnten wir endgültig den Anker hieven und uns auf den Weg nach Dikson machen.

Es sollte eine spannende Eisfahrt werden. Auf Kurzwelle hörten wir den Sprechfunkverkehr zwischen den Eisbrechern mit den Konvois, die sie durch das Eis lotsten. Damals gab es noch regen Schiffsverkehr. Zwischen der Sibirijakov-Insel und dem Festland lag ein Eispfropfen, der nur schwer zu passieren war. Bei Nebel mit Sichtweiten um die 50 Meter war es für uns schwierig, eine Passage durch das Eis zu finden. Auf dem Radarschirm sah alles weiß aus. Ab einer bestimmten Eisbedeckung ist das Radargerät fast nutzlos, da der gesamte Monitor voller Ziele zu sein scheint. Auch aus dem Mastkorb hatten wir bei dem Nebel Schwierigkeiten, eine Schneise im Eis zu finden. Der starke Wind ließ die Eisschollen zudem schnell vertreiben, so dass sich eben noch offene Rinnen plötzlich in Sackgassen verwandelten. Mit Rammstößen mussten wir bisweilen Schollen zur Seite drücken, um überhaupt weiter zu gelangen. Selbst für sibirische Verhältnisse fiel der Juli 1992 wettermäßig überdurchschnittlich schlecht aus. Unsere Chancen, noch in jenem Jahr durch die Passage zu gelangen, standen nicht zum besten. Trotzdem ließen wir uns nicht entmutigen. Am Abend des 24. Juli gingen wir in Dikson vor Anker. Wir ahnten glücklicherweise zu diesem Zeitpunkt noch nicht, dass wir insgesamt einen Monat hier verbringen würden.

Die Erinnerung an diesen tristen Ort ist trotz der Zeitspanne, die dazwischenliegt, noch sehr gegenwärtig, als wir am 5. August 2002 in den Hafen einlaufen. Die gleiche baufällige Silhouette, dasselbe Schiffswrack, das unweit der Hafeneinfahrt auf den Klippen liegt, die verfallene Pier, ein Schlepper, zwei kleine Boote der Boarder Guard, ansonsten Stille. Eines der kleinen Coast-Guard-Boote kommt uns entgegengetuckert und geleitet uns an die Pier. Während wir noch festmachen, kommt plötzlich jemand hüpfend und springend und außer sich vor Freude auf die Pier gerannt. Ich verstehe nur »Arved, Arved« und »Dagmar Aaen«. Verdutzt schaue ich genauer hin und erkenne unseren guten alten Bekannten Wassia wieder. Wassia ist Mechaniker im örtlichen Kraftwerk. Wir hatten uns 1992 mit ihm angefreundet und in ihm einen unglaublich hilfsbereiten und aufgeschlossenen Mann gefunden. Bevor wir uns jedoch begrüßen können, nimmt das offizielle Prozedere seinen Lauf. Mehrere Uniformierte klettern an Bord, Hände werden geschüttelt, wir geleiten sie unter Deck, wo Elise schon Tee und Kaffee vorbereitet hat. Die Einklarierung ist dieses Mal für russische Verhältnisse ein Klacks. Die Coast Guard ist von Moskau und Murmansk informiert worden, die Abwicklung ist also reine Formsache.

Dennoch spart man nicht mit Tipps und Ratschlägen. Militärische Anlagen dürfen wir selbstredend nicht fotografieren, auch nicht die Uniformierten und schon gar nicht die beiden kleinen klapprigen Hafenbarkassen. Alles top secret! Offenbar in Sorge darum, dass man uns belästigen oder gar etwas stehlen könnte, rät man uns, keine Gäste zu empfangen, und nur zu zweit, aber niemals allein loszuziehen – Vorsichtsmaßnahmen, die sich in Bezug auf Dikson als völlig unbegründet herausstellen. Ob allein oder in Gruppen, nirgendwo bekommen wir Probleme. Im Gegenteil. Die Menschen begegnen uns freundlich, einige kommen hinunter zum Hafen, um sich mit uns zu unterhalten. Wieder andere bringen wie selbstverständlich frischen oder geräucherten Fisch vorbei.

Wir machen dem Bürgermeister unsere Aufwartung und werden auch dort freundlich empfangen. Ich möchte mehr wissen über diesen Ort. Bereitwillig gibt er uns Antwort. Von den ursprünglich 5000 Einwohnern im Jahr 1992 sind noch etwa 1500 übrig geblieben. Der Rest ist fortgezogen in andere Landesteile.

»Wovon leben die Menschen, wovon existiert der Ort?«, lasse ich Slava übersetzen. Die Antwort ist lang und umständlich, Slavas Übersetzung ebenso. Anschließend bin ich genauso schlau wie vorher. Es gibt eine funktionierende Stadtverwaltung, auf dem Schreibtisch Computer der neuesten Generation, Flachbildschirme, modisch elegant gekleidete Mitarbeiter – es scheint an nichts zu fehlen. Die Versorgungslage, sagt uns der Bürgermeister, sei ebenfalls zufriedenstellend. Viel besser als in den neun-

ziger Jahren. Bei unserem letzten Besuch gab es tatsächlich mit Mühe nur die Grundnahrungsmittel. Heute kann man in einigen Läden selbst Obst oder französischen Wein kaufen. Letzteres hat seinen Preis, versteht sich, auch nach unseren europäischen Maßstäben, aber offenbar scheint es ja Käufer zu geben, ansonsten wäre er wohl kaum im Angebot. Früher bestand eine Hauptaufgabe dieses

Der Ort Dikson im Jahre 1992. Überall verfielen die Häuser und bröckelten die Fassaden.

Nur wenige Wochen pro Jahr ist der Ort schneefrei. Kaum ausreichend Zeit, um einmal gehörig aufzuräumen.

Heute werden die bewohnbaren Häuser renoviert und die anderen abgerissen.
Stolz laden uns die Kinder ein ihre Schule zu besichtigen. Irgendwie funktioniert dieser Ort.

Ortes darin, die zahlreichen Polarstationen mit Nachschub und Mannschaften zu versorgen. Dieser Bereich ist völlig weggebrochen. Auch die Eiserkundungsflüge sind entfallen. Streng genommen ist der Ort überflüssig geworden.

Der Bürgermeister setzt in Zukunft auf Tourismus. Fassungslos blicke ich ihn an und glaube zunächst, mich verhört zu haben: Der Ort ist vom Äußeren her alles andere als einladend, er besteht in der Hauptsache aus leer stehenden und baufälligen Häusern, deren Fenster zugenagelt sind, um Schnee und Regen einigermaßen abzuhalten. Es gibt schlammige, holprige Straßen, dafür aber weder ein Hotel noch irgendeine andere Übernachtungsmöglichkeit für Touristen. Hinzu kommt, dass Dikson als geschlossene Stadt gilt, was so viel bedeutet, dass eigentlich nur Bürger des Ortes Zugang haben, oder Personen, die eine direkte Einladung vom Bürgermeister vorweisen können. Um

die zu erhalten, muss man entweder über gute Kontakte, gute Gründe oder beides verfügen. Auch wir dürfen hier lediglich im Zuge unserer Durchreise rasten. Und trotzdem – so völlig absurd finde ich den Gedanken des Bürgermeisters nicht.

Dikson liegt an einem strategisch interessanten Punkt. Es ist nicht die unmittelbare Umgebung der Ortschaft, die Reisende locken könnte, aber von hier könnte man beispielsweise mit Flussbooten den Jennissei bereisen. Zu Sowjetzeiten hatte es das bereits gegeben. Außerdem könnte man von Dikson aus mit Hubschraubern die Inseln weiter im Norden, etwa Sewernaja Zemlja, erreichen. Und überhaupt, die Stadt selbst ist schon jetzt zweimal wöchentlich mit Norilsk verbunden. Aber auch Norilsk ist eine verbotene Stadt ...

Als einige Tage später Elise und Frank planmäßig mit dem Flugzeug die Heimreise antreten, geraten sie in genau das eben geschilderte Dilemma: Sie dürfen zwar ohne weiteres von Dikson ausfliegen, aber nicht in Norilisk einreisen. Das wiederum ist aber zwingend notwendig, da es Direktflüge nicht gibt und Norilsk der einzige von Dikson aus angeflogene Flughafen ist. Und anders als mit dem Flugzeug oder Hubschrauber kommt man auch gar nicht von Dikson weg. Trotzdem dürfen die beiden nicht da sein. Es herrscht große Verunsicherung, fast wäre die Stimmung gekippt, da entsinnt man sich Gott sei Dank der einfachsten Lösung: Die beiden werden einfach schnellstmöglich in das nächste Flugzeug nach Moskau gesteckt. Aus den

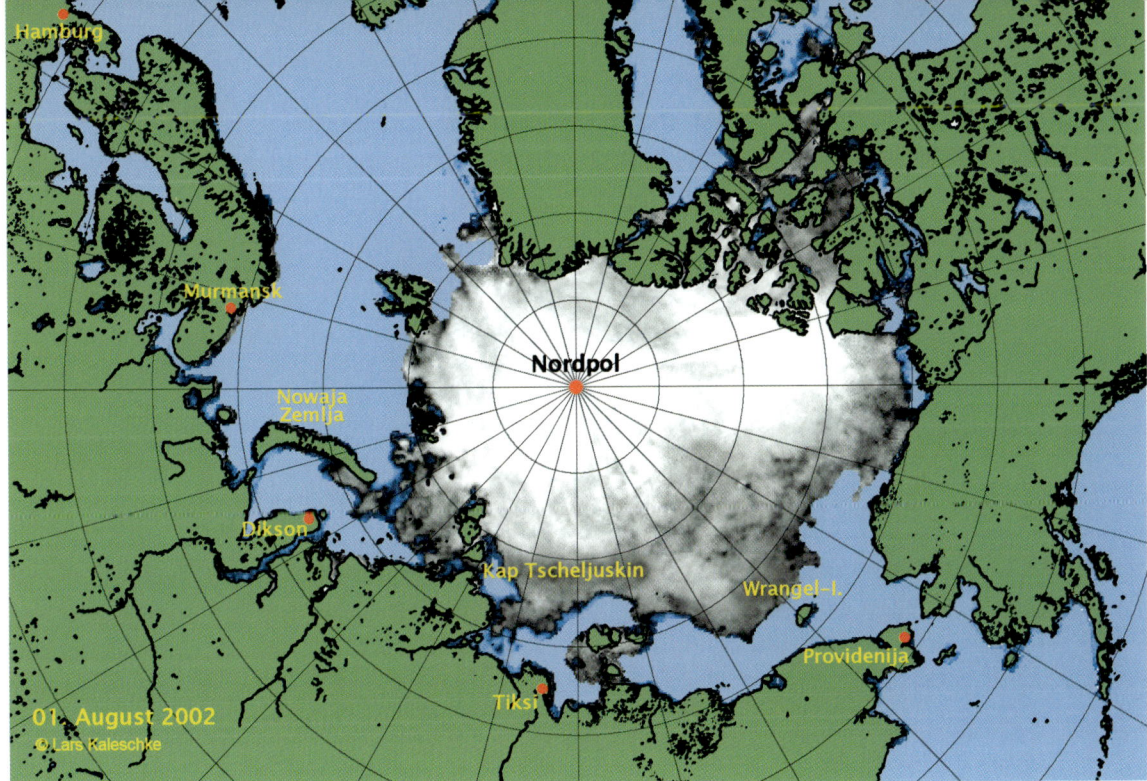

Die Eiskarte vom 1. August zeigt, dass sich das Eis deutlich zurück-gezogen hat. Dennoch ist Kap Tscheljuskin noch nicht passierbar.

Augen aus dem Sinn, was nicht sein darf, kann auch nicht sein. Die russische Art der Problemlösung. »Man könnte auch Rentiere jagen«, lässt der Bürgermeister übersetzen. »Das kann man woanders auch«, antworte ich, und obwohl ich kein Jäger bin, glaube ich nicht, dass irgendjemand den teuren und weiten Weg nach Dikson antreten würde, nur um ausgerechnet hier ein ahnungsloses sibirisches Rentier umzulegen. Irgendwie scheinen seine Pläne noch nicht so richtig durchdacht.

Die Frage, die mich am brennensten interessiert, kann auch er mir nicht beantworten: »Warum findet kein Schiffsverkehr durch die Passage statt?« Schließlich ist das der Grund, weshalb Dikson überhaupt errichtet wurde. Versorgungseinrichtungen für Schiffe, gegebenenfalls sogar für Kreuzfahrtschiffe, die durch die Passage fahren und hier Station machen würden: Damit wäre sicherlich Geld zu verdienen. Doch ich ernte nur ein Achselzu-

cken, er weiß es nicht. Für den nächsten Tag lädt er uns zu einem Stadtrundgang ein. Galina, eine Mitarbeiterin, würde die Führung übernehmen. Artig bedanken wir uns. Anschließend verabschieden wir uns, nicht ohne den Bürgermeister zu einem Gegenbesuch zu uns an Bord eingeladen zu haben. Die Vorzimmerdamen lächeln uns freundlich an, ich schüttele ihre Hände und werde von Henryk später energisch darauf hingewiesen, dass es in Russland durchaus üblich wäre, sich bei Damen galant mit einem Handkuss zu verabschieden – ich bin eben doch ein ungeschliffener Holzklotz!

Der Stadtrundgang eröffnet uns einen guten Einblick in die Gemeinde. Zunächst besuchen wir die

Schule. Zur Zeit herrschen Ferien, sodass nur wenige Kinder da sind. Die meisten werden während dieser Zeit in der Regel in den Süden geschickt, um Sonne zu tanken. Solche Maßnahmen, die hier ganz selbstverständlich zu sein scheinen, überraschen uns. Genauso wie die Schulräume selbst: Sie sind pikobello sauber und haben eher etwas mit einem Jugendzentrum zu tun als mit den nüchternen Klassenzimmern, die wir kennen. Und so verhält es sich auch tatsächlich. Die Kinder verbringen hier den größten Teil des Tages. Stolz präsentiert uns die Köchin ihr Reich. Die Kinder bekommen Essen, es gibt Bastelräume, eine komplette Ausstattung für eine Band mit Schlagzeug, E-Gitarren, Verstärkern etc. Einige Mädchen sind bereits aus den Ferien zurück und halten sich, obwohl der Unterricht noch nicht eingesetzt hat, wie selbstverständlich in den Schulräumen auf. Bei uns wäre das wohl ein Ding der Unmöglichkeit. Sie sind stolz auf ihre Schule, auf ihre Bastelarbeiten, auf ihre Musikanlage und machen auf uns einen rundherum zufriedenen Eindruck. Um diese Kinder muss man sich weiß Gott keine Sorgen machen.

Wie in fast jedem russischen Ort gibt es auch hier ein kleines Museum. In Vitrinen verteilt lagern Knochenreste von Mammuts, die es noch vor rund 10 000 Jahren in großer Stückzahl gegeben hat und von denen man heute immer noch Stoßzähne oder Knochen findet; bisweilen sogar komplett erhaltene Kadaver, die der Permafrostboden konserviert hat. Daneben Fotos über die Erschließung der Passage, Eisbrecher im Einsatz, militärisches Gerät aus der Zeit des Zweiten Weltkrieges. Wir hören die Geschichte über die Beschießung der Stadt durch die ADMIRAL SCHEER im Jahre 1942.

Auch unser Freund Wassia ist überglücklich über unseren Besuch. Stolz erzählt er uns, dass er die ehemalige Hafenfähre VEGA, benannt nach Nordenskiölds Schiff, gekauft hat. 1992 pendelte die Fähre zwischen dem Festland und der zu Dikson gehörenden Insel im Sommer hin und her. Heute leben kaum noch Menschen auf der Insel, insofern braucht auch niemand mehr eine Fähre. Und wenn doch einmal Bedarf besteht, übernimmt die Coast Guard den Transport. Die VEGA liegt hoch und trocken an Land. Sie ist ein bisschen vergammelt, scheint aber ansonsten in Ordnung zu sein. Wassia hat große Pläne: Er möchte mit dem Boot eine Art Fährdienst zu den kleineren Orten und Dörfern am unteren Jenissei aufnehmen, von den dort lebenden Menschen Fisch und Fleisch kaufen und im Gegenzug andere Nahrungsmittel verkaufen – sozusagen ein Kaufmannsladen zu Wasser. Slava kann sich sofort vorstellen, dass das gut klappen könnte. Ein bisschen Geld fehlt ihm noch, um das Boot zu überholen, in diesem Sommer würde es wohl nichts mehr, aber im nächsten ganz bestimmt. Derweil arbeitet er im Kraftwerk, dessen dumpf grollende Dieselmotoren in der ganzen Ortschaft zu hören sind.

Mitte der 90er Jahre waren die Motoren mitten im Winter ausgefallen und damit auch die Stromver-

Wassia arbeitet im Kraftwerk an einem Dieselgenerator. Anschließend lädt er uns zu sich nach Hause ein – keine Feier ohne Vodka.

sorgung. Zur Sicherheit hatte man die Kinder und ältere Menschen evakuiert, der Rest der Bevölkerung blieb – trotz der brutalen Kälte. Heizungen und Wasserleitungen froren ein. Bei Petroleumlampen und offenen Feuern im Kraftwerk reparierte man fieberhaft, bis der Erste der Motoren wieder ansprang. Das Ganze zog sich über Wochen hin, aber irgendwann war das Schlimmste überstanden. Zwar musste wegen der geplatzten Wasserleitungen den ganzen Winter über – und der dauert in Dikson im Schnitt neun Monate – improvisiert werden, aber man hatte keinen Meter preisgegeben. Das ist etwas, was mich nachhaltig beeindruckt. Mit stoischer Ruhe wird dem größten Ungemach, der größten Not begegnet. Und irgendwie kommt man durch. Man stelle sich eine vergleichbare Situation in Deutschland vor! Wenn es bei uns mal hagelt, ist Katastrophenalarm, bei den ersten Schneeflocken steht der Verkehr. Aber bei –

–45 °C in totaler Dunkelheit und ohne Hilfe von außen in seiner ungeheizten Wohnung sitzen? Auch die Menschen, die in Sibirien leben, sind keine Eskimos – sie haben nur gelernt, mit den Situationen umzugehen und sind damit in Krisensituationen viel lebensfähiger als die Menschen bei uns, wo schon ein kaputter Fernseher zu Familiendramen führt.

Zwei Tage nach unserem Eintreffen in Dikson läuft die VAGABOND in den Hafen ein. Sie haben endlich ihre Freigabe in Murmansk erhalten, nachdem sie dort fast sieben Wochen festsaßen. Als wir unterwegs waren, wollte man offenbar auch die zweite Yacht loswerden. Die Zeit drängte, daher entschied man sich, das Verfahren zu beschleunigen.

An Bord der VAGABOND treffen wir mit Boris Volny zusammen, der 1991 und 1992 unser Eislotse gewesen ist. Auch wenn wir damals so manche Auseinandersetzung mit Boris hatten, so fällt das Wiedersehen doch herzlich aus. Ganz untypisch kommt er auf mich zu und umarmt mich. Er sieht gut und fit aus, offenbar geht es ihm gesundheitlich besser als vor zehn Jahren. Jetzt liegen zwei Boote in Dikson – eine kleine Sensation.

Wir bekommen Besuch von einem Hydrografen. Mit ernster Miene unterbreitet er Slava, dass er uns Ratschläge für die weitere Passage geben wolle. Er hat sein gesamtes Berufsleben auf Wetterstationen im Norden verbracht und ist eine unerschöpfliche Informationsquelle. Interessant ist seine Einschätzung hinsichtlich der Eislage. Er glaubt, dass wir ein

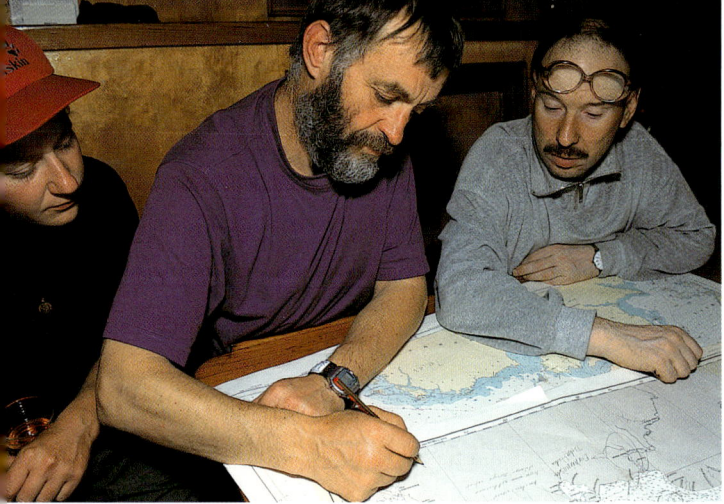

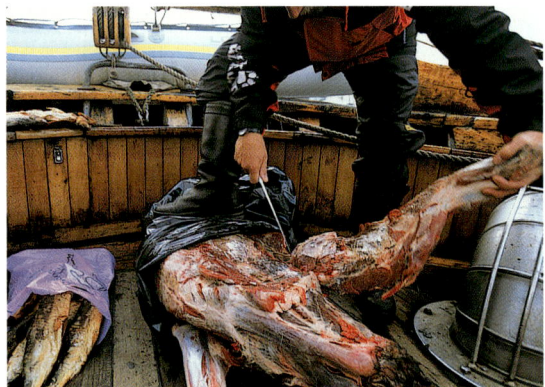

Proviant satt. Noch lange
zehren wir von den freundlichen
Gaben der Stadtbewohner.

Der Hydrograf von Dik-
son (rechts) ist an Bord
gekommen, um uns
Tipps und Hinweise zu
geben. Katja und Henryk
machen sich Notizen.

schen Fisch für uns. Uns wachsen bald Schuppen, aber wir sind gerührt über die Freigebigkeit dieser Leute. Am Abend vor unserer Abfahrt kommt der Bürgermeister mit seinem Vertreter zu Besuch. Als Gastgeschenk bringen sie ein ganzes (!) gefrorenes Rentier mit. Nur das Fell ist abgezogen, und ausgenommen ist es auch schon, ansonsten ist alles dran. – Wir sind begeistert!

Nachdem Elise und Frank uns hier verlassen müssen, sind wir nur noch zehn Personen an Bord. Elise ist Lehrerin und hat im vergangenen Sommer die Gelegenheit ergriffen, ein Sabbatjahr einzulegen. Das erklärt, warum sie in diesem Jahr Zeit hatte, von Hamburg bis Dikson mitzusegeln. In wenigen Tagen muss sie wieder ihren Schuldienst antreten. Beide wären gern weiter mitgefahren, aber wer ist schon frei von Verpflichtungen? Frank ist selbstständig und muss in seine Firma zurück.

Für die beiden sollten eigentlich Lars und Karsten einsteigen. Wegen der schwierigen Flugverbindungen und wegen des Status einer »geschlossenen Stadt« lässt sich das aber nicht in einem vertretbaren Zeitrahmen realisieren. Der Bürgermeister würde zwar helfen, aber selbst im günstigsten Fall könnten die beiden frühestens in einer Woche hier sein – wenn alles klappt! Oft genug fallen die Flüge wegen Nebel oder Sturm aus. Zudem gibt es von Norilsk nach Dikson nur eine Hubschrauberverbindung, deren Kapazitäten schnell erschöpft sind. Das Risiko ist zu groß. So lange können und dürfen wir nicht warten. Wir haben den 9. August, es

günstiges Eisjahr erwischt haben. Gewisse Hinweise und Indizien sprechen dafür, dass es milder als sonst ist. Aufs Global Warming angesprochen reagiert er vorsichtig, schließt es aber auch nicht aus. Wir erhalten von ihm wertvolle Hinweise über Buchten und Flussmündungen, in denen man notfalls Schutz vor Eis suchen könnte. Er zählt die Polarstationen auf, die heute brach liegen, gibt Hinweise auf Strömungen und Eisdriften – wir hören ihm gebannt zu und Henryk macht eifrig Notizen. Zwischendurch bringen wildfremde Menschen fri-

ist höchste Zeit, weiter nach Osten zu segeln. Vor uns liegen das Nordenskiöld-Archipel und das berüchtigte Kap Tscheljuskin. 1992 waren wir genau dort gescheitert.

Mitunter gibt es nur einige wenige Tage im Jahr, an denen man das Kap passieren kann, in anderen Jahren geht es gar nicht. Wir müssen zum richtigen Zeitpunkt an der richtigen Stelle sein, oder wir riskieren den Erfolg der gesamten Expedition. Nach bisher drei Fehlversuchen haben wir unser Kontingent ausgeschöpft. Dieses Mal muss es klappen, oder wir wären endgültig an der Passage gescheitert. Schweren Herzens entschließen wir uns, Lars und Karsten nach Tiksi kommen zu lassen, was angeblich keine Probleme mit den Flügen bereiten soll. Wir werden sehen. Vorerst fehlen zwei Crewmitglieder. Das wiegt umso schwerer, als Karsten von Beruf Pilot ist und er unser Ultralight-Flugzeug POLARIS fliegen sollte, um Eiserkundungen durchzuführen. Gerade am Kap Tscheljuskin wäre uns das eine wichtige Hilfe. Lars sollte von Elise die Aufgabe des Smut übernehmen. Von jetzt an würden wir abwechselnd kochen müssen.

Bedrückt laufen wir um 12 Uhr mittags aus. Bei unserem letzten Versuch 1992 konnten wir erst am 24. August auslaufen. Einen Monat waren wir damals in Dikson gewesen. Fast ständig hatte es damals geregnet und gegraupelt. Der Morast, die verwahrlosten Häuser, die Menschen, die mit allen Mitteln versuchten, dem Ort zu entfliehen – das alles hatte uns belastet. Aber am schwersten wog die

Unnahbarkeit der russischen Verwaltung, die hier damals noch einen Außenposten unterhielt. Immer wieder wurden wir damals mit fadenscheinigen Gründen hingehalten. In jenem Jahr prägten wir den Begriff »Kälter als Eis«. Die Verwaltung des Nördlichen Seeweges war noch eisiger als die ohnehin unwegsamen Naturverhältnisse. Immerhin, das bürokratische Eis scheint zumindest in Dikson mit der Aufgabe des Außenpostens gebrochen zu sein. Denkt man aber an die Aussichtslosigkeit, Lars und Karsten nachkommen zu lassen, oder an die Schwierigkeiten, die wir im Vorwege sowie in Murmansk durchlebt haben, wird klar, dass sich die Probleme nur verlagert haben. Der Satz gilt heute noch genauso wie vor zehn Jahren.

Die Stimmung im Ort ist ungleich besser als bei unserem letzten Besuch. Die Menschen, die geblieben sind, wollen hier leben. Die Ruinen sind zum großen Teil abgerissen worden, andere Häuser werden saniert. Die Talsohle – so scheint es uns – ist durchschritten. Der Ort ist geschrumpft, augenscheinlich auf ein sinnvolles Maß. Dennoch bleibt die unausgesprochene Frage im Raume stehen: »Warum gibt es diesen Ort eigentlich?« Darauf aber haben wir bis zum Schluss keine Antwort gefunden.

Dikson ist aus unserer Sicht rehabilitiert. Nicht, dass es mich ein drittes Mal dorthin ziehen würde, aber die negative Erinnerung von 1992 ist einem positiven Eindruck gewichen. Manchmal ist es eben doch gut, wenn man zweimal an einen Ort kommt.

IM SCHATTEN DER VERGANGENHEIT

*Wenn es etwas gibt, was ich im Eis gelernt habe,
dann ist es, Geduld zu üben.*

Ich schlage das Logbuch von 1992 auf. Nur wenige Stunden nach dem Auslaufen von Dikson am 24. August 1992 waren wir auf die ersten Eisfelder getroffen. Es sind knappe, lakonisch klingende Eintragungen, aus denen für den Außenstehenden nicht unbedingt die Ernsthaftigkeit der Situation ersichtlich wird. Aber ich lese zwischen den Zeilen: »Dichte Packeisfelder voraus, navigieren nach Sicht und den Eisverhältnissen entsprechend.« In der Rubrik Wetterbeobachtungen steht: »Lufttemperatur: +1,4 °C, Seewasser +1,0 °C, Wind Nordost 22 Knoten.« Ich entsinne mich noch gut. Wir waren damals froh und erleichtert, Dikson endlich verlassen zu können, aber das Wetter war alles andere als dazu angetan, große Freude aufkommen zu lassen. Die DAGMAR AAEN stampfte in der kurzen steilen See, der Himmel war grau und bedeckt und die Eisbrocken schaukelten bedrohlich in der kabbeligen See. Wie ein Rammbock zielten die tonnenschweren Eisklötze auf die Bordwand der DAGMAR AAEN. Es war Schnee in der Luft und die nasse Kälte drang uns durch Mark und Bein. Trotzdem waren wir frohen Mutes. Kurzfristig. Denn bereits am Nachmittag des 25. August mussten wir Schutz bei der Oleny-Insel suchen, da es zu gefährlich war, weiter ins Eis zu fahren. Am nächsten Tag fiel die Lufttemperatur auf -2,5 °C, der Wind legte auf über 40 Knoten zu. Die Luft war angefüllt mit einer Mischung aus Gischt und Schnee. An den Wantenbrettern, dem Rigg und den Niedergängen begann sich erste Vereisung abzuzeichnen. Die Wache war froh, wenn sie sich unter Deck zurückziehen konnte – selbst für die Nordostpassage waren das für diese Jahreszeit ungewöhnlich kühle und schlechte Wetterverhältnisse.

Zehn Jahre später treffen wir auf völlig veränderte Witterungsverhältnisse: Die Lufttemperatur liegt bei moderaten +8 °C, das Seewasser bei +7,6 °C. Das ist ein riesiger Unterschied, insbesondere in Bezug auf das Seewasser. Das Meer ist frei von Eis. Wir passieren die Oleny-Insel und wenig später die Einfahrt in die Mikhailova Bay, eine große, gut geschützte Bucht, in der wir am 28. August 1992 erneut Schutz vor dem Eis suchen mussten. Bis zum 6. September konnten wir damals die Bucht nicht verlassen. Immer wieder hatten wir – sofern das Wetter es zuließ – mit unserem Ultralightflugzeug das Eis aus der Luft erkundet. Aber immer war

Nichts geht mehr! Die DAGMAR AAEN ist kein Eisbrecher und liegt fest. Jetzt heißt es sich in Geduld zu üben und darauf zu hoffen, dass sich das Eis bei einer Winddrehung lockert.

Das Eis hat die Festigkeit einer Betonmauer. An einem Eispoller machen wir die Leinen fest und warten auf eine Besserung der Situation.

Über Nacht ist die See plötzlich gefroren. Fünf Zentimeter neues Eis muss unser Kutter brechen, um zum offenen Wasser zu gelangen.

das Ergebnis niederschmetternd gewesen: Es blieb wie es war – überall lag Eis. Die russische Verwaltung ließ jegliche Unterstützung vermissen, wir bekamen kaum brauchbare Informationen. Zwischenzeitlich hatte sich die Seewassertemperatur auf −1,5 °C abgekühlt. So genanntes Nilas, dünnes, elastisches Neueis bildete sich in der Bucht. Ständig mussten wir den Ankerplatz wechseln, da meterdicke Eisschollen auf das Schiff zutrieben. Das Hauptproblem für uns aber bestand darin, eine realistische Einschätzung der Eislage im Bereich Kap Tscheljuskin zu erhalten. Die Reichweite unseres Ultralights reichte für derart weite Erkundungsflüge nicht aus und von den Russen hörten wir lediglich ein stereotypes »Ihr müsst umkehren«. Man wollte uns einfach loswerden. Boris Volny, unser Eislotse, tat und sagte ohnehin stets das, was die Verwaltung von ihm erwartete. Satellitenbilder,

wie wir sie heute haben, gab es damals noch nicht – zumindest nicht für private Unternehmungen.

Die Eiskarten, die wir heute dagegen von Lars Kaleschke erhalten, sind unheimlich aussagekräftig, und ihr Inhalt lässt uns staunen: Es ist, als würden wir in einem völlig anderen Seegebiet unterwegs sein. Erst im Bereich des Nordenskiöld-Archipels müssen wir mit Eis rechnen – mit viel Eis. Aber bis dorthin ist das Meer frei. Ich kann es gar nicht glauben. Zu gegenwärtig sind die Bilder von 1992. Und noch einen weiteren Unterschied gibt es im Vergleich zu damals: Es sind außer uns keine Schiffe unterwegs. Weder Frachtschiffe noch Eisbrecher – das Meer ist wie leergefegt. 1992 hatten wir immer wieder Sicht- oder zumindest Funkkontakt mit Schiffen. Sie waren letztlich für uns die einzigen verlässlichen Informationsquellen bezüglich der Eislage gewesen. Heute scheint hier so gut wie keine Schifffahrt mehr stattzufinden.

Dass wir 1992 überhaupt bis zum Nordenskiöld-Archipel gekommen sind, mutet fast wie ein kleines Wunder an. Immer wieder saßen wir zwischen mehrjährigen meterdicken Eisschollen fest. Anhaltend schlechtes Wetter und Temperaturen, die beständig unter dem Gefrierpunkt lagen, ließen jede Hoffnung auf einen erfolgreichen Durchbruch schwinden. Obwohl es damals laut russischer Vorhersage östlich der Mikhilova Bay für uns überhaupt kein Durchkommen geben sollte, gelang es uns immerhin bis zu diesem kritischen Punkt zu kommen. Dort war endgültig Schluss. Bei einem erneut

Rumpf und Takelage der DAGMAR AAEN sind vereist, der Steven liegt an einer meterdicken Eismauer, die Luft ist eisig … Obwohl laut Kalender immer noch Sommer herrscht, haben wir Winter. Das Eis vor der Prawda-Insel zeigt uns 1992 endgültig unsere Grenzen auf. Wir müssen umkehren.

Gleicher Ort, gleiche Jahreszeit, zehn Jahre später: Es ist wie in einer anderen Welt. Dieses Mal haben wir freies Wasser und Sonnenschein an der Prawda-Insel.

aufziehenden Unwetter hatten wir seinerzeit mit einer Bugleine an einem Eisfeld unmittelbar vor der Prawda-Insel festgemacht. Zuvor waren wir die gesamte Eiskante abgefahren, mussten aber erkennen, dass das Eis im Nordenskiöld-Archipel in jenem Sommer nicht aufgebrochen war. Es war genauso geschlossen und undurchdringlich wie im Winter. Für uns bedeutete es das Ende unserer Träume. Der Plan von der Durchfahrung der Nordostpassage war auch im zweiten Jahr der Icesail-Expedition geplatzt.

Am 11. August 2002 – fast einen Monat früher als 1992 – erreichen wir morgens um 9:15 Uhr die Prawda-Insel. An Land sehen wir die Häuser der Polarstation stehen, die heute verlassen ist und damals von uns im Schneetreiben nur zu ahnen war. Alles wirkt ruhig und friedlich, von Eis keine Spur. Für diejenigen unter uns, die schon damals dabei waren und die die angespannte und bedrohliche Situation miterlebt hatten, ist das wie ein

Die bullige Kraft des Motors schiebt die DAGMAR AAEN durch die massiven Eisfelder. Der Rumpf des Schiffes ist so stark gebaut, dass er der Belastung trotzt. Unter Deck hält es jetzt keiner aus. Das Schiff bebt in allen Verbänden.

historischer Moment, fast wie ein Befreiungsschlag. Dieses Nordenskiöld-Archipel bildete in unseren Köpfen immer noch einen unlösbaren Knoten, eine nicht zu bewältigende Aufgabe. Die Angst, erneut dort stecken zu bleiben, hatte mich die ganze Zeit verfolgt.

Die Schwelle von 1992 haben wir heute zwar überschritten, aber ungeschoren würden wir auch dieses Mal nicht davonkommen. Seit einigen Stunden bemerken wir, dass die Seewassertemperatur ständig sinkt. Morgens um 4 Uhr verzeichnet das Logbuch noch +7,2 °C, mittags um 12 Uhr sind es nur noch +5,1° C und um 16 Uhr gerade noch +1,5 °C. Das Eis lässt nicht lange auf sich warten. Die Inseln des Archipels verhindern größere Bewegungen im Wasser. Wenn sich erst einmal Eis gebildet hat, dämpfen die Inseln den Einfluss des Windes auf den Eisaufbruch. Schweres Eis wird ebenfalls abgehalten und so entwickelt sich das Eis zwischen den Inseln relativ ungestört. Der Eisaufbruch findet in der Regel erst spät im Jahr statt und auch dann verfängt sich das Eis zwischen den Inseln und treibt dort mit Wind und Strömungen hin und her. Erst gegen Ende des kurzen, arktischen Sommers ist das Eis weitestgehend verschwunden – normalerweise. Ein Rest bleibt eigentlich immer übrig, wirklich eisfrei ist diese Region so gut wie nie. Und gelegentlich bricht es überhaupt nicht auf – so wie 1992, wo den gesamten Sommer über das Eis wie ein überdimensionierter Gletscher die Inseln untereinander verband und damit jede Passage unmöglich

Während der Ausguck in der Masttonne die grobe Richtung im Eis auskundschaftet, gibt man auf dem Vorschiff dem Rudergänger genaue Anweisungen wie er zu steuern hat, um Eisberührungen zu vermeiden. Ausguck, Vorschiffmann und Rudergänger müssen zu einer Einheit verschmelzen.

machte. Es gibt hier eigentlich nur einen einzigen Vorteil für die Schifffahrt: Es ist kein mehrjähriges, besonders dickes und hartes Eis , sondern einjähriges, das in der Regel »nur« um die zwei Meter stark ist. Für Eisbrecher keine große Sache, aber für die DAGMAR AAEN genauso unpassierbar wie fünf Meter dickes Eis. Was tun? Bis zum Ende des Sommers können wir schwerlich warten, schließlich haben wir noch andere Schlüsselstellen im Verlauf der Passage zu bewältigen. Wir müssen hier und jetzt durch!

Laut Verträgen sind wir verpflichtet, den Anweisungen Murmansks zu folgen, und in diesem Jahr funktioniert die Kommunikation Tag für Tag völlig problemlos. Tatsächlich erhalten wir auch durchweg konstruktive Vorschläge, bisweilen führen die Empfehlungen aber auch zu Irritationen. Wie jetzt, als man uns wissen lässt, dass im östlichen Teil des Archipels dichtes, undurchdringliches Eis liegt. Man fordert uns daher auf, umgehend die Tyrtov-Insel anzusteuern und in ihrem Schutz auf weitere Instruktionen zu warten. Wie man uns mitteilt, ist ein Eisbrecher auf dem Weg nach Kap Tscheljuskin und wird uns in einigen Tagen passieren. Von ihm würden wir dann genauere Eisinformationen erhalten. Jetzt haben wird das Dilemma! Es gibt eigentlich keinen Grund, weshalb wir die Insel ansteuern sollten. Im Gegenteil! In den letzten Stunden sind die Eisfelder zwar beständig dichter geworden, aber gerade dort, wo die besagte Insel liegt, scheint sich das Eis besonders zu verdichten. Im Süden sieht es

dagegen lockerer aus. Ich möchte einerseits Murmansk nicht brüskieren, auf der anderen Seite darf und will ich nicht unnötig etwas riskieren. Halbherzig und wenig überzeugt von dem eigenen Entschluss laufen wir dennoch die Insel an, legen uns in ihren Windschatten und machen an einem langsam driftenden Eisfeld fest. Wir wollen zumindest den Anschein erwecken, dass wir die Order ernst nehmen. Nach ein paar Stunden wollen wir dann wieder Fahrt aufnehmen. Auf den Eisbrecher werden wir nicht warten, das wäre verlorene Zeit für uns.

Obwohl uns die Warteposition nicht gefällt, machen wir das Beste aus der Situation. Das Eismeer umfängt uns mit bizarren Formationen. Torsten, stets auf der Suche nach Motiven, klettert mit seiner Kamera auf das Eis, um sich und seinen Apparat in Position zu bringen. Wir anderen stehen an Deck, schauen, lauschen, genießen. Die Stille im Eis ist großartig. Träge bewegen sich die Eisschollen mit dem Gezeitenstrom, die DAGMAR AAEN liegt

geschützt dazwischen. Schutz vor dem Eis im Eis zu suchen, entspricht der Taktik der alten Eismeerfahrer. Man sucht sich ein Eisfeld, das solide genug erscheint, möglichst mit einer natürlichen Einbuchtung, und legt sein Schiff dort hinein. Der Anker wird hinter einen Eisblock geklemmt, die Trosse dicht geholt und dann lässt man sich treiben. In der Regel bahnt sich die Eisscholle ihren Weg und nimmt das verankerte Schiff im Schutz ihres kleinen Naturhafens mit. So weit ist alles in Ordnung. Aber wie immer, wenn ich im Eis bin, packt mich die alte Unruhe. Es ist ein ganz eigenartiges Gefühl. Ich genieße es, stehe aber zugleich ununterbrochen unter Spannung. Ich traue dem Eis nicht. Wann macht es seinen nächsten Zug? Das alte Schachspiel hat wieder begonnen. Ulli sitzt mit seinem Zeichenblock an Deck und malt die stille Landschaft, Torsten fotografiert, die anderen stehen einfach herum und nehmen die Eindrücke schweigend in sich auf. Die Landschaft hat etwas Erhabenes, dem man sich unterzuordnen hat. Auch

**Die Stille und die Weite
der Eislandschaften üben
eine gewaltige Anzie-
hungskraft auf uns aus.
Fast glaubt man, die
Ruhe greifen zu können.**

wenn es keiner ausspricht, die Empfindungen von uns sind sehr ähnlich.

Nach dem Essen klettere ich von einem inneren Alarm getrieben die Wanten hoch bis in die Masttonne. Das gesamte Eisfeld hat sich in wenigen Stunden verlagert. Dort, wo vorher noch offenes Wasser war, liegt plötzlich kompaktes Eis. Und es bewegt sich weiter, genau auf uns zu. Die Veränderungen vollziehen sich fast unmerklich, aber das ist gerade das Gefährliche – man wiegt sich in Sicherheit und wird klammheimlich eingeschlossen. Das Eis hat seinen nächsten Zug gemacht. Jetzt sind wir dran – wir müssen hier weg, und zwar so schnell wie möglich. Ich bin wider besseres Wissen in die Falle getappt. Ich klettere an Deck, wütend auf mich selbst, dass ich der Aufforderung von Murmansk gefolgt bin, und werfe sofort die Maschine an. Vom Maschinengeräusch alarmiert, steht schnell die ganze Crew um mich herum. Ich informiere sie kurz, was ich gesehen habe und lasse sofort die Leine einholen und Fahrt aufnehmen. Aber wir kommen nicht weit, die Falle klappt endgültig zu. Die Eisfelder sind um die Insel herumgetrieben und versperren uns den Weg nach Süden, hin zum offenen Wasser. Die Situation ist ernst. Abwechselnd stehen Martin und Henryk in der Masttonne, um Schneisen im Eis zu entdecken, während ich das Schiff fahre und teilweise mit voller Maschinenleistung versuche, es aus der eisigen Umklammerung zu befreien. Die 180 PS, die der Callesen entwickelt, klingen vielleicht nicht nach

sehr viel Leistung, aber dieser Motor hat ein unglaubliches Drehmoment. Er schiebt den schweren Rumpf des Schiffes mit brachialer Gewalt voran. Unter Segeln würde gar nichts laufen! Man muss das Schiff schon sehr gut kennen, um sicher zu gehen, dass dabei nichts kaputtgeht. Die Eisschollen nehmen uns in die Zange. Ständig muss jemand aufpassen, dass sich keine Eisbrocken in den wirbelnden Propeller schieben. Ich versuche, das Schiff durch alle möglichen Manöver in Fahrt zu halten. Nur nicht zum Stillstand kommen – aber irgendwann geht gar nichts mehr. Ich versuche es dennoch, bis ich in Henryks Gesicht blicke und ihn verstehe. »Was soll das Arved, außer dass wir Brennstoff verbrauchen, bringt es uns nicht weiter«, signalisiert er mir. Er hat Recht. Ich nehme die Steigung und die Drehzahl zurück, dann kupple ich die Maschine aus. Wir sind im Eis gefangen. Das,

**Mit Bootshaken schieben Katja
und Markus Eisschollen von der
Bordwand fort, damit das Eis nicht
in den wirbelnden Propeller
kommt oder das Ruderblatt
beschädigen kann.**

Das Eis strahlt eine trügerische Ruhe aus. Mir kommt es immer vor wie ein Raubtier, das auf der Lauer liegt. Wenn sich der Seefahrer in Sicherheit glaubt, schlägt es unnachgiebig zu.

was ich unbedingt verhindern wollte, ist nun doch eingetroffen. Aber so wie das Eis gekommen ist, wird es auch wieder gehen, zumindest hoffe ich das. Es kann aber auch ganz anders ausgehen. Manövrierunfähig wie man ist, nimmt einen das Eis dorthin mit, wohin es gerade will. Man kann auf Untiefen oder Sandbänke versetzt, an den Strand geschoben oder einfach auf eine unbegrenzte Drift mitgenommen werden. Gerade hier zwischen den Inseln. Die Nordostpassage ist nicht irgendein Gewässer und die DAGMAR AAEN wäre beileibe nicht das erste Schiff, das durch eine scheinbar harmlose Situation auf eine jahrelange Drift gegangen wäre ...

Sobald ich die Maschine ausgestellt habe, umgibt uns wieder diese eindringliche Stille. Das Eis drückt sich leise knirschend gegen den Rumpf und schabt dabei dünne Riefen in die Farbe. Momentan können wir nichts machen. Da es in jedem Fall eine lange Nacht werden wird, lege ich mich in meine achtere Wachkoje und schlafe sofort ein. Die Deckswache wird mich bei der kleinsten Veränderung wecken.

Zwei Stunden später ist es so weit. Offenbar ist die Tide gekentert. Es kommt wieder Bewegung ins Eis. Die Eisschollen drehen und schieben sich gegeneinander, dunkles Wasser taucht zwischen ihnen auf, um sogleich wieder vom Eis verdeckt zu werden. Markus pumpt im Maschinenraum Schmieröl bei der Hauptmaschine vor, törnt den Callesen auf die Startposition, öffnet zuerst die Luftflaschen und dann das Startventil. Zischend und fauchend erwacht der Motor zum Leben. – Zugegeben, ein wenig technischer Sachverstand gehört zu unserem Motor, dafür haben wir aber ein unverwüstliches Aggregat an Bord, das wohl auch noch laufen würde, wenn man es auf den Kopf stellt. Ich kuppele die Welle ein und erhöhe vorsichtig die Steigung der Schraube. Langsam bollernd, immer noch in Leerlaufdrehzahl, schiebt der Motor die DAGMAR AAEN in einen Spalt zwischen zwei Eisschollen. Ich erhöhe Drehzahl und Steigung, der Vordersteven schiebt sich hoch, zwingt mit seinem Gewicht die beiden Schollen zur Seite, der Bug rutscht in den frei gewordenen Platz, um sich sogleich auf die nächste Scholle zu schieben. Fast unmerklich gewinnen wir Raum. Der Druck, der das Eis vor einigen Stunden noch zusammengeschoben hatte und somit keine Rinne mehr freiließ, hat nachgelassen. Es gibt plötzlich wieder Raum, in den wir die vor uns liegenden Eisschollen drücken oder schieben können. Das Eis kann ausweichen. Im Zickzack immer wieder zurücksetzend, dann mit einem Anlauf und mit Rammstößen bahnen wir uns einen Weg. Unter Segeln würde gar nichts gehen – wir haben zudem nicht einmal Wind. Alle Expeditionen, die auch nur Teile der Passage erfolgreich durchsegelt haben, hatten Maschinenantrieb. Vor den Dieselmotoren waren es Kolbendampfmaschinen. Nordenskiöld verfügte über eine, genauso wie Nansen, Amundsen, Eduard Dallmann oder wer immer dort auch unter-

wegs war. Nur unter Segeln ist noch keine Expedition erfolgreich durch die Passage gelangt.

Stundenlang schiebt sich der Rumpf der DAGMAR AAEN polternd und stoßend durch das Eis. Die Nacht vergeht wie im Flug. Gegen Morgen werden die Abstände zwischen den Schollen endlich größer. Wir können die Geschwindigkeit erhöhen. Trotz der Kälte bin ich schweißgebadet, das ununterbrochene Kurbeln am Steuerrad ist auf Dauer ein Kraftakt. In einem großen Bogen steuern wir zunächst in südliche Richtung, um das Eisfeld weiträumig zu umfahren. Um 10 Uhr morgens können wir wieder einen nordöstlichen Kurs anlegen und lassen das Eis an Backbord. Als die letzten Inseln des Archipels achteraus zurückbleiben, lichten sich die Eisfelder schlagartig. Offenbar wirken die Inseln wie eine Art »Eismagnet«. Wir sind einen weiteren, entscheidenden Schritt vorangekommen!

DIE INSEL

Von ursprünglich rund 60 russischen Polarstationen
ist nur noch eine Handvoll in Betrieb.

Viele Monate vor Beginn der Expedition hatte Slava mir einen Wunsch anvertraut, der ihm ungeheuer wichtig zu sein schien. Während wir wie so oft gemeinsam über eine Landkarte der Nordostpassage gebeugt standen und unsere möglichen Routen diskutierten, blieb sein Finger auf einer unscheinbaren Insel ruhen, die auf der Karte so klein wirkte, dass sie von seiner Fingerkuppe vollständig abgedeckt wurde. »Dort möchte ich hin, Arved.« Verwundert sah ich ihn an. Es gab Tausende von Inseln, Buchten, Dörfern entlang der Passage, warum gerade diese Insel? Ich schob seinen Finger vorsichtig zur Seite und blickte genauer hin. Ostrov Geyberg lese ich. Und sofort stellt sich die Befürchtung ein, ihm diesen Wunsch nicht erfüllen zu können. Die Insel liegt genau an der Einfahrt zur Vilkitzki-Straße, sozusagen am nördlichsten Punkt der gesamten Reise und unmittelbar vor dem berüchtigten Kap Tscheljuskin. Wenn wir das Kap tatsächlich erreichen sollten, dann nur, um es so schnell wie möglich hinter uns zu lassen. Die Eisverhältnisse in der Vilkitzki-Straße sind extrem schwierig und tückisch. Bei allem was recht ist – das ist kein Ort zum Verweilen! Slava weiß das besser als ich – wieso dieser Wunsch?

»Auf dieser Insel gibt es eine Polarstation, auf der ich von 1978 bis 1980 zusammen mit meiner Frau Faina gelebt und gearbeitet habe. Lena, meine Tochter, ist damals entstanden«, erzählt er mir schmunzelnd. »Es war eine der glücklichsten Zeiten, die ich verbracht habe, deshalb möchte ich gern noch mal an diesen Ort zurück, obwohl da heute keiner mehr ist und die alte Station längst aufgegeben worden ist.« Ich nicke verstehend. »Du weißt besser als jeder andere um die schwierigen Eisverhältnisse. Wenn du dort zwei Jahre gelebt hast – an wie viele eisfreie Tage kannst du dich erinnern?«

»In der Zeit war es nie möglich, mit einem Schiff die Insel anzulaufen. Nur Eisbrecher konnten uns erreichen, Nachschub wurde von Kap Tscheljuskin mit Hubschraubern eingeflogen.«

»Die DAGMAR AAEN ist kein Eisbrecher«, werfe ich ein. »Ich würde dir gern den Wunsch erfüllen – und überhaupt interessiert mich die Insel auch, auf der du mit Faina gelebt hast. Aber Hoffnung kann ich dir nicht machen.«

Ich weiß nicht, woher Slava die Sicherheit nahm. Nachdenklich betrachtete ich ihn. Voller Inbrunst behauptete er: »Dieses Jahr wird es ganz gewiss klappen!« Auf mich wirkte es schon fast visionär. Dabei blieb es. Ich hatte die Insel inzwischen schon fast wieder vergessen. Unsere ganze Aufmerksam-

Die DAGMAR AAEN trifft auf ein Eisfeld.

keit richtet sich auf die Vilkitzki-Straße. Wir sind froh, den Eisfeldern des Nordenskiöld-Archipels entkommen zu sein, aber was wird uns am Kap erwarten? Als die neue Eiskarte per E-mail eintrifft, stehe ich wieder mit Slava zusammen und blicken gespannt auf die aktuelle Eislage. Es sieht gut aus – so wenig Eis habe ich hier noch nie gesehen. »Du weißt, was du mir versprochen hast«, sagt Slava. Ich blicke ihn erstaunt an, dann erinnere ich mich. Geyberg. Erwartungsvoll blickt Slava mich an. Es gibt keinen Grund, eine Anlandung nicht zu versuchen – abgesehen von dem Umstand, dass wir keine Genehmigung dafür haben. Das Wetter ist ruhig, der Wind ist eingeschlafen und bis auf vereinzelte Eisbrocken ist das Meer frei. »How did you know?«, frage ich Slava in Anspielung auf seine Prophezeiung, dass wir diesen Sommer zu der Insel gelangen werden. »I knew«, ist seine simple Antwort.

Lachend ändere ich den Kurs auf die Insel und in den späten Nachmittagsstunden des 12. August taucht das Eiland unter einer Nebelbank auf. Slava ist aufgeregt. Er lotst das Schiff in eine Bucht, in der träge ein paar größere Eisschollen dümpeln. Mittels

Echolot fahren wir bis dicht unter die Küste und lassen in acht Metern Wassertiefe den Anker fallen. Das Halbrund der Bucht schützt uns gegen Wind und Eisgang. Bis zur Landestelle ist es nur eine Kabellänge. Wir teilen uns auf. Die eine Hälfte der Crew bleibt an Bord, um notfalls sofort ankerauf zu gehen, während die andere Hälfte, zu der Slava und ich gehören, mit dem Schlauchboot an Land fahren. Als wir das Boot auf den Strand gezogen haben und durch den weichen Sand stapfen, bleibt Slava stehen und deutet auf den Karabiner, den er umhängen hat: »Hier gibt es zu jeder Jahreszeit Eisbären, ihr müsst wirklich aufpassen, wenn ihr hier herumlauft.« Wir folgen ihm. Auf einer Müllhalde liegen die Überreste mehrerer Bären, die hier vor vielen Jahren einmal geschossen worden sind – Slavas Befürchtungen sind also nicht aus der Luft gegriffen. Zielsicher läuft er die Böschung hoch, dahinter erblicken wir die alte Station. Aus der Entfernung wirkt das Haus immer noch intakt, aber die offenen Fenster lassen erahnen, dass hier nicht mehr viel zu retten ist. Vor den Gebäuden sieht es aus wie bei jeder russischen Polarstation: Hunderte von leeren Fässern, ausgebrannte Gebäudereste, zusam-

Die verlassene Polarstation auf der Geyberg-Insel. Slava hat dort zwei Jahre lang gearbeitet. Auf der Suche nach Nahrung sind Eisbären in das Haus eingedrungen und haben es verwüstet. Einer von ihnen hat sogar in ein Stück Seife gebissen.

mengebrochene Kettenfahrzeuge, rostige Tanks und überall Schrott und Müll. Es ist deprimierend. Der Untergrund besteht aus weichem Moos, das vom Schmelzwasser wie ein Schwamm durchdrungen ist. Darüber verlaufen Holzstege, die sternförmig in alle Himmelsrichtungen der Insel weisen. Einer führt zu den weißen Wetterhäuschen, in denen die Instrumente aufgestellt waren, ein anderer zu dem Generatorenhaus, wieder ein anderer zu einem umgefallenen Windgenerator. Slava führt uns in die Station, wo man an der Unordnung sofort erkennen kann, dass sich Eisbären dort drinnen umgesehen haben. Neugierig wie sie sind, haben sie ganze Arbeit geleistet und alles zerstört. Wir stapfen über zerbrochene Stühle, Gewürzschränke und alte, vermoderte Kleidungsstücke. »Warum hat man diese Station aufgegeben?«, frage ich Slava. Er zuckt die Schultern. »No money!« Nahezu alle Wetter- und Polarstationen haben aus diesem Grund ihre Arbeit eingestellt. Ursprünglich gab es einmal über sechzig von ihnen, lediglich eine Handvoll ist übrig geblieben. Slava führt uns in sein Zimmer. Auf der Fensterbank stehen immer noch vertrocknete Pflanzen, in der Ecke ein zerbrochenes Bett, einige verwitterte Bilder hängen an der Wand. Im Nebenraum befindet sich die Funkanlage. Alles ist vertraut für Slava, ihm muss es wie eine Zeitreise vorkommen.

Zwölf Jahre seines Lebens hat er auf Polarstationen zugebracht. 1977 hatte er als junger Mann in Moskau einen Kursus durchlaufen, der ihn für diese Arbeit im Eis qualifizierte. Nach einem Jahr war er auf diese Insel versetzt worden. Vielleicht liegt ihm diese Station deshalb so am Herzen, weil es seine Erste war. Von 1980 bis 1982 lebte und arbeitete er auf der Rudolf-Insel im äußersten Norden des Franz-Josef-Landes. Das war – auch diese Station ist zwischenzeitlich verlassen – zugleich die nördlichste Station Russlands. Danach ging er in die Antarktis und arbeite zwei Jahre lang in Nowolasarewskaya, anschließend verbrachte er ein Jahr in Sopochnaya Karga an der Mündung des Jenisseis, bis er schließlich in den Norden, nach Nowaya Zemlja versetzt wurde. 1990 kehrte er nach Moskau zurück. Wenige Wochen später lernten wir uns kennen und freundeten uns an. Bereits 1991 war Slava Crewmitglied der ersten Icesail-Mannschaft. Seit Mitte der neunziger Jahre hat er sich mit Freunden selbstständig gemacht und betreibt in seinem Heimatort eine kleine Handelsgesellschaft.

Was mag in ihm vorgehen, wenn er überall mit dem Verfall in seinem Land konfrontiert wird? Früher waren diese Polarstationen eine Kette von gut funktionierenden Einrichtungen. Slava zeigt auf eine bizarre Antenne, die vom Wind abgeknickt an einem Mast hängt. »Das war unsere Satellitenantenne für den Fernsehempfang. Wir haben sie als Belohnung für unsere Arbeit erhalten.« Jahrzehnte hindurch funktionierte das System der Polarstationen perfekt. Auch wenn heute die technischen Möglichkeiten die große Anzahl der Polarstationen überflüssig machen, ganz ohne sie geht es offenbar dennoch nicht. Es finden keine Sondenaufstiege mit Wetterballons mehr statt. Es gibt keine Stationsmeldungen mehr, die in die Rechenmodelle der Wettercomputer einfließen. Bis zu sechsmal täglich übermitteln wir dem deutschen Wetterdienst aktuelle Daten – Aufgaben, die früher von den Stationen wahrgenommen wurden. Es werden heute keine Forschungen mehr angestellt. Wissenschaftler haben keine Möglichkeit, vor Ort die Auswirkungen des Global Warming zu untersuchen. In Alaska, Kanada, Grönland, Spitzbergen – überall gibt es bestens ausgestattete Forschungsstationen, die ganzjährig von Wissenschaftlern besetzt sind. Ich bin kein Wissenschaftler, aber wäre ich einer, müsste der Wunsch, gerade in der russischen Arktis zu forschen, unbändig sein. Slava spricht aus, was ich denke: »Arved, I think we must start a new project and rebuild Polar Stations.« Alte Stationen wieder aufbauen oder den alten Schrott entsorgen und gegen neue, hochmoderne Anlagen austauschen: Genau das war mir in den Sinn gekommen. Die

Slava vor seiner verlassenen Station, in seiner Hand das Stationsschild »Geyberga«.

Zeit ist reif dafür. Auch wenn derzeit alles brach liegt, meinen wir, so etwas wie eine Art Aufbruchstimmung im Land zu spüren.

Ich beschließe mit Slava ernsthaft die Möglichkeiten zu prüfen, inwieweit wir hier tätig werden wollen. Die Idee fasziniert mich und lässt mich fortan nicht mehr los. Hinzu kommt, dass man mir aus Moskau einen ähnlich gearteten Vorschlag unterbreitet hatte. Auch dort besteht Interesse, und Arthur Chilingarov würde ein solches Projekt vermutlich mittragen. Es fehlt auf russischer Seite ja nicht der Bedarf an Polarstationen, sondern es fehlen schlicht die Mittel, sie neu aufzubauen. Wenn solche Stationen zukünftig auch mit einigen Wissenschaftlern anderer Nationen besetzt werden könnten, bestünde ein internationales Interesse,

derartige Projekte finanziell zu fördern. Gerade im Hinblick auf die Klimaveränderungen ist eine gut funktionierende und zusammenhängende Kette von Beobachtungsstationen von großer Bedeutung. Das gilt umso mehr für die russische Arktis, da sie mehr als die Hälfte des Kreisbogens um den Nordpol herum bildet. Um regionale Schwankungen analysieren zu können, sind feste Stationen eigentlich unverzichtbar.

Fundierte Wetterbeobachtungen gibt es erst seit rund 50 Jahren. Auf der Suche nach länger zurückliegenden Klimabeobachtungen befragen Wissenschaftler sogar die Senioren unter der Naturbevölkerung. Diese Menschen haben ihr ganzes Leben in unmittelbarer Nähe zur Natur verbracht. Die Überlieferungen ihrer Vorfahren sowie ihre eigenen Beobachtungen lassen wichtige Rückschlüsse zu. Da fast alle diese Völker von der Jagd gelebt haben, sind sie die Ersten gewesen, die einen eventuellen Rückgang des Wildes, eine Zu- oder Abwanderung bestimmter Tierarten oder auch eine Veränderung in der Vegetation und im Klima feststellen konnten. Tatsächlich werden auch wir im Rahmen unserer Expedition mit derartigen Aussagen konfrontiert. Die Beobachtungsgabe dieser Naturvölker ist bisweilen überraschend präzise und vermutlich fundierter als irgendwelche sporadischen Feldstudien. Auf diese Art und Weise soll versucht werden, in groben Zügen eine Klimakurve, die weiter zurückreicht als die Messungen der letzten fünfzig Jahre, zu skizzieren. Waren die Russen früher sogar führend in der Erforschung der Arktis, so gibt es seit dem Zusammenbruch der Sowjetunion so gut wie keine Daten mehr. Die Kette ist nachhaltig unterbrochen, was bei der Qualität der klimatischen Veränderungen eigentlich ein unverantwortlicher Zustand ist.

Nachdem Slava uns durch sein Haus und über das Gelände seiner alten Station geführt hat, lassen wir ihn allein. Ich spüre, dass er das gern möchte, vermutlich um seinen Erinnerungen freien Lauf zu lassen. Als wir mit dem Schlauchboot zurück an Bord fahren, um die anderen abzulösen, damit sie ebenfalls an Land können, sehen wir Slava in der Ferne um seine Station streichen.

Noch während die anderen mit dem Schlauchboot unterwegs sind, klettere ich die Wanten hoch, um aus der Eistonne Ausschau zu halten. Ich sehe ein nahezu eisfreies Meer. So beruhigend das in unserer derzeitigen Situation ist, so ungewöhnlich ist es in Hinblick auf unsere geografische Breite. Slava hatte bei der Annäherung an die Insel ungläubig den Kopf geschüttelt. So eisfrei hatte er das Meer noch nie erlebt. Uns gewährt diese Situation ein unverhältnismäßig gutes Durchkommen.

Über Funk spreche ich mit der VAGABOND, die sich ebenfalls in der Vilkitzki-Straße befindet und Kurs auf Kap Tscheljuskin genommen hat. Da wir offiziell gar nicht auf der Insel Geyberg sein dürfen, verschweige ich unsere Position. Später werde ich Eric darüber aufklären. Der Skipper der VAGABOND scheint die Eissituation als »normal« zu betrachten. Er ahnt offenbar gar nicht, was für ein Glück wir haben und betrachtet das offene Wasser eher als die Regel.

Boris Volny, sein Eislotse, drängt hingegen zur Eile. Er kennt diese Region und traut dem Frieden genauso wenig wie ich. 1992 war ich, während die DAGMAR AAEN in Dikson lag, mit einem Hubschrauber zum Kap geflogen und von dort weiter zur Insel Uedenenyia sowie zu den als Sewernaya Zemlja bezeichneten Inseln, die die nördliche Begrenzung der Vilkitzki-Straße bilden. Wäre das Land nicht frei von Schnee gewesen, hätte man meinen können, mitten im Winter unterwegs gewesen zu sein. So dicht und geschlossen war die Eisdecke damals. Und jetzt? Ist das nur eine Laune der Natur? Handelt es sich einfach nur um einen ungewöhnlich milden Sommer? Uns kommt es vor, als wären wir in einem völlig anderen Seegebiet unterwegs.

KAP TSCHELJUSKIN

*Kap Tscheljuskin gehört neben Kap Hoorn
und dem Kap der Guten Hoffnung
zu den großen Kaps dieser Welt.*

Das Kap ist keine wilde, unberührte Naturlandschaft mehr – leider! Schon von weitem erkennt man die Gebäude einer Militärbasis, einer alten Polarstation und besonders die Umrisse einer gigantischen Müllhalde. Vergleichbares habe ich nirgendwo auf der Welt gesehen. An die Berge leerer Ölfässer kann ich mich zwar durchaus noch gut erinnern, als ich auf meinem Rundflug 1992 hier Station gemacht habe, doch seitdem scheint alles noch schlimmer geworden zu sein.

Da die See weiterhin nahezu eisfrei bleibt, laufen wir dicht unter der Küste in eine Bucht ein, in der wir unsere alte Bekannte, die VAGABOND, schon vor Anker liegen sehen. Sie sind etwa vor zwei Stunden hier eingetroffen. Slava meldet uns über Funk bei der Militärstation an. Routiniert machen wir unser Schlauchboot klar und holen dann vom Ufer zwei Grenzsoldaten ab, die unsere Papiere kontrollieren möchten. Natürlich weiß man, wer wir sind. Außer der VAGABOND und uns gibt es kein anderes Schiff weit und breit. So ist man erfreulicherweise auch nicht überrascht uns zu sehen, aber – Ordnung muss sein – wir werden offiziell einklariert und die Papiere werden gesichtet. Auf das

langwierige Kontrollieren der Pässe wird dieses Mal zum Glück verzichtet. Alles findet in einem sehr höflichen, fast freundschaftlichen Ton statt. Der Offizier gibt uns Hinweise für unseren Landgang. Schließlich sei dies militärisches Gelände und unterliege daher auch der Geheimhaltung. Torsten fragt nach, ob er fotografieren dürfe – der offenkundige Schrecken aller Militärs. Die Antwort gerät erstaunlich ausweichend: Im Prinzip nein, aber einige historische Dinge schon. Also ein eindeutiges »Jein«. Torsten nickt zufrieden, mehr wollte er gar nicht hören. Ganz wichtig scheint dem Offizier der einzige Wachturm an Land zu sein, der auf windschiefen und gleichermaßen rostigen Beinen steht. Den dürfen wir unter gar keinen Umständen fotografieren, ja selbst Hinsehen wäre verboten! Zur Sicherheit wird ein bewaffneter Soldat am Strand postiert, der uns auf Schritt und Tritt begleiten wird – zu unserer eigenen Sicherheit, versteht sich. Ganz unverblümt entschuldigt sich der Offizier für den Müll an Land. »Die Hinterlassenschaften des Sowjetsystems«, übersetzt Slava seine Entschuldigung. Es täte ihm Leid und sei ihm unangenehm, wie es dort aussehen würde. Was für einen

Wir nähern uns dem berüchtigten Kap Tscheljuskin.

Statt Eis und urwüchsiger Landschaft erwarten uns Militäranlagen und eine beispiellose Mülldeponie. Der Schrott von Jahrzehnten liegt herum.

Eindruck müssten wir bekommen! Ein einsichtiger Mann. Und wir glauben ihm gerne seine Entschuldigung, dass er schließlich auch nichts daran ändern könne.

Er tut gut daran, uns vorzubereiten. Sieht es schon von weitem wüst aus, so trifft uns an Land beinahe der Schlag. Kaum sind wir aus dem Schlauchboot gestiegen, als uns ein latenter Dieselgeruch in die Nase steigt. Der aufgeweichte Boden schillert in allen Regenbogenfarben – nicht nur an einer Stelle, sondern überall, wo immer wir auch hinschauen. Der Boden scheint getränkt mit Diesel oder Öl zu sein. Offenbar ist irgendwo ein Brennstofftank leck geworden und entleert seinen Inhalt langsam und beständig in die Umgebung. Der angetaute Permafrostboden lässt eine unappetitliche Brühe aus Schmelzwasser, Schlamm und Ölrückständen

entstehen. Wir halten uns dicht an der Küste, klettern über verbeulte Fässer, Lkw-Motoren und Hinterachsen, vorbei an ausgeschlachteten Kettenfahrzeugen, Geschützstellungen, Erdbunkern und Ruinen. Die etwas abseits gelegenen Gebäude machen einen erbarmungswürdigen Eindruck: eingefallene Dächer, rissige Fassaden, an denen die spärliche Farbe in großen Fladen abblättert, rostige

**Eine verrostete Kanone
am Kap Tscheljuskin
zieht ins Nirgendwo.
Davor unser Bewacher.**

Antennen und immer wieder demolierte Fahr-
zeugwracks.

Der Soldat geht mit umgehängter Kalaschnikow
voraus und achtet darauf, dass wir keine Fotos in
Richtung Wachturm machen, auf dem ein oder
zwei Soldaten mit Ferngläsern stehen und uns
beobachten. Wen sollten sie auch sonst überwa-
chen? Auch der kühnste und verwegenste Militär-
stratege wird nicht ernsthaft einen Angriff einer
feindlichen Macht von See her erwarten. Auf wen
und auf was passen die hier eigentlich auf? Eine verrostete Kanone, einige schlammige halb versunke-
ne Erdbunker und ein paar junge Männer, die ihren
Wehrdienst abreißen und natürlich der wacklige
Wachturm – eine Invasion des Kaps und der
Taymyr-Halbinsel kann eigentlich kein Moskauer
Stratege allen Ernstes in Erwägung ziehen.

Wir stolpern am Ufer entlang und nähern uns dem
eigentlichen Ziel unseres Landausfluges. Auf einer
kleinen Felsnase, dem eigentlichen Kap, steht eine
aus abgeflachten Steinen aufgeschichtete Pyramide,
ein so genannter Steinmann. Kein geringerer als der
norwegische Polarfahrer Roald Amundsen hat diesen Steinmann errichtet. 1918 war Amundsen mit
seinem Schiff MAUD von Norwegen aufgebrochen,
um sich im Polareis einfrieren zu lassen und um die
in den Jahren 1893-96 von seinem Landsmann
Fridtjof Nansen mit der FRAM durchgeführte Polardrift zu wiederholen. Da die FRAM, die Amundsen
ja selbst während seiner Südpolexpedition eingesetzt hatte, mittlerweile zu alt geworden war, hatte
er die MAUD bauen lassen. Das Schiff war mit 400
Tonnen vermessen und mit 37 Metern Länge ähnlich groß wie die FRAM, hatte aber bereits einen
Dieselmotor an Bord. Um Geld für Ausrüstung zu
sparen, schlachtete Amundsen die altgediente FRAM
gnadenlos aus. Jeder halbwegs zu gebrauchende
Ausrüstungsgegenstand wurde auf das neue Schiff
montiert. Amundsen war ein nüchterner Mann,
dem Gefühlsduselei hinsichtlich eines historisch so
relevanten und zugleich weltberühmten Schiffes
wie der FRAM völlig abging. Für ihn war es mehr
oder weniger ein Wrack, das man nach Belieben
ausschlachten durfte.

Die MAUD war, wie es häufig fälschlicherweise
erzählt wird, übrigens keine Konstruktion des
berühmten norwegischen Bootsbauers Colin
Archer. Sie wurde vielmehr auf der Werft von
Christian Jensen nach den Vorgaben Amundsens
gebaut, muss aber ganz ähnliche Qualitäten wie die

Der Erbauer der FRAM und vieler anderer berühmter Schiffe. Sein Name steht für solide Konstruktionen und hervorragenden Schiffbau: der Norweger Collin Archer.

Die FRAM während ihrer Polardrift im Arktischen Ozean.

FRAM gehabt haben. Ich habe einmal auf dem Wrack der MAUD gestanden, beziehungsweise auf dem Rest, der noch aus dem Wasser ragt. Dem Schiff war kein langes Leben beschieden, und Amundsens Pläne standen von Anfang an unter keinem guten Stern. Bereits wenige Meilen hinter dem Kap Tscheljuskin fror das Schiff ein und musste den ersten Winter dort verbringen. Amundsens Glück war, dass es Jahre dauern sollte, bis die Bolschewiken diesen entlegenen Zipfel ihres Landes erreichten. Insofern schrammte er immer an den Folgen der Revolution mit ihren brutalen Säuberungsaktionen vorbei. Während dieses ersten Winters ließ Amundsen eben jenen Steinmann bauen, an dem wir nun stehen und das vor uns liegende, nahezu eisfreie Meer betrachten.

Aber auch im Jahr 1919 war ihm das Glück nicht sehr gewogen. Kaum aus dem Eis befreit, fror die MAUD zum zweiten Mal im Verlauf der Expedition in der Nähe der Insel Ayon ein. Mittlerweile war das Schiff schon so lange unterwegs, dass von der geplanten Polardrift vorerst Abstand genommen werden musste. Die MAUD segelte nach Nome in Alaska, um dort überholt und neu ausgerüstet zu werden. Die Pechsträhne hielt indessen an. Im Jahre 1921 gelangte die MAUD von Nome aus gerade bis zum Kap Serdze Kamen, wo sie erneut für den Winter einfror. Erst im darauffolgenden Jahr, 1922, erreichte man die Polardrift, fand aber keine günstige Strömung und kam daher nur bis zu den Neusibirischen Inseln. Endlich gab Amundsen das Vor-

Das Wrack der MAUD in Cambridge Bay in der Nordwestpassage. Wir hatten die Überreste 1993 besucht.

Teilnehmer der MAUD-Expedition während einer Überwinterung an der sibirischen Küste vor ihrem eingefrorenen Schiff.

Geschafft. Wir sind am Kap Tscheljuskin. Ein Holzpfosten steht am äußersten Zipfel, dahinter liegt die Vilkitzki-Strasse.

haben auf. Die MAUD segelte zurück nach Alaska, wo sie umgehend an die »Kette« gelegt wurde, da immer noch unbezahlte Rechnungen offen standen. Man kann mit Fug und Recht sagen, dass dies wohl die unglücklichste und erfolgloseste Expedition Amundsens gewesen ist. Im Verlauf der Expedition starb er beinahe an einer Rauchvergiftung, brach sich einen Arm. Zwei weitere Expeditionsteilnehmer, Tessem und Hansen, fanden beim Versuch, eine Nachricht nach Dikson zu bringen, den Tod. Das Grab Tessems ist noch heute in Dikson zu sehen. Amundsen war bankrott, die Gläubiger ließen die MAUD beschlagnahmen und verkauften sie an die kanadische Hudson Bay Company, die das robuste Schiff wohl hauptsächlich aus der Sorge heraus kaufte, dass irgendein anderes Unternehmen das Schiff erwerben und ihnen damit in der Nordwestpassage Konkurrenz machen könnte. Tatsache ist, dass die MAUD eigentlich nicht gebraucht und schon bald in Cambridge Bay als Depotschiff verwendet wurde. Es verwahrloste, und als an Bord ein Feuer ausbrach, sank die MAUD in unmittelbarer Nähe der Siedlung. Eskimos sägten die Holzteile ab, die über Wasser ragten, um Bauholz oder – noch schlimmer – Brennholz daraus zu machen.
In der Cambridge Bay liegen die Reste der MAUD noch heute. Als wir 1993 durch die Nordwestpassage segelten, haben wir dort Station gemacht und dem Schiff, beziehungsweise dem, was davon übrig ist, unsere Aufwartung gemacht. Es gab in Norwegen vor einigen Jahren Pläne, die MAUD zu ber-

gen und sie ähnlich wie die FRAM in Oslo oder Tromsø auszustellen. Ich glaube, die Kosten einer Bergung des Schiffes in diesem weltentlegenen Zipfel der Arktis dürfte jedem Gedanken einer Rettung einen nachhaltigen Dämpfer versetzen.

Unmittelbar neben Amundsens Steinmann am Kap Tscheljuskin steht ein hölzerner Pfahl, der von dem eigentlichen Entdecker des Kaps, von Tscheljuskin selbst stammen soll. Ein weiterer Pfahl ist aus neuerer Zeit und stellt offenbar ein Vermessungszeichen oder eine Grenzmarkierung dar.
Der Erste, der dieses Kap mit einem Schiff rundete, ist der Schwede Adolf Erik Nordenskiöld mit seiner Dreimastbark VEGA gewesen. Das war im Jahre 1878. Das Schiff war 43 Meter lang, in Deutschland gebaut und verfügte über eine 60 PS

Stimmungen, die uns
immer wieder innehalten
lassen, um staunend das
Naturschauspiel in uns
aufzunehmen.

**Die Passage aus der
Sicht des Malers
Rainer Ullrich.**

starke Dampfmaschine. Sie war zudem bestens für das Vorhaben ausgerüstet. Die VEGA kam ohne größere Probleme durchs Eis bis zum Kap. Alte Bilder zeigen das Schiff vor dem Kap liegend, die See wird dabei nahezu eisfrei dargestellt. Es gab also auch damals schon Jahre, in denen sich das Eis weit nach Norden zurückgezogen hat, so wie es auch in diesem Jahr der Fall ist. – Also ist all das Gerede von Global Warming und Klimaveränderung an den Haaren herbeigezogen? Ist alles ein Kokettieren mit den Ängsten der Menschen vor einer Klimakatastrophe? Ganz sicher nicht. Es hat immer günstige und ungünstige Eisjahre gegeben, aber es gibt Untersuchungen, unter anderem von der NASA, die besagen, dass das Eis der Arktis deutlich abnimmt (siehe Anhang). Die Schmelzfläche Grönlands soll seit 1979 um ganze 16 Prozent zugenommen haben. »Mit ein paar warmen Sommern lässt sich diese Eisschmelze nicht erklären«, sagte

kürzlich der US-Wissenschaftler Eric Rignot von der NASA. Das polare Packeis soll in den letzten Jahrzehnten um rund einen Meter dünner geworden sein. Seit 1979 schrumpfte die eisbedeckte Fläche um etwa 10 Prozent. Wenn es so weiter geht, dürfte bis zur Mitte des Jahrhunderts nur noch rund 40 Prozent der Eisbedeckung des arktischen Ozeans übrig bleiben. Und es gibt weitere Hinweise.

Einstweilen drehen wir der verwüsteten Landschaft hinter uns den Rücken zu und versuchen, uns zu vergegenwärtigen, wo wir uns befinden, und ein wenig von der Bedeutung dieses Kaps in uns aufzunehmen. Zugegebenermaßen fällt mir das in Anbetracht der Schrotthalden schwer – ich kann sie einfach nicht aus meinem Bewusstsein verdrängen. Mein Blick geht an dem Steinmann vorbei über das Meer nach Norden. Hier und da vereinzelte Schollen, die aufgrund ihrer Mächtigkeit erahnen lassen, dass es ein Riesenglück ist, dass wir bislang ungeschoren durchgekommen sind.

Erst 1913 war es Boris Vilkitzki mehr oder weniger zufällig gelungen, von hier aus weiter nach Norden zu fahren und die Inseln Sewernaja Zemlja, zu deutsch die »Neuen Inseln« zu entdecken. Die sich daraus ergebende Wasserstraße wurde nach ihrem Entdecker benannt. Die Inseln können wir von hier aus nicht erkennen, sie sind zu weit entfernt. Dafür sehen wir im Dunst plötzlich zwei Schiffe auftauchen: vorweg der Atomeisbrecher SOWJIETSKI SOJUS und dahinter ein Tanker. Der Anblick erinnert an den Fliegenden Holländer. Lediglich die Rümpfe der Schiffe sind zu sehen, die Aufbauten liegen in einer Nebelbank und sind bestenfalls zu erahnen. Es ist der von Murmansk angekündigte Konvoi, auf den wir seinerzeit bei der Tyrtov-Insel warten sollten. Dass wir trotzdem weitergefahren waren, wurde von der Murmansk Shipping Company übrigens kommentarlos hingenommen.

Es scheint vorerst die einzige Schiffsbewegung zu sein. Slava, der sich derzeit an Bord der DAGMAR AAEN befindet, sieht die Schiffe ebenfalls und nimmt über UKW Funkkontakt auf. Er erfährt, dass der Tanker einen Ort in der Laptevsee mit Brennstoff versorgen soll, um dann auf dem gleichen Weg zurückzufahren. Es handelt sich dabei also um eine Versorgungsfahrt, und nicht etwa um eine Passage von West nach Ost – dergleichen findet derzeit auf dem Nördlichen Seeweg nicht statt. Die Schifffahrt dient einzig und allein dem Ziel, die Siedlungen und Ortschaften mit dem notwendigen Brennstoff und eventuell mit Lebensmitteln zu versorgen. Es ist sozusagen eine Minimalnutzung der Wasserstraße, das absolut Notwendige an Schiffsbewegungen, denn irgendwie müssen die Ortschaften ja schließlich mit Nachschub versorgt werden. Aber die Passage als Transitstrecke, als die kürzeste Verbindung von Europa nach Asien oder umgekehrt, wird selbst von russischen Schiffen nicht genutzt. Schemenhaft, weiterhin hinter einer Nebelbank verborgen, ziehen die beiden Schiffe ihre Bahn.

Wir wandern ein Stück weiter am Ufer entlang und erreichen nach etwa 150 Metern einen kleinen Friedhof, hinter dem sich wieder das mittlerweile vertraute Bild von verfallenen Häusern und Schrott bietet. Frustriert drehen wir um. Verstohlen machen wir ein paar Aufnahmen. Unter unseren Stiefelsohlen haben sich mittlerweile dicke Klumpen aus zähem, schmierigen Morast gebildet – ich komme mir vor, als würde ich auf Plateausohlen spazieren. Der Soldat geleitet uns wieder zurück zum Ufer, wo uns das Schlauchboot erwartet. Mich hält hier nichts mehr an Land. Die Begegnung mit diesem nördlichsten Kap hatte ich mir wider besseres Wissen anders vorgestellt. Von den großen

Kaps dieser Welt – von Kap Hoorn im äußersten Süden bis Kap Tscheljuskin im Norden und all die anderen Kaps, die über die ganze Welt verstreut liegen und so bedeutungsvoll für die Seefahrt gewesen sind – ist keines so isoliert und so schwierig zu runden wie das Kap Tscheljuskin. Sie alle sind Meilensteine der Seefahrtsgeschichte, gleichermaßen Monumente seemännischer Leistungen und auch des Leidens. Aber keines ist auch nur annähernd so verwüstet wie das Kap Tscheljuskin.

Ich empfinde es als besondere Tragik: Dieser Dreh- und Angelpunkt der Nordostpassage, dieser weltentrückte Zipfel Asiens ist seiner Würde beraubt worden.

Slava mit unserem Bewacher am Kap Tscheljuskin.

Die Laptevsee

Es ist herrlich und einfach unfassbar,
dass wir hier sein dürfen.

Wir haben den »point of no return« überschritten. Vom Kap an gerechnet macht es für uns keinen Sinn mehr, an eine Umkehr zu denken. Indem wir Seemeile um Seemeile abspulen und weit in die Laptevsee einfahren, kappen wir sozusagen die Nabelschnur, die uns immer noch mit dem Westen verband. Jetzt gibt es nur noch ein Ziel – die Beringstraße. Die Strecke dorthin ist noch weit und dazwischen liegen weitere Schlüsselstellen. Auch wenn die Eislage sich weiterhin günstig für uns entwickelt, einige Tage starker Nordwind würden genügen, und das Packeis schübe sich wieder an die Küsten. Im Falle der Laptevsee bedarf es vielleicht nur eines einzigen Tages, da das Eis lediglich einen schmalen Korridor zum Land hin freigehalten hat. Unser nächster Zielhafen ist Tiksi an der Lenamündung. Wir können aber wegen des Eises keinen direkten Kurs auf den Ort absetzen, sondern müssen uns in Sichtweite der Taymyr-Halbinsel halten und der Küstenlinie folgen – was einen erheblichen Umweg bedeutet. Wir testen aus, wie sich das Eis verhält. Schon früher war uns aufgefallen, dass man die Karten von Lars Kaleschke, die über Satelliten per Mikrowelle erstellt werden, interpretieren muss. Das hatte er uns auch mit auf den Weg gegeben. Dennoch sind diese Eiskarten

mit Abstand das Beste, was ich bisher zur Verfügung hatte. Trotzdem schleichen sich offenbar Messfehler ein, sodass diese Karten insgesamt nur bedingt Detailinformationen preisgeben. Einige Male war uns aufgefallen, dass sie die tatsächliche Eislage mal zu optimistisch zeigen, an anderen Stellen zu pessimistisch. Aber im Großen und Ganzen stellen sie eine unschätzbare Hilfe dar.

Im aktuellen Falle der Laptevsee vermitteln sie ein etwas zu optimistisches Bild. Es handelt sich bei dem Eis um schweres, mehrjähriges Eis. Die einzelnen Schollen sind massiv und mit Presseisrücken durchzogen, es sind zudem Schollen von gewaltigen Dimensionen, die einen leicht das Fürchten lehren. Wir fahren in die Eisfelder hinein, um zu sehen, an welcher Stelle es sich so weit verdichtet, dass das Vorankommen mühselig oder zu langsam wird, dann drehen wir wieder etwas auf die Küste zu und gehen auf Parallelkurs. Auf diese Weise sind wir zwar langsamer, als wenn wir gleich der Küste folgend uns im freien Wasser bewegen würden, aber uns interessiert, wo wir die eigentliche Packeiskante antreffen würden, um sie dann mit der Eiskarte abzugleichen. Diese Daten werden wir später an Lars Kaleschke übermitteln, sodass er fortan diese Vergleiche als eine Art Korrektiv einsetzen kann.

Auch wenn die Eiskarte die tatsächliche Eislage etwas zu optimistisch darstellt: Niemals zuvor haben wir so gute Informationen erhalten wie von Lars Kaleschke. Bereits zu diesem Zeitpunkt wird deutlich, dass sich das Eis ungewöhnlich weit zurückzieht.

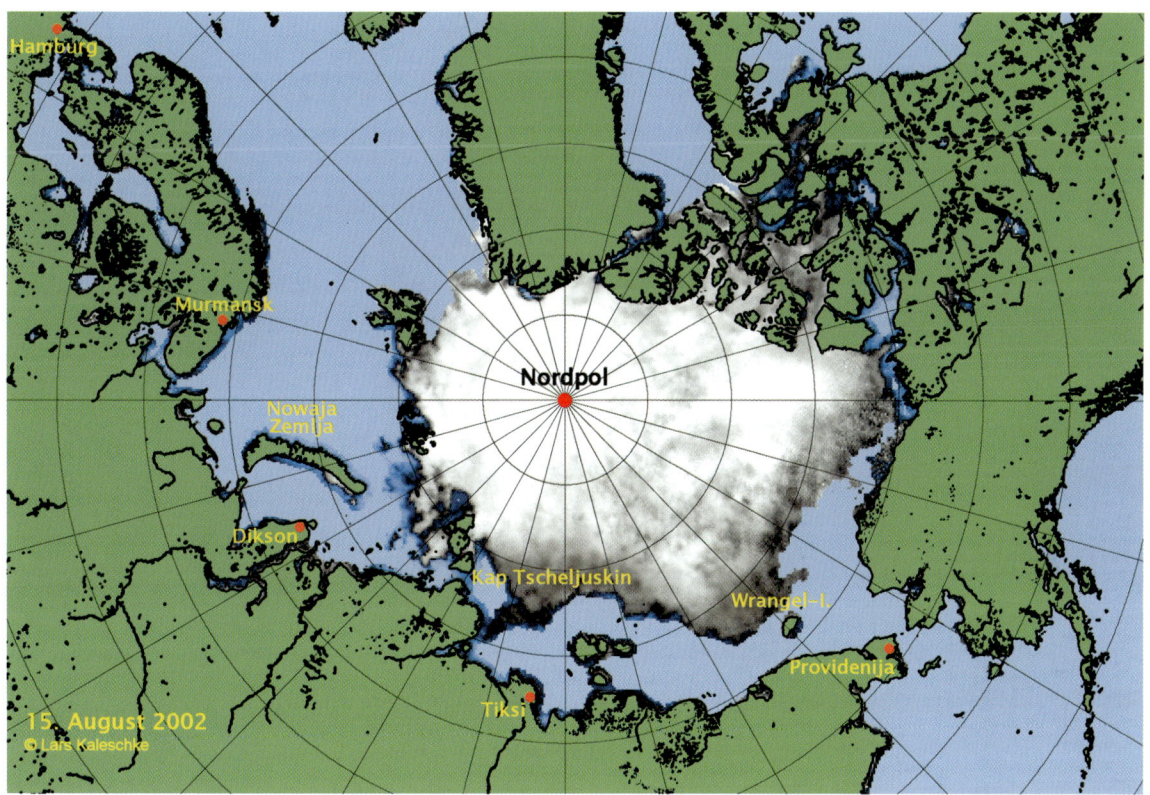

Vom Mastkorb aus kann ich gut erkennen, wie sich das Geflecht aus Eisschollen nach Nordosten hin verdichtet. Die Rinnen und Kanäle im Eis werden dichter, bis kaum noch dunkle Wasserflecken dazwischen zu sehen sind. Am Himmel zeichnet sich als Reflexion des Eises der so genannte Eisblink ab. Weiterzufahren wäre unverantwortlich. Das Eis zieht sich die gesamte Halbinsel entlang, und wir können von Glück reden, dass der Wind in den letzten Tagen für uns gearbeitet hat – ansonsten wäre kurz nach der Umrundung Kap Tscheljuskins für uns Schluss gewesen. Erschwerend käme hinzu, dass es an dieser Küste nur sehr wenige geeignete Stellen gibt, wo ein Schiff Schutz vor dem Eis suchen beziehungsweise überwintern könnte. Solche Stellen werden auf der gesamten Weiterrei-

se schwer anzutreffen sein, wie uns der Hydrograf in Dikson eindringlich gewarnt hatte. Und selbst wenn man einen geeigneten Platz findet – wie kommt man von dort weg? Bei einer bevorstehenden Überwinterung wäre ein Crewwechsel notwenig. Wenn es schon so schwer ist, nach Dikson zu fliegen – wie um alles in der Welt sollte eine Ablösung an einen völlig entlegenen Platz in der sibirischen Tundra kommen, wo es nicht einmal Dörfer oder Ureinwohner gibt? Selbst wenn sich eine Möglichkeit auftäte, würden die Kosten explodieren. Nein, eine Überwinterung in Sibirien will ich unter allen Umständen verhindern. Nur wenn es gar nicht anders möglich ist, würde ich wohl oder übel in den sauren Apfel beißen. Aber um dies zu vermeiden, muss man taktisch klug vorgehen, um immer rechtzeitig an der richtigen Stelle zu sein.

An einer Stelle reicht das Eis bis an die Küste der Taymyr-Halbinsel heran. Es ist zwar passierbar, aber die Situation zeigt, wie schnell es gehen, wie überraschend der nächste Zug erfolgen kann. Eine Winddrehung, und innerhalb weniger Stunden wäre der Weg für uns abgeschnitten. Erst als wir weit in die Kathanga-Bucht hineingefahren sind, lockert sich das Eis wieder.

Endlich wird das Wetter wieder schön. Nachdem es die letzten Tage bewölkt und windig war, zieht jetzt ein blauer Himmel auf und in der spiegelglatten See treiben majestätisch und schön anzusehen die Eisschollen. Auf einer liegen zwei Walrosse, um sich zu sonnen. Offenbar ein Liebespaar, wie sich unschwer erkennen lässt. Die beiden haben nur Augen für sich, tätscheln sich zärtlich gegenseitig mit den Flossen und grunzen verzückt. Wir lassen uns auf die Tiere zutreiben und verhalten uns dabei mucksmäuschenstill, um sie nicht zu verschrecken. Sehr bald können wir jedoch feststellen, dass es den Walrossen völlig gleichgültig ist, ob wir in ihrer Nähe sind. Sie haben keine Furcht. Außer dem

Von einer Eisscholle aus fotografiert. Die DAGMAR AAEN passiert Eisfelder in der Laptevsee.

Ständig steht jemand auf dem Vorschiff um dem Rudergänger durch Handzeichen den richtigen Kurs durch das Eis zu zeigen.

Völlig losgelöst von der Erde – Rainer Ullrichs Perspektive von der DAGMAR AAEN im Eis.

Ein Liebespaar sonnt
sich auf einer Eisscholle.
Die Walrosse haben
keine Angst vor uns –
brauchen sie auch nicht!

Menschen, und den gibt es in dieser Region nicht, haben sie eigentlich keinen natürlichen Feind. Die Tiere sind so massig und wehrhaft mit ihren großen Hauern, dass selbst Eisbären sich nur an Jungtiere wagen. Walrosse dürfen nur von den Ureinwohnern der arktischen Region gejagt werden, also den eskimoischen Völkern, sowie den Tschuktschen. Diese Schutzmaßnahmen haben bewirkt, dass sich die Walrosse wieder kräftig vermehrt haben. Selbst auf Spitzbergen, wo der Bestand gründlich und nachhaltig ausgerottet worden war, haben sich auf der Moffeninsel und in einigen anderen Bereichen Spitzbergens wieder Populationen angesiedelt. Da es dort keine Ureinwohner gibt, dürfen sie auch nicht bejagt werden, sondern stehen unter strengem Schutz.

Ulli lässt die Stimmung dieses Tages und auch des nächsten keine Ruhe. Es sind die sommerlichsten und schönsten Tage, die wir im Verlauf der gesamten Nordostpassage erleben. Da es das Wetter zulässt, setzen wir ihn wunschgemäß auf einer Eisscholle ab und segeln mit der DAGMAR AAEN weiter durch das Eis – nicht ohne dass Ulli uns vorher das eindringliche Versprechen abgenommen hat, ihn dort doch bitte nicht zu vergessen. Wir spielen im und mit dem Eis, während er malt. Die Stille ist überwältigend, unterbrochen nur von dem gelegentlichen Knacken des Eises oder dem Grunzen der Walrosse.

Es ist herrlich und einfach unfassbar, dass wir hier sein dürfen!

Die Lena ergießt sich nach ihrem Lauf durch die sibirische Taiga und Tundra in ein riesiges Delta, das sich auf der Landkarte wie ein Lawinenkegel ausmacht, durchzogen von feinen Äderchen, die durch die einzelnen Flussläufe verursacht werden. In diesem Flussdelta landete 1881 der Amerikaner De Long mit seinem Rettungsboot, nachdem er sein Schiff JEANETTE verloren hatte. Er hatte sich 1879 von der Beringstraße aus im Packeis einfrie-

Rainer Ullrich lässt sich
auf einer Eisscholle
absetzen, um in Ruhe
malen zu können.
Wir segeln weiter – und
holen ihn nach einigen
Stunden wieder ab.

ren lassen mit dem Versuch, die vermeintlich verschollene VEGA des Schweden Nordenskiöld zu finden, die zur gleichen Zeit sicher den Aufbruch des Eises nur etwa 120 Meilen von der offenen Beringstraße entfernt abwartete. Während die Nordenskiöld-Expedition heil und ohne Verluste die offene See erreichte und sicher nach Schweden zurückkehrte, geriet die JEANETTE-Expedition wie bereits geschildert zum Drama. Unfreiwillig vollzog die JEANETTE die erste Überquerung des Polarbeckens überhaupt. Nebenbei wurden die Neusibirischen Inseln entdeckt. Eine von ihnen heißt bis heute Jeanette-Insel, eine weitere De Long-Insel und eine

Die JEANETTE, mit der der
Amerikaner De Long
Schiffbruch erlitt.

dritte Bennet-Insel, letztere benannt nach dem amerikanischen Zeitungsbaron, der die Expedition auf den Weg geschickt hatte. Er war es auch gewesen, der zuvor Stanley nach Afrika geschickt hatte, um den verschollenen Forscher David Livingstone zu suchen – was Stanley seinerzeit tatsächlich gelang. Es war eine Story, wie sie sich ein Zeitungsverleger nur wünschen konnte. Offenbar hoffte er, diesen Erfolg mit der Suche nach Nordenskiöld wiederholen zu können. Doch nur wenige der Expeditionsteilnehmer überlebten die Expedition.

De Long selbst schaffte es zwar bis zum Lenadelta, starb dort aber an Entkräftung.

Am östlichen Rande des Lenadeltas liegt der Ort Tiksi, was in der Yakutensprache so viel wie Ort der Begegnung bedeutet. Das Delta selbst ist völlig versandet. Wie wir erfahren haben, gibt es überhaupt nur einen einzigen schiffbaren Flussarm. Alle anderen sind zu flach. Insbesondere in den letzten Jahren soll die Versandung der Lena dramatisch zugenommen haben. Auch ein Hinweis auf eine Klimaerwärmung? Die Menschen in Tiksi glauben daran. Wie kann es sein, dass ein Fluss plötzlich anfängt, mehr Sand und Steine mitzubringen, um sie dann in seinem Delta abzulagern? Schiffe, die früher mühelos den Fluss befahren konnten, haben aufgrund ihres Tiefgangs heute große Probleme.

Das ist mit ein Grund, weshalb die Schifffahrt zurückgegangen ist. Ein weiterer, vermutlich gravierenderer ist die Tatsache, dass es kaum noch Frachtaufkommen gibt.

Die Hafenanlagen von Tiksi sind schon von weitem zu erkennen. Zahlreiche Kräne, mehrere Hafenbecken und Häuser – aber keine Schiffe. Beim Näherkommen sehen wir, dass ein Hafenbecken von einem Wrack versperrt ist, von dem lediglich die Aufbauten herausragen. Einige stillgelegte Hafenschlepper mit verbretterten Fenstern gibt es, zwei löchrige Bargen sowie einen weiteren Schlepper, der offenbar als Einziger betriebsbereit ist. Die Kaimauern sind verfallen, die Kräne, die allesamt aus der Produktion der ehemaligen DDR stammen, sind – wie wir wenig später herausfinden – zu

90 Prozent kaputt. Der Hafen wirkt insgesamt verwahrlost und aufgegeben.

Wir machen an einer Holzpier fest und müssen das Schiff gut abfendern, da überall rostige Nägel und Moniereisen wie Lanzen herausstehen. Immerhin haben wir überhaupt einen Liegeplatz gefunden. Natürlich müssen wir auch hier einklarieren. Ein übliches, gleichsam lästiges Prozedere, an das wir uns aber längst gewöhnt haben. Danach sind wir frei. Seit Verlassen von Dikson am 9. August ist dies der erste reguläre Hafen, den wir angelaufen sind. Es ist der 17. August. Wir können zufrieden sein.

Eine Yakutin zeigt uns in ihrer traditionellen Tracht das Museum von Tiksi. Hilfsbereite Menschen treffen wir in jeder Ortschaft. Eine Pumpe ist defekt und

Slava versucht ein passendes Ersatzteil zu beschaffen. Was es nicht gibt, wird angefertigt. Die Improvisationsgabe ist ohne Beispiel.

Tiksi ist für uns strategisch gesehen ein wichtiger Punkt. Notfalls könnten wir hier überwintern – auch wenn das keiner von uns ernsthaft in Betracht zieht. Aber es wäre immerhin eine Möglichkeit. So wie sich die Eislage aber weiterhin entwickelt, sieht es zum Glück nicht danach aus.

Über der ganzen Stadt liegt das Wummern der schweren Dieselmotoren, die wie üblich in den sibirischen Städten für die nötige Elektrizität sorgen. Warum sie mitten im Ort stehen, wissen wir nicht, aber es scheint sich außer uns keiner dran zu stören. Da gibt es ganz andere Probleme. Vor dem Kraftwerk liegen unzählige ausgeschlachtete Großmotoren, der Boden ist mit Schmieröl getränkt und die obligatorischen Ölfässer stehen zu Hunderten herum. Auf der anderen Straßenseite eine Werkstatt und ein Lagerhaus, davor offenbar Neuteile, die langsam vor sich hin rosten. Kurbelwellen etwa für die Großmotoren, Schraubenwellen für Schiffe, Schiffspropeller, Brennstoffdüsen und vieles andere mehr. Jedes für sich ein teures Präzisionsersatzteil, das offenbar keiner mehr gebrauchen kann. Aber es lässt erahnen, dass dieser Ort mal sehr lebendig gewesen sein muss.

Tiksi war Umschlagplatz für Waren, die über die Lena ins Landesinnere gebracht oder umgekehrt von dort exportiert wurden. Da wegen der geringen Wassertiefe der Lena nur flachgehende Flussschiffe ins Landesinnere gelangen konnten, musste die Ladung hier umgeladen werden. Gleichzeitig wurden Reparaturen durchgeführt, Schiffe verproviantiert, gebunkert und Crews ausgewechselt. Angeblich soll es sogar eine ortsansässige Reederei geben, deren Schiffe allerdings nicht mehr in der Passage eingesetzt werden, sondern in Fernost ihren Dienst versehen. Es gibt sogar Fotos der Schiffe. Sie sind nicht sehr groß, gehören auch nicht zu den modernsten –, aber immerhin, es ist noch wirtschaftliches Leben in der Region. Früher wurden sie von Tiksi aus im Holzhandel eingesetzt. Nach

dem Zusammenbruch dieses Wirtschaftszweiges hat man die Schiffe anderenorts verchartert. Überhaupt scheint der Holzhandel das Umschlagsgut Nummer eins gewesen zu sein. Noch heute säumen die Bucht, in der Tiksi liegt, Hunderte alter Stämme. Alte, verfallene Sägewerke zeugen von längst vergangener Aktivität. Holzwirtschaft findet hier jedenfalls nicht mehr statt. Die Blütezeit des Ortes ist in den achtziger Jahren gewesen. Danach ging es langsam, aber sicher bergab.

Genau genommen besteht Tiksi aus drei verschiedenen Siedlungen: Tiksi 1 ist der eigentliche Ort, in dem wir liegen und in dem zugleich die Zivilbevölkerung lebt. Tiksi 2 ist die Militärbasis mit Wohnungen für die Angehörigen. Dazwischen liegt Tiksi 3, der Friedhof, auf dem zahlreiche Opfer stalinistischer Säuberungsaktionen bestattet sind. Insgesamt sollen noch etwa 5000 Menschen hier leben – von ursprünglich 15 000.

Der alte Überwachungsstaat funktioniert auch hier. Am dritten Tag unseres Aufenthalts hält plötzlich ein mausgrauer Lieferwagen neben dem Schiff. Zwei in Zivil gekleidete Männer steigen aus und verlangen barsch nach dem Kapitän. Das bin ich. Da ich aber kein Russisch verstehe, holen wir Slava, der ohne viel Federlesens umgehend verhaftet wird. Ich springe ihm zur Seite, erkläre, dass ich der Kapitän sei – und werde prompt mit verhaftet. Der Ton ist unfreundlich und vorwurfsvoll. Innerlich verdamme ich mich dafür, dass ich immer noch kein Russisch gelernt habe.

Slava redet nur, wenn er gefragt wird. Ich sehe seiner Miene eine unverhohlene Besorgnis an. Er klärt mich kurz auf: Die beiden Männer gehören dem Inlandssicherheitsdienst an, einer Nachfolgeorganisation des KGB. Man hat uns verhaftet, weil wir angeblich illegal eingereist sind. Bevor ich aufbrausen kann, bedeutet mir Slava zu schweigen und ihm die Verhandlung zu überlassen. Was täte ich hier ohne ihn!

Der Bus stoppt und wir werden in ein unscheinbares Gebäude geführt, durch einige Flure und schließlich in ein Dienstzimmer. An der Wand prunkt ein übergroßes Gemälde vom Genossen Lenin. Mich beschleicht spontan der Eindruck, dass dahinter mehr steckt als der bloße Umstand, dass jemand vergessen hat, das Bild abzuhängen. Unsere Papiere werden kontrolliert, fotokopiert, weg-

Meistens herrscht
dichter Nebel in Tiksi.
Dadurch wirkt das Stadt-
bild noch trostloser.

Lars Jessen (links) und Karsten Steinbach, die es wegen der unzuverlässigen Flugverbindungen nicht geschafft haben, das Schiff in Tiksi zu erreichen.

sortiert und diskutiert. Irgendwann müssen sie einsehen, dass eigentlich alles damit in Ordnung ist. Aber nun kommt es: Wir hätten schließlich keine Einladung aus dem Ort, daher dürften wir hier nicht sein und würden uns illegal in Tiksi aufhalten. Slava verweist auf das Genehmigungsprozedere, dass unter anderem schließlich auch der Sicherheitsdienst in Moskau dem Projekt zugestimmt hat, einschließlich Militär und allen anderen zuständigen Gremien. Von einer erforderlichen Einladung aus Tiksi wisse in Moskau offenbar keiner etwas. »Das mag wohl sein, aber so sind nun einmal die hiesigen Bestimmungen«, erhält er als Antwort. Als stiller Beobachter bemerke ich aber, wie die beiden langsam unsicher werden. Sie haben sich mit ihrer Aktion weit aus dem Fenster gelehnt und bekommen offenbar langsam Sorge, dass sie dabei herausfallen könnten. Slava bemerkt das natürlich auch. Ebenso freundlich wie scheinheilig schlägt er vor, sich eben mit den zuständigen Behörden in Moskau in Verbindung zu setzen – und trifft voll ins Schwarze: alles, nur das nicht! Plötzlich ändert sich der Tonfall. In der mittlerweile gewohnten russischen Diplomatie hält man uns zwar vor, dass wir uns grob regelwidrig verhalten haben, aber wir hätten es offenbar nicht besser gewusst usw., usw. Auf der Rückfahrt zum Schiff ist der Ton direkt freundschaftlich, wir sollten sie doch nicht in schlechter Erinnerung behalten, und gleich morgen wolle man die Crew mit dem Bus abholen und einen Ausflug in die Umgebung machen, damit wir auch zu schönen Fotos kommen – dabei wollten sie noch vor 30 Minuten alle Filme beschlagnahmen lassen. Wieder einmal haben wir eine Probe von dem alten System erhalten, das sich durch das gesamte Land zieht und offenbar immer noch greift. Und genau das ist der Knackpunkt, weshalb es mit der Wirtschaft in diesem Land nicht bergauf geht.

Im Hafen treffen wir wieder einmal auf die VAGABOND. Eric und seine Mannschaft sind wenige Stunden vor uns hier eingetroffen. Er hat es offenbar eilig, weiterzukommen. Wir verstehen ihn nicht. Wann kommt man schon einmal wieder nach Tiksi? Aber Boris, der Eislotse, drängt ebenfalls. Ich gewinne das Gefühl, dass beide gern als Erste durch die Passage fahren wollen, obwohl sie das vehement abstreiten. Die späteren Presseverlautbarungen sprechen eine andere Sprache. Sollen sie – mir

Bei schwachem Wind ziehen wir langsam und träge durch die eisige Laptevsee.

ist es gleichgültig. Wir haben die Widrigkeiten der Vorbereitung und die Verhandlungen mit den Behörden nicht absolviert, nur um hier durchzuhasten und anschließend zu sagen, wir haben es als Erste geschafft. Der Erste war Nordenskiöld und das bereits 1878. Ihm folgten andere. Im Jahr 2000 hatte beispielsweise die russische Yacht SIBIR vom Ob ausgehend die Passage in Richtung Osten

bewältigt, war um ganz Asien gesegelt und hatte im Jahr 2001 über Murmansk wieder ihren Heimathafen Omsk am Ob erreicht. Außerdem segeln wir keine Regatta. Uns geht es darum, die Reise mit so vielen Eindrücken und Begegnungen aufzufüllen wie irgend möglich.

Auf ein Wettrennen wollen wir uns unter keinen Umständen einlassen. Ohnehin beabsichtigen wir, einige Tage zu warten, da nun endlich Karsten und Lars zu uns stoßen sollen. Nachdem es ihnen nicht gelungen war, rechtzeitig einen Flug nach Dikson zu bekommen, haben wir jetzt unsere ganze Hoffnung auf Tiksi gesetzt. Aber auch hier stehen die Chancen nicht zum Besten. Zweimal wöchentlich soll ein Flug von und nach Irkutsk gehen. Das ist zumindest die offizielle Version. In der Praxis sieht das ganz anders aus. Meistens herrscht nämlich dichter Nebel und dann geht überhaupt nichts mehr. Maximal ein Flug pro Woche kommt durch, ausgefallene Flüge werden nicht etwa an anderen Tagen nachgeholt, sondern man schiebt einfach alles immer weiter nach vorn. Das Resultat: Die Wartelisten sind lang, und da die Flugzeuge zugleich Fracht transportieren, können aus Gewichtsgründen mitunter nur wenige Passagiere mitgenommen werden.

Die Zeit vergeht. Eine Woche sind wir jetzt schon in Tiksi. Ständig hat dichter Nebel geherrscht, einen Flug hat es bislang nicht gegeben. Aber genau an dem Tag, an dem Lars und Karsten kommen sollen, scheint die Sonne. Wir sind begeistert. Karsten ruft sogar bei mir zu Hause im Büro an und teilt Elke mit, dass sie auf dem Flug seien. Elke Hoffmann teilt mir diese frohe Botschaft wiederum über Iridium-Telefon an Bord mit. Wir warten. Der Flug kommt viele Stunden verspätet an. Es ist Mitternacht, aber immer noch etwas hell, als das Flugzeug zur Landung ansetzt. Henryk hat ein Auto organisiert und ist zum Flughafen gefahren. Dort wartet er, bis alle Passagiere ausgestiegen sind. Als er Lars und Karsten nicht entdecken kann, fragt er einen anderen Fluggast, eine junge Russin. Ja, zwei Ausländer habe sie gesehen, sie wären auch schon fast im Flugzeug gewesen, mussten dann aber wieder aussteigen, da das Flugzeug überladen gewesen sei und sie deshalb nicht mitkonnten.

Als Henryk wenig später mit dieser Hiobsbotschaft bei uns an Bord eintrifft, halten wir das erst für einen schlechten Scherz. Ich rufe in Deutschland an. Tatsächlich hat Karsten sich kurz vorher nochmals dort gemeldet und den Vorgang bestätigt. Wann der nächste Flug geht, steht in den Sternen, zudem können und dürfen wir wegen der Eislage nicht länger hier warten. Auch die beiden müssen völlig entnervt sein. Erst das Theater mit dem Flug nach Dikson, dann das Warten auf einen Flug nach Jakutsk, die ganzen Formalitäten, Karstens Urlaubsregelung, Lars, der sich von allen Freunden für die Expedition abgemeldet hatte und dies gleich so konsequent, dass er Wohnung, Auto und zu guter Letzt auch noch die Freundin aufgegeben hatte. Und jetzt das! Sie sind total enttäuscht und treten traurig ihren Rückflug nach Deutschland an. Aber uns geht das Ganze genauso nahe. Nicht nur, dass wichtige Aufgaben auf die beiden gewartet hätten, auch persönlich tut es uns Leid. Die beiden fehlen an Bord und hinterlassen eine Lücke, die nicht geschlossen wird.

Frustriert schmeiße ich mitten in der Nacht den Motor an, dann werfen wir die Leinen los. Vorsichtig, um nicht irgendwo ein verborgenes Wrack zu treffen, steuern wir aus dem Hafen und setzen Segel. Das Barometer fällt seit einigen Stunden und der Himmel verheißt nichts Gutes. Was wird uns erwarten?

UNRUHIGE ZEITEN

Im Logbuch ist »Wasser über Deck« verzeichnet.
Tatsächlich steht das Wasser bisweilen knietief.

Das schlechte Wetter lässt nicht lange auf sich warten. Ein starker Nordwest wühlt die See auf und schickt kurze, steile Wellen, die uns genau von der Seite treffen. Die Windrichtung macht mir Sorgen, da sie das Eis zurück an die Küste schieben könnte. Aber die Höhe des Seegangs macht deutlich, dass sich das Eis weit im Norden befinden muss, ansonsten könnten so hohe Wellen nicht entstehen. Eis glättet die See. Je höher die Eisdichte, desto schwieriger das Durchkommen, aber desto ruhiger auch die See. Ich habe es schon mehrfach erlebt, dass wir mit dem Schiff im dichtesten Packeis festlagen und trockenen Fußes um das Schiff herumlaufen konnten. Und trotzdem hoben und senkten sich Schiff und Eis gleichermaßen in einem langen Schwell. Wenn dies der Fall ist, ist das offene Wasser nicht weit. Seegang, der ins Eis läuft, wird sofort niedergeschlagen, läuft dann noch eine Strecke als langer, flacher Schwell im Eis weiter und hört irgendwann später vollständig auf. Aus der Richtung, wo der Schwell herkommt, liegt die offene See. Gefährlich wird es im Grenzbereich. Dort, wo die Wellen ungebremst aufs Eis laufen, entsteht Brandung. Eis-

brocken von dem vielfachen Gewicht der DAGMAR AAEN torkeln und schaukeln unkalkulierbar einher, Eisschollen wogen in den Wellentälern, zerbrechen und treiben wie Rammböcke auf den Schiffsrumpf zu. Der gefährlichste Moment ist das Einfahren in ein oder das Verlassen eines Eisfeldes. Bei Starkwind und entsprechendem Seegang sollte man daher entweder im Eis oder auf See abwarten und die Randzonen meiden.

Aus dem derzeitigen hohen Seegang schließe ich, dass das Eis weit entfernt liegen muss. Auch die Eiskarten von Lars Kaleschke zeigen die Eiskante weit im Norden. Das sind für uns gute Perspektiven. In einigen Tagen werden wir eine weitere Schlüsselstelle der Passage erreichen, die Dimitri-Laptev-Straße. Ähnlich wie die Vilkitzki-Straße am Kap Tscheljuskin wird diese Passage durch vorgelagerte Inseln gebildet. In diesem Fall sind es die Neusibirischen Inseln. Diese Engpässe neigen dazu, Eispfropfen zu bilden, die wie Flaschenkorken die Engstelle verschließen. Der Seegang ist daher ein willkommenes Signal bezüglich der Eislage, aber das ist auch wirklich das einzig Gute an ihm. Ansonsten

Brigitte steht auf dem Vorschiff und hält nach Eis Ausschau.

werden wir auf unangenehme Art und Weise durchgeschüttelt. Die Seen kommen in so kurzen Intervallen und sind dabei derart steil und unregelmäßig, dass sich das Schiff lustlos und ungestüm in der See wälzt. Schiff und Crew leiden.

In der Laptev-Straße schließlich ist das Wasser an einigen Stellen nur noch sechs Meter tief. Die See ist eine einzige braune, schlammige Brühe, jede Welle lagert einen sandigen Belag an Deck und auf den Aufbauten ab. Leere Kaffeetassen, die an Deck vergessen worden sind, füllen sich mit der Brühe und hinterlassen einen sandigen Bodenbelag. Zeitweise weht es mit 40 Knoten, unter Deck schlägt und klappert das Geschirr, Seekarten rutschen vom Kartentisch, im Maschinenraum entleert eine Werkzeugkiste ihren Inhalt, Bücher fliegen aus dem Regal, zum Trocknen aufgehängte Kleidungsstücke fallen auf den nassen Boden zurück und jeder Versuch, in seiner Koje zu schlafen, wird trotz aller Bemühungen sich effektiv gegen die Rollerei zu verkeilen, ad absurdum geführt. Seegang ist nicht gleich Seegang – auch wenn dieser nicht direkt bedrohlich wirkt, gehört er zu der unangenehmen Sorte.

Gelegentlich bricht ganz unvermittelt eine See über dem Rudergänger und holt ihn von den Beinen. Im Logbuch verzeichne ich lakonisch »Wasser über Deck« – tatsächlich steht das Wasser bisweilen knietief. Alle Niedergänge und Skylights sowie Windhutzen sind geschlossen. Bei solchem Wetter hat der Verschlusszustand absolute Priorität. Unter Deck

riecht die Luft säuerlich und schal nach feuchten Socken und verbrauchter Luft. Hinzu kommt ein intensiver Dieselgeruch im Mittschiff, da aus der Entlüftung des Herdreglers Diesel ausgetreten ist, was diejenigen, die unter Seekrankheit leiden, noch blasser aussehen lässt als sie es ohnehin schon sind. Im Vorschiff wird der Reflexofen durch den Abwind der Fock, der direkt auf den Schornstein zielt, ausgeblasen. Das führt zu einer Serie rußgeschwängerter Verpuffungen, was wiederum den akustischen Rauchmelder aufgeregt Alarm piepen lässt und die Bewohner zu würgenden Hustenanfällen nötigt. Das vorsichtige Öffnen der Niedergangstüren, um den Rauch abziehen zu lassen, wird mit eisigen Salzwasserduschen gelohnt – wer jetzt behaupten würde, dass Segeln unter diesen Bedingungen ein freudiges Erlebnis ist, würde unweigerlich den Zorn der gesamten Mannschaft auf sich ziehen.

Glücklicherweise ist das Schiff unter Deck trocken. Es gibt keine leckenden Kojen, und insgesamt macht das Schiff so gut wie kein Wasser. Das ist bei einem Karweel-beplankten Schiff in dieser Größe

Ständig haben wir schweres Wetter. Das war in dieser Häufigkeit nicht zu erwarten. Ein weiteres Indiz, dass sich das globale Wetter ändert?

Martin, Achim und Brigitte beim Reffen des Großsegels.

keine Selbstverständlichkeit. Besonders wenn das Schiff im Seegang arbeitet, werden die Verbände aufs Äußerste strapaziert. Ein Schiff, das in sich weich geworden ist, mag noch im Hafen dicht sein, sobald es sich aber zu bewegen beginnt, arbeiten die Schiffsverbände und gewähren der See großzügig Zutritt in Kojen, Schapps und Bilgen. Die DAGMAR AAEN ist trotz ihres Alters steif und fest, und die jahrelange Betreuung durch die Werft in Egernsund hat dafür gesorgt, dass sie sich heute in einem besseren Zustand denn je befindet.

Trotzdem gibt es immer etwas Leckwasser, das sich in den Bilgen sammelt und das gelegentlich abgepumpt werden muss. Das Schiff ist in drei wasserdichte Segmente unterteilt, von denen jedes durch drei voneinander unabhängige Systeme gelenzt werden kann. Im Maschinenraum gibt es noch eine vierte Lenzmöglichkeit und zusätzlich haben wir transportable Tauchpumpen dabei, die im Notfall gezielt eingesetzt werden können. Wie sinnvoll sol-

Hans-Joachim Karpus
repariert einen Computer.

Katja sucht eine
kurze Ruhepause am
wärmenden Herd.

che Dopplungen und Reserven sind, zeigt sich, als
schlagartig zwei Lenzpumpen ausfallen. Bei der
einen ist der Keilriemen gerissen, die andere scheint
irgendwie verstopft zu sein. Aufgrund der Redun-
danz im Schiff ist das an sich kein Grund zur Sorge, aber so kann es nicht bleiben. Also mache ich
mich an die Reparatur. Im schwankenden Maschinenraum zerlege ich zunächst die Hauptlenzpum-
pe, wobei ich zahlreiche Leitungen abmontieren
muss und dabei laut fluchend mit Händen voller
Schrauben von einer Ecke in die nächste geworfen
werde. Teilweise muss ich über Kopf in der Bilge

Die Koje ist der einzige
Platz für ein bisschen
Privatsphäre, dementspre-
chend versucht jeder, sie
so gemütlich wie möglich

zu gestalten. Nur hier ist
man für sich alleine. Mit
dem Notebook auf dem
Bauch schreibe ich an
dem Buchmanuskript.

Mit schäumender Bugwelle dampft die DAGMAR AAEN gegen Wind und See an. Unsere alte Dame ist hier voll in ihrem Element.

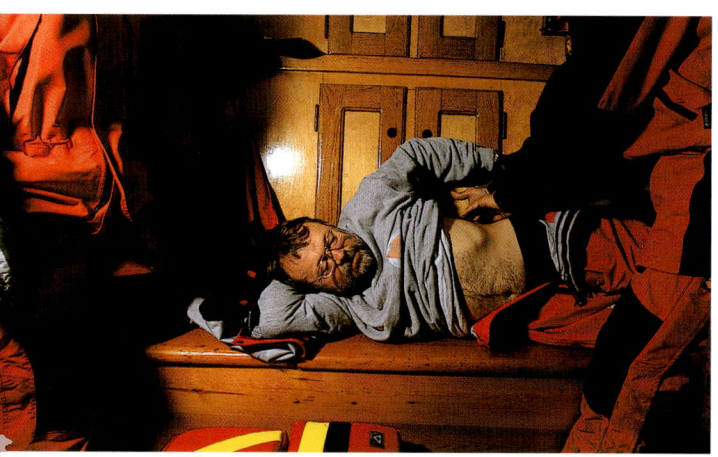

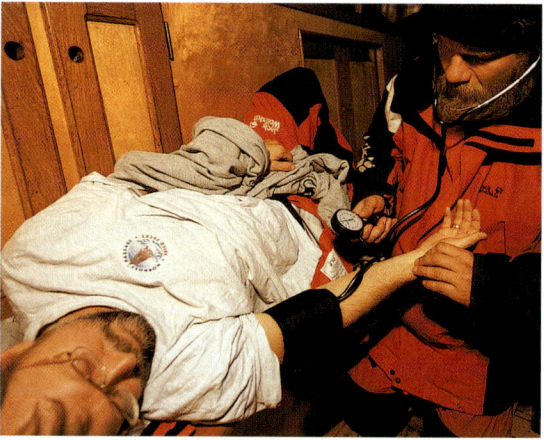

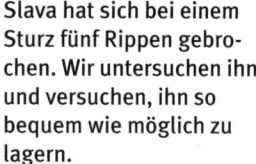
Slava hat sich bei einem Sturz fünf Rippen gebrochen. Wir untersuchen ihn und versuchen, ihn so bequem wie möglich zu lagern.

arbeiten – und bin zutiefst dankbar, dass mir die Seekrankheit so leicht nichts anhaben kann. Als ich die Pumpe endlich zerlegt habe, ziehe ich verdrießlich eine Socke aus dem Pumpengehäuse und baue alles wieder zusammen. Derweil hat Markus nach den Maßen des alten Keilriemens aus unserem Gleistein-Tauwerk mittels eines Langspleißes einen neuen Keilriemen gefertigt. Trotz aller Planungen, Listen und unzähliger Keilriemen fehlt uns natürlich genau diese Größe. Nobody is perfect. Improvisation ist in solchen Situationen alles. Wir montieren den selbst gebauten Keilriemen mit der nöti-

gen Skepsis und sind anschließend überrascht, wie tadellos das funktioniert. Er hält den gesamten Rest der Reise, und ich habe mittlerweile beschlossen, ihn so lange drauf zu lassen, bis er sich irgendwann verabschiedet. – Demnächst machen wir unsere Keilriemen nur noch selbst.

Reparaturen wie die der Lenzpumpen dulden keinen Aufschub, auch wenn man anschließend grün und blau ist und es alles andere als Spaß gebracht hat. Dass gleich zwei Systeme gleichzeitig ausfallen, habe ich bisher noch nicht erlebt, aber es zeigt die Notwendigkeit, das Schiff mit entsprechenden Redundanzen auszustatten. Das gilt umso mehr, wenn man wie wir ständig mit Eis rechnen muss.

Aber damit nicht genug der Probleme! Während das Schiff weiterhin seine akrobatischen Bewegungen vollzieht, bereitet sich Slava vor, um auf Wache zu gehen. Der Seegang ist ihm etwas auf den Magen geschlagen, geschlafen hat er wie alle anderen so gut wie gar nicht. Brigitte und ich sitzen gerade im Mittschiff, als er sich mühsam in seine diversen Schichten Kleidungsstücke schiebt. Er ist schon fast damit fertig, als das Schiff plötzlich in ein Loch zu fallen scheint. Es ist eine harte, ruckartige Bewegung, die alles durcheinander fliegen lässt und Slava, der sich gerade anschickt, den Niedergang hochzusteigen, in einem unglaublichen Bogen durch die Pantry schickt. Krachend landet er auf der Kante einer Backskiste. Fast zeitgleich schreit er auf, rutscht auf den Boden und krümmt sich zusammen. Erschrocken blicken Brigitte und ich uns an und kommen ihm zu Hilfe. Slava stöhnt, ist kaum ansprechbar und kann nur »my ribs, my ribs«, stammeln. Er ist eingepackt in diverse Schichten Unterwäsche, Fleece-Jacken und Pullover, Ölzeug, Rettungsweste, Lifebelt – alles, was man für die Wache an Deck benötigt. Wir nehmen ihm zunächst behutsam die Schwimmweste ab, aber jede weitere Bewegung verursacht bei ihm heftige Schmerzen. Die Öljacke können wir ihm noch vorsichtig ausziehen, dann streikt er endgültig. Erschwerend kommt hinzu, dass die DAGMAR AAEN weiterhin Bocksprünge vollzieht. Jede Bewegung schmerzt ihn. Die Verletzung ist ziemlich offenkundig, offenbar hat er sich eine oder gleich mehrere Rippen gebrochen.

Ich bin vor einigen Jahren selbst einmal an Bord auf einen Belegnagel gefallen und hatte mir zwei Rippen gebrochen, ich weiß also, wie schmerzhaft das

sein kann. Da Slava sich weigert, weitere Kleidungsstücke auszuziehen, versuchen wir ihn sanft in die Koje zu bugsieren. Vorher aber bringe ich ihn noch dazu, vorsichtig durchzuatmen. Gebrochene Rippen sind schlimm genug, richtig bedrohlich wird es aber, wenn die Knochenenden die Lunge punktieren oder beschädigen. Die Lunge kann dann zusammenfallen und damit wäre akute Lebensgefahr eingetreten. Während er mühsam und mit schmerzverzerrtem Gesicht ein- und ausatmet, beobachte ich ihn genau. Ich bin weiß Gott kein Arzt, aber wir lassen uns immer wieder vor den Expeditionen durch Rettungssanitäter in mehrtägigen Seminaren schulen. Das hilft uns jetzt.

Wir verabreichen Slava zunächst starke Schmerzmittel, polstern ihn in der Koje so gut es geht ab und dann sitzt immer einer von der Crew neben seiner Koje und betreut ihn. Das haben wir so gelernt. Wir messen seinen Puls und seinen Blutdruck, langsam tut das Schmerzmittel seine Wirkung und er dämmert etwas ein. Zur Sicherheit rufe ich über Satellitentelefon Christian Müller-Ramcke von der Deutschen Rettungs Flug an und schildere ihm den Vorfall. Ich hole ihn in Berlin mitten aus einer Tagung, aber er ist sofort da und hat den Ernst der Situation erkannt. Er spricht die Möglichkeit einer Evakuierung an, aber da ist leider nichts zu machen. Im Umkreis von tausend Kilometern gibt es keine Hilfe. Das Nächste wäre wohl immer noch Tiksi, aber auch dort ist kein Hubschrauber stationiert. Nein, wir sind in ganzer Konsequenz auf uns allein

**Das stürmische Wetter
hält an. Für den verletzten
Slava, der in seiner Koje
hin und her gerollt wird,
eine Tortur.**

gestellt. Hier gibt es keine Gesellschaft zur Rettung Schiffbrüchiger, keinen SAR-Hubschrauber, keinen Notarzt oder gar ein Krankenhaus um die Ecke. Wir befinden uns mittlerweile in der Ostsibirischen See nördlich von Nirgendwo. Um uns herum ist nur Wildnis.

Ich berate mich mit Martin. Irgendwie gelingt es uns schließlich, Slava einige seiner Kleidungsschichten auszuziehen, ihn mit dem Stethoskop abzuhören und seinen Rippenbogen abzutasten. Wir können die Bruchstellen mehr erahnen als dass wir sie ertasten können, dennoch sind wir uns unserer Sache sicher. Gott sei Dank ist wenigstens seine Atmung normal. Da wir Slava weiterhin Schmerzmittel verabreichen, wird es für ihn trotz der Schiffsbewegungen erträglicher. Er dämmert von den Tabletten halbwegs narkotisiert vor sich hin, während ständig einer von uns bei seiner Koje sitzt und sich um ihn kümmert. Es ist wahrlich nicht viel, was wir für ihn tun können, aber im Krankenhaus hätte man, außer dass man ihn geröngt hätte, vermutlich auch nicht viel mehr getan. Gebrochene Rippen werden nicht eingegipst, wie

**Ein sorgenvoller Skipper.
Wie schwer sind die
Verletzungen von Slava?**

ich aus eigener Erfahrung weiß. Das Training mit Christian und der DRF hat uns eine gewisse Selbstsicherheit im Umgang mit der Situation gegeben. Den Wert solcher Trainings weiß man immer dann einzuschätzen, wenn Not am Mann ist.

Vorerst können wir nur unseren Kurs beibehalten. Ich erwäge ernsthaft, den Ort Pewek anzulaufen, obwohl dieser Ort wie so viele eigentlich für uns gesperrt ist. Doch in diesem Fall würde ich nicht zögern, mich über Genehmigungen oder russische Behörden-Befindlichkeiten hinwegzusetzen. Allerdings sind wir noch viele hundert Meilen davon entfernt. Wir müssen eben abwarten, wie sich Slavas Zustand entwickelt.

Die Stimmung ist durch den Vorfall gedrückt. Jeder tendiert dazu, in einer Art Selbstschutz die Risiken derartiger Projekte in weltentrückten Regionen herunterzuspielen. Obwohl in der Vorbereitungsphase darüber gesprochen und besonders das Erste-Hilfe-Training seinen Teil dazu beiträgt, dass jedem die Ernsthaftigkeit vor Augen geführt wird, zieht keiner aus verständlichen Gründen die Möglichkeit einer schweren Verletzung in Betracht. »Wir haben ja einen hohen Sicherheitsstandard«, ist immer wieder zu hören. Das ist richtig, und dennoch gibt es derartige Expeditionen nicht zum Risiko-Nulltarif. Entweder ich bin bereit, dieses Risiko zu tragen, oder ich muss zu Hause bleiben. Wir haben uns für das Reisen entschieden – mit allen Konsequenzen, die sich daraus ergeben.

Das schlechte Wetter bleibt bestehen. Laut Seehandbuch gibt es im Sommer zwar immer mal wieder Tage mit Starkwind, aber diese Phasen sind nur von kurzer Dauer und die Abstände dazwischen sind lang. Das heißt durchaus nicht, dass immer schönes Wetter herrscht. Es kann vielmehr nass und neblig sein. Wenn es dann noch mit 3 oder 4 Beaufort weht, wird das Kälteempfinden enorm verstärkt. Was wir derzeit erleben, lässt auf ein ungewöhnliches Wettergeschehen schließen. Die Tiefdrucksysteme folgen offenbar anderen Bahnen als gewöhnlich. Das viele offene Wasser und die für hiesige Verhältnisse hohe Wassertemperatur beeinflussen die Wetterentwicklung. Nie hätte ich mir träumen lassen, in diesem Seegebiet derart hohen und unangenehmen Seegang zu erleben. Man lernt eben immer dazu. So kämpfen wir uns weiter durch die aufgewühlte See und sehnen uns nach Eisfeldern, die besonders für Slava das Leben um einiges komfortabler machen würden.

DIE WRANGEL-INSEL

*Der Sinn einer Seereise erfüllt sich
erst beim Landfall.*

Der aus Blumenthal stammende Kapitän Eduard Dallmann war in vielerlei Hinsicht ein Pionier. Nicht nur, dass unter seiner Führung Schiffe die Karasee durchfuhren, um Handel mit den Niederlassungen am Ob und Jenissei zu führen, er baute zudem Handelsbeziehungen zu den Salomonen, einer Inselgruppe im Bismarckarchipel, auf und fuhr mit der Bark GRÖNLAND in die Antarktis, wo noch heute eine der deutschen Forschungsstationen nach ihm benannt ist – die Dallmann-Station auf der King George-Insel. Dallmann muss ein unglaublich guter und kühner Seefahrer gewesen sein. Das zeigt besonders eine Reise, die er bereits 1866 mit der kleinen Brigg TALBOT unternommen hat.

Die TALBOT war 1864 in Bremen für eine Reederei in Honolulu gebaut worden und Dallmann, der bereits die Bauaufsicht geführt hatte, wurde mit dem Kommando betraut. Nachdem er das Schiff rund Kap Hoorn nach Hawaii gesegelt hatte, wurde es von dort aus als so genannter Trader eingesetzt, eine frühe Variante der späteren Trampfahrt. Das Schiff fuhr in den nördlichen Gewässern, um von den Einheimischen Waren wie Pelze, Stoßzähne von Walrossen und andere Rohstoffe gegen Versorgungsgüter wie Salz, Zucker, Tabak, Tee und teilweise wertloses Zeug einzutauschen. Aber offenbar bekamen beide Seiten das, was sie benötigten und insofern blühte der Handel. Die Trader operierten dabei häufig am Limit. Die Kapitäne waren meist am Gewinn beteiligt und nahmen daher Risiken in Kauf, die sie in einem gewöhnlichen Heuervertrag vermutlich nicht eingegangen wären. In dem Versuch, neue Märkte zu eröffnen, wagten sie sich immer weiter in die arktischen Regionen vor, getrieben von der Hoffnung, Eskimosiedlungen zu finden, die ihnen ihren Plunder im Tausch gegen wertvolle Pelze und Elfenbein abtraten. Der Gewinn war enorm. Auch der von Eduard Dallmann.

Das Jahr 1866 muss ein günstiges Eisjahr in der Tschuktschensee gewesen sein. Jedenfalls wagte sich Dallmann mit der TALBOT so weit vor wie nur ganz wenige vor ihm. Er passierte die Beringstraße, folgte der sibirischen Küste und nahm schließlich Kurs auf eine Insel, die zwar einmal bereits

Ein Model der Brigg TALBOT, mit der Eduard Dallmann bereits 1866 die Wrangel-Insel ansteuerte und erstmals dort anlandete.

gesichtet, aber bislang von keinem Weißen betreten worden war. Die Form der Insel, deren Küstenverlauf und Ausdehnung waren weitgehend unbekannt. Es gehört eine Menge Verwegenheit dazu, mit einer Brigg, die damals noch keine Hilfsmaschine besaß, so weit in die Tschuktschensee hineinzusegeln. Doch Dallmann war nicht nur kühn, er war auch umsichtig und erfahren genug, um genau das Richtige zu tun. Am 17. August 1866 erreichte er die Wrangel-Insel, ging vor Anker und betrat die Insel auf ca. 70° 40' nördlicher Breite und einer Länge von 178° 30' West.

Er beschrieb die Insel recht ausführlich und wies damals bereits auf die zahlreichen Spuren von Eisbären, Füchsen und Moschusochsen hin. Am nächsten Tag landete er sogar ein zweites Mal an anderer Stelle an. Erst danach segelte er im weiten Bogen durch die Tschuktschensee in Richtung Alaska, machte auf Höhe von Point Barrow kehrt und ging wieder auf Südkurs. Er selbst bewertete diese Fahrt nicht einmal als eine besondere seemännische Leistung und Tat, sondern teilte die Landung auf Wrangel eher in einer Art Randnotiz

der Bremer Geografischen Gesellschaft mit. Das alles tat er ohne Eiskarten, GPS, Echolot, Kommunikation, ohne Maschine und ohne genaue Seekarten – und was das Bemerkenswerte dabei war: Er machte überhaupt kein Aufhebens davon. Die bisweilen an Selbstverliebtheit grenzenden Leistungen der modernen segelnden Epigonen – mich eingeschlossen – wirken dagegen geradezu armselig. Mein ganzer Respekt gilt diesen mutigen Seefahrern, die, obwohl ihnen natürlich der Vergleich zur Moderne fehlte, Unglaubliches leisteten.

Die Wrangel-Insel ist in der Arktis so etwas wie ein Mythos geworden. Lange Zeit war es unklar, welche Nation ihren territorialen Anspruch durchsetzen würde – zu unnahbar und entlegen ist die Insel. Vom sibirischen Festland durch die berüchtigte und von furchtbaren Eispressungen verstopfte De Long-Straße getrennt, gelangten auch in den späteren Jahren nur selten Schiffe zu der Insel. Selbst die Tschuktschen und die Eskimos, die mit den Eisverhältnissen bestens vertraut waren, scheuten die Reise im Winter über die zugefrorene See. Zum

Die Küste der Wrangel-Insel.
Ein Traum geht in Erfüllung

einen ist die Entfernung von rund 200 Kilometern gefährlich weit, zum anderen war das Eis durch die Pressungen zu wilden Packeisrücken aufgeworfen worden, gespickt mit offenem Wasser, hungrigen Eisbären und brutalen Stürmen. Wer nicht unbedingt musste, ließ die Finger von der Insel.

Einer jedoch hatte keine Wahl: Kapitän Bartlett musste im Jahre 1914 die Insel anlaufen, wollten er selbst und seine Mannschaft nicht umkommen. Bartlett war der Kapitän der KARLUK gewesen, die

zu der groß angelegten Polarexpedition des aus Island stammenden, aber in Kanada lebenden Vilhjalmur Stefansson gehörte. Nach Aussagen eines der überlebenden Expeditionsteilnehmer, William Laird McKinlay, war die Expedition katastrophal schlecht vorbereitet und geführt. Während die KARLUK unbeabsichtigt einfror und langsam Richtung Nordpol driftete, verließ Stefansson mit einigen Leuten das Schiff, um angeblich Hilfe zu organisieren. Offenbar dachte er aber gar nicht daran,

Die KARLUK eingefroren
im Eis. Kurze Zeit später
wurde sie vom Eisdruck
zerstört und sank.
Die Überlebenden retteten
sich auf die Wrangel-Insel.

zurückzukehren. Die Mannschaft um Kapitän
Bartlett sollte jedenfalls nichts mehr von ihm hören.
Sie waren mit einem für solche Zwecke ungeeig-
neten Schiff und mangelhafter Ausrüstung einem
völlig ungewissen Schicksal überlassen.
Es kam was kommen musste: Die KARLUK wurde
von den Eismassen zerdrückt und sank. Bartlett
entwickelte in dieser verzweifelten Situation ein
Führungsgeschick und Krisenmanagement, was
allein mit dem eines Sir Ernest Shackleton zu ver-

Wrangel ist ein Naturreservat. Für arktische Verhältnisse gibt es auf ihr eine reichhaltige Flora und Fauna.

gleichen ist. Rechtzeitig vor dem Untergang des Schiffes ließ er ein Lager samt Depot auf dem Eis aufbauen, wohin sich die Mannschaft in einer relativen Geborgenheit zurückziehen konnte, sobald das Schiff im Eis versank. Mit einer völlig expeditions- und eisunerfahrenen Gruppe Wissenschaftler schaffte er es, mit übermenschlicher Anstrengung das Gros der Gruppe auf die Wrangel-Insel zu führen. Die, die sich ihm nicht anschlossen, bekamen an Nahrung und Proviant was sie benötigten – und gingen zu Grunde. Der Rest unter seiner Führung erreichte Wrangel und errichtete dort mehrere Jagdcamps. Ähnlich wie Shackleton seinerzeit die Fahrt mit der JAMES CAIRD von der Antarktis bis nach Südgeorgien antrat, um Hilfe für die auf Elephant Island zurückgelassenen Männer zu holen, machte sich Bartlett zusammen mit dem Eskimo Kataktovik und einigen Hunden am 18. März 1914 auf den Weg, um die Rettung zu organisieren. Dabei überquerten sie die De Long-Straße, was selbst für den nüchternen und eher zu Untertreibungen neigenden Bartlett ein Horrortrip gewesen sein muss. Er gelangte schließlich nach einer wilden Odyssee an die Beringstraße nach Emma Harbour in die Nähe des heutigen Providenija und nach vielen Schwierigkeiten mit einem Schiff nach Alaska. Dort organisierte er Hilfe, fand in dem Schoner KING AND WINGE endlich ein Schiff, das geeignet und bereit war zur Wrangel-Insel zu segeln. Auf diese Weise rettete er den Rest seiner Mannschaft – Shackleton lässt grüßen.

Stefansson ließ sich hingegen später als einen der größten Polarforscher aller Zeiten feiern und nahm die Tragödie, bei der zahlreiche Menschen ihr Leben hatten lassen müssen, offenbar überhaupt nicht zur Kenntnis. In seinem Buch »The Friendly Arctic« schwadronierte er lautstark darüber, wie einfach es sei, in der Arktis zu überleben. Die KARLUK-Tragödie wurde von ihm falsch dargestellt und seine Schilderungen sind voller Diffamierungen, wobei er die Fehler, die zu der Katastrophe führten, allen anderen – insbesondere ausgerechnet Bartlett – zuschrieb, nur nicht sich selbst. Kein geringerer als Roald Amundsen wies ihn in die Schranken, als er Stefansson »als den größten lebenden Schwindler« bezeichnete.

Stefansson, der ein ziemlich skrupelloser Karrierist war, ließ das unbeeindruckt. Wenige Jahre später, 1922, schickte er erneut eine Gruppe Menschen ausgerechnet auf die Wrangel-Insel, um sie dort anzusiedeln und damit den territorialen Anspruch Kanadas auf die Insel zu untermauern. In seinem Buch »The Adventure of Wrangel Island« erzählt er großspurig von dem Projekt. Das Unternehmen endete – wie zu erwarten war – in einer Katastrophe. Von den Siedlern überlebte nur eine einzige Frau. Unter den Toten war auch ein Crewmitglied der KARLUK, der die Katastrophe damals nur knapp überlebt hatte.

Erst in den dreißiger Jahren gelang es den Sowjets, unter der Leitung von Ushakov auf der Wrangel-Insel eine Siedlung zu gründen und damit vollendete Tatsachen zu schaffen. Fortan gehört Wrangel zur damaligen Sowjetunion. Die Russen sind cleverer als Stefansson. Sie siedeln 250 Menschen, überwiegend Tschuktschen, an, die mit den harschen Lebensbedingungen bestens vertraut sind. Darüber hinaus erstellen sie eine entsprechende Logistik, die die Versorgung mit Lebensmitteln sicherstellt. Wie die meisten dieser Neugründungen von Siedlungen und Ortschaften entlang der Passage, die alle etwa in diesem Zeitraum fielen, ging es der Führung in Moskau um eine Besiedlungspolitik, die den gesamten arktischen Raum samt der darin lebenden Urbevölkerung ihrem Machtbereich einverleibte. Die Tschuktschen, die sich anfänglich vehement gegen alle Einmischungsversuche der Kommunisten widersetzten, wurden gewaltsam gefügig gemacht. Das gelang allerdings nur teilweise, und so genossen die Tschuktschen fortan einen besonderen Status.

Die Siedlung auf der Wrangel-Insel heißt nach ihrem Gründer, Ushakovski. Eine zweite, kleinere Siedlung wurde später wieder aufgegeben. In Ushakovski leben heute noch zwanzig Menschen, von denen die meisten zum Militär gehören. Einige wenige versehen Dienst auf einer der letzten noch arbeitenden Polarstationen und eine Handvoll sind Tschuktschen.

Ich möchte die Insel liebend gern besuchen, sie ist schon lange einer meiner heimlichen Träume. Aber dergleichen kann man nicht planen. Zum einen sind in aller Regel die Eisverhältnisse derart extrem, dass man mit der DAGMAR AAEN einfach keine Chance hat. Zum anderen ist die Insel Sperrgebiet. Sie trägt den Status eines Naturschutzgebietes, was an sich gut und begrüßenswert ist. Die Kehrseite der Medaille ist, dass weniger der Naturschutzgedanke Besucher abhalten soll als wohl mehr der Umstand, dass dort auch Militär zu finden ist. Bei

unserem Genehmigungsmarathon hatten wir deshalb schweren Herzens gar nicht erst den Versuch unternommen, eine Einladung für die Wrangel-Insel zu erhalten. Jetzt liegt sie in greifbarer Nähe vor uns. Von den stürmischen Winden getrieben nähern wir uns zügig der Insel – wenigstens einen Blick möchte ich auf sie werfen.

Für mich ist der Landfall an einer unbekannten Küste oder einer Insel immer mit der aufregendste Teil einer Seereise. Dort erfüllt sich jedes Mal der Sinn einer Reise. Besonders wenn es sich um eine Insel wie Wrangel handelt. Ich kenne die Bücher über die Stefansson-Expeditionen, die Berichte Dallmanns über seine Landung und die von russischen Wissenschaftlern. Fast ist mir so, als wäre ich schon mehrfach auf der Insel gewesen, in meinen Gedanken war ich das auch. Umso spannender ist es, endlich die unwegsame Insel tatsächlich vor sich aufleben zu sehen.

Zuerst sehen wir die Silhouette sanft geschwungener Bergrücken im Dunst auftauchen. Um uns herum torkeln und schaukeln Eisbrocken der unterschiedlichsten Form und Größe, die Überreste des ansonsten vorherrschenden Packeises. Es dauert Stunden, bis wir endlich nahe genug an der Insel sind, um Details erkennen zu können. Wir erreichen die Insel auf Höhe von Kap Blossom. Das Land wirkt aus der Distanz ganz und gar nicht wie eine hocharktische Insel. Es gibt keine eisigen, vergletscherten und zackigen Felsgebirge. Die Berg-

Der Eisbär ist hauptsächlich im Eis und auf dem Wasser zu Hause, wo er Robben jagt. Im Bereich der Wrangel-Insel ist er allerdings auch an Land zahlreich vertreten.

hänge präsentieren sich in einem zarten, rötlichen Farbton, der genauso die Küste Marokkos oder Tunesiens repräsentieren könnte. Keine Spur von Gletschern, dafür Sand- und Gerölldünen, die in der Sonne leuchten. Ulli hat bereits sein Malzeug an Deck geholt und sitzt trotz des eisigen Windes auf der achteren Backskiste und zeichnete unverdrossen vor sich hin.

Wenig später begegnen wir einer Vorhut der eigentlichen Inselherren – einem Eisbären. Die Tiere heißen mit zoologischem Namen Ursus Maritimus, »Meeresbär«. Und tatsächlich verbringen die Polarbären den größten Teil ihres Lebens auf dem Packeis des arktischen Ozeans. Sie sind vorzügliche Schwimmer und legen auf diese Weise weite Distanzen zurück. An der Schnittstelle zwischen Eis und Meer liegt ihr Jagdrevier. Ihre Beute sind fast ausschließlich Robben, wobei sie selbst den bis zu 400 Kilogramm schweren Bartrobben mit einem Schlag ihrer Pranken den Schädel zertrümmern können. Nicht einmal vor Walrossen, die doppelt so schwer sind wie sie selbst, machen sie Halt. Sie lassen es bei so einem mächtigen Gegner zwar nicht am nötigen Respekt mangeln, aber mit List und Tücke gelingt es ihnen gelegentlich, auch ausge-

wachsene Tiere zu erbeuten. Zuerst wandern sie scheinbar ungerührt am Rande der Walrosskolonien entlang, um dann einzelne Tiere zu isolieren und zu überwältigen.

Ich habe Filmaufnahmen gesehen, in denen ein Eisbär ein ausgewachsenes Walross von hinten angeht und fast wie im Spiel versucht, das viel größere Tier zu überrumpeln. Die Schwarte der Walrosse ist so dick und zäh, dass selbst ein Eisbär angeblich bis zu 30 Minuten benötigt, um sie aufzureißen. Der Bär im Film zog sich in Anbetracht der wütenden Attacken des Walrosses zurück, nur um wenig später ein Jungtier aus der Herde zu fangen. Der Tisch ist für sie reich gedeckt, sodass sie nicht unbedingt die Gefahr eingehen müssen, durch ein Walross verletzt zu werden.

Eisbären fressen alles – selbst den eigenen Nachwuchs. Die Eisbärenmütter ziehen sich zu Beginn des Winters auf die Wrangel-Insel zurück, um sich dann beim ersten Schneefall in einem Hang eine Schneehöhle zu graben, in der sie dann den ganzen Winter verbringen. Wenn der Nachwuchs mitten im polaren Winter auf die Welt kommt, sind Bärenbabys blind und hilflos und nicht viel größer als ein Meerschweinchen. Der dichte Pelz der Mutter und ihre nahrhafte, fette Milch lässt die Kleinen schnell heranwachsen.

In der Regel bekommt eine Bärin zwei Junge, mit denen sie den gesamten Winter in der Schneehöhle verbringt. Während dieser Zeit nimmt die Bärin keinerlei Nahrung zu sich. Erst im Frühjahr durchstößt sie die schützende Schneewand und kriecht steif und abgemagert nach draußen. Die kleinen Bären sind dann bereits so weit herangewachsen, dass sie ihrer Mutter folgen können. Aber draußen lauert die Gefahr. Argwöhnisch witternd beobachtet die Bärin die Umgebung und sucht sie nach männlichen Bären ab. Die haben nämlich überhaupt keine Skrupel, ihren eigenen Nachwuchs zu verspeisen. Allerdings müssen sie dafür zunächst die Bärin ausschalten, die es in diesem Fall auch mit einem viel größeren und physisch überlegenen Bären aufnehmen würde. Ein Bär muss schon ziemlichen Hunger haben, bevor er sich mit einer Bärin einlässt, die in Sorge um ihren Nachwuchs ist. Sie kämpft dabei mit einer Hingabe und Entschlossenheit, dass die Bären es sich offenbar genau überlegen, ob dieser Einsatz es wert ist. Eine aufgebrachte Bärin ist ein ziemlich furchtbarer Gegner, und trotzdem kommt es vor, dass auf diese Art und Weise Bärinnen samt ihrem Nachwuchs von ihren Artgenossen gefressen werden.

Der Eisbär gilt als das größte Landraubtier der Welt. Dem wird zwar immer wieder der Kodiakbär entgegengehalten, der angeblich noch größer werden soll. Ich selbst glaube nicht daran, dass er größer wird, aber sicherlich kann er genauso groß werden. Im Übrigen gibt es bei beiden Gattungen große und kleinere Ausgaben und wenn man so einem Bären in freier Wildbahn gegenübersteht, dann sind auch kleine Bären plötzlich ganz groß.

Unser Exemplar ist aus der sicheren Distanz des Schiffes objektiv zu taxieren. Ich halte ihn für einen mittelgroßen Bären. Er liegt auf einer schwankenden Eisscholle und schläft. Erst als er uns entdeckt, hebt er witternd den Kopf und späht in unsere Richtung. Wir beobachten ihn eine Weile, bis es ihm offenbar zu dumm wird und er sich wiegenden Schrittes ins eisige Wasser gleiten lässt. Behände schwimmt er um seine Eisscholle herum, hebt immer wieder witternd seinen Kopf in unsere Richtung und nimmt dann entschlossen Kurs auf eine weit entfernt liegende Eisscholle. Wir lassen ihn ziehen und beobachten ihn noch eine Weile, bevor wir unsere Fahrt fortsetzen und unsere Aufmerksamkeit dieser vor uns liegenden, einsamen Insel widmen.

Ich beratschlage mit Slava, ob es nicht doch eine Möglichkeit gibt, dort anzulanden. Er ist bei weitem noch nicht fit, kann sich aber – wenn auch unter großen Schmerzen – an Bord bewegen. Das bringt ihn auf eine Idee; er schlägt vor, seinen Gesundheitszustand vorzuschieben. »Der Bitte um medizinischen Beistand müssen sie eigentlich nachgeben«, meint er schmunzelnd. Okay, einen Versuch ist es wert.

Wir folgen der Küstenlinie dicht unter Land. Es weht ein eisiger, stürmischer Wind von der Insel, sodass wir uns ihr gefahrlos nähern können. In dem rötlich wirkenden Geröll sehen wir schwarze Punkte stehen. Ein Blick durch das Fernglas zeigt, dass es sich um Moschusochsen handelt. Die Siedlung

Ushakovski ist durch eine Lagune geschützt, die durch eine vorgelagerte Nehrung gebildet wird. Laut Seehandbuch – dessen Informationen in diesem Seegebiet mit größter Vorsicht zu genießen sind – gibt es eine Einfahrt in die Lagune mit ausreichender Wassertiefe. Wir können die Lagune sowie die schwer zu findende Einfahrt und natürlich die Häuser ausmachen, die sich der Küste entlangziehen. Um Aufmerksamkeit zu erregen, drehen wir mit dem Schiff einige Kreise, während Slava gleichzeitig über Funk versucht Kontakt aufzunehmen. Er probiert es auf UKW und Kurzwelle. Angeblich sollen diese Frequenzen überwacht werden, aber die Funkgeräte bleiben still. Dafür sehen wir schließlich ein paar Menschen am Strand auftauchen. Sie blicken zu uns herüber und gehen langsam auf die Einfahrt zu, aber alle Versuche, Kontakt mit ihnen aufzunehmen, schlagen fehl. Offenbar haben sie keine Funkgeräte. Also entschließe ich mich, mich langsam der Einfahrt zu der Lagune zu nähern. Vorsichtig deshalb, weil wir nicht wissen, ob die Wassertiefe für die DAGMAR AAEN ausreicht und es verheerend wäre, hier aufzulaufen. Vorsichtig aber auch deshalb, weil wir den Menschen Zeit geben möchten, uns vielleicht irgendein Signal zu geben. Das lässt nicht lange auf sich warten. Wir befinden uns schon fast am Eingang zur Lagune, als plötzlich kurz hintereinander drei rote Leuchtkugeln unmittelbar vor unseren Bug geschossen werden. Ich stoppe auf, fahre unter Maschine vorsichtig zurück und drehe in sicherem

Die DAGMAR AAEN liegt in der Lagune, die der Wrangel-Insel vorgelagert ist und einen ausgezeichneten Schutzhafen bildet.

Nach anfänglicher Skepsis der Soldaten dürfen wir schließlich an Land gehen.

Abstand bei. Das war deutlich genug! Aber so schnell geben wir nicht auf.

Wir entschließen uns zu einer anderen Taktik: Schnell ist das Schlauchboot ausgesetzt und mit Slava, Henryk, Torsten und Martin bemannt. Während wir das Boot fertig machen, beobachten wir einen großen Eisbären, der genau auf die Gruppe von Menschen an Land zuhält, aber derartige Begegnungen gehören auf der Wrangel-Insel offenbar zum Alltag, man misst dem keine weitere Bedeutung bei. Gespannt blicken wir unserem Schlauchboot nach, dass auf die wartenden Soldaten zuhält.

Henryk schildert die Situation später so: »Der Empfang war alles andere als freundlich. Offenbar war man verärgert und irritiert, dass wir so einfach die Insel anlaufen. Erst als Slava ihnen seine Situation schilderte, ließ die Spannung spürbar nach.« Man habe aber keinen Arzt auf der Station, lediglich einen Tierarzt gebe es, verkünden sie ein wenig kleinlaut. »Macht nichts«, sagt Slava, Arzt sei schließlich Arzt und ein Tierarzt müsse sich doch auch mit Brüchen auskennen. Gesagt, getan.

Während Torsten und Henryk an Land bleiben und mit den anderen zurück zur Station laufen, kommen Martin und Slava zusammen mit zwei Soldaten zurück an Bord. Mit umgehängten Kalaschnikows klettern die beiden an Bord, Slava braucht das schmerzverzerrte Gesicht nicht zu spielen, ihm steht die Anstrengung einer holprigen Schlauchbootfahrt deutlich ins Gesicht geschrieben. Einer der beiden Soldaten weist mir die Richtung und vorsichtig tasten wir uns in die Lagune, wobei ständig einer am Echolot steht und die Tiefen nach oben an Deck ausruft. Es sind knapp vier Meter, also reichlich Platz für die DAGMAR AAEN. Wir sollen an einem wackligen Steg festmachen, der gerade groß genug ist, um einer Jolle Platz zu gewähren. Das lehne ich ab und lasse stattdessen mitten in der Lagune den Anker fallen. Die beiden Soldaten haben gegen diese Maßnahme offenbar keine Einwände. Kurze Zeit später sitze ich mit ihnen sowie Slava und Brigitte im Schlauchboot und fahre an Land. Knirschend läuft der Rumpf auf den Strand, ich springe heraus und stehe auf der Wrangel-Insel – geschafft!

Über eine wacklige Stiege werden wir vom Strand zu der etwas höher gelegenen Militärstation gebracht, die lediglich aus ein paar Häusern besteht. Leer stehende Häuser gibt es genug. Ein junger Mann mit einem freundlichen Gesicht lädt uns in sein Haus ein. Er stellt sich als der Leiter der Station vor, gleichzeitig handelt es sich bei ihm um den besagten Tierarzt. Die Atmosphäre ist deutlich freundlicher und aufgeschlossener geworden. Die anderen Soldaten kommen dazu, es wird Tee gekocht und Kekse verteilt, der Tierarzt spricht sogar recht gut Englisch, insofern kommt die Unterhaltung schnell in Gang. Im Nebenzimmer zieht Slava seine Jacken und Unterwäsche aus, um anschließend von dem Veterinär untersucht zu werden. Er bestätigt letztlich unsere Diagnose, fünf

Rippen sind gebrochen, tun kann man da nichts – das muss von allein heilen. So viel zum offiziellen Teil. Damit ist der Notfall beendet, aber wir dürfen trotzdem bleiben. Jetzt beginnt der gesellschaftliche Teil.

Offenbar hat man sich davon überzeugt, dass wir keine Spione sind, unsere zigmal gestempelten Papiere beweisen, dass wir offiziell eingereist sind, dieser kleine Abstecher wird augenzwinkernd hingenommen. Wir dürfen die Station allerdings nicht fotografieren. Hier gibt es zwar nichts, was der

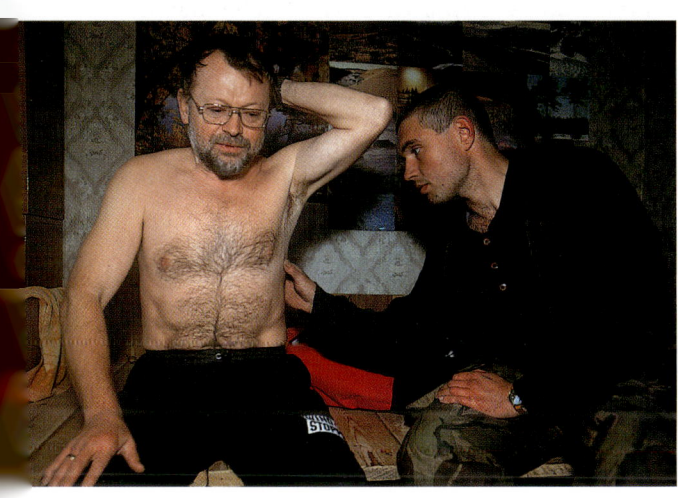

Slava wird auf der Insel von einem Tierarzt untersucht – einen Humanmediziner gibt es nicht. In Sibirien darf man nicht wählerisch sein.

Geheimhaltung unterworfen wäre, aber wenn ihnen die leer stehenden Häuser, leeren Ölfässer und ein paar Antennen, deren Bedeutung nicht einmal die Bewohner kennen – militärisch sind sie jedenfalls nicht – so wichtig sind ... Es ist das gleiche Spiel wie überall. Auch wenn in den amerikanischen Militärarchiven gestochen scharfe Satellitenaufnahmen über jeden Quadratmeter der Wrangel-Insel existieren dürften – vor Ort scheint die Zeit stehen geblieben zu sein und irgendwomit muss man seine Präsenz ja schließlich rechtfertigen. Man sollte meinen, dass die Einsamkeit auf dieser Insel die Soldaten dazu bewegen müsste, so schnell wie möglich um Ablösung zu bitten, aber genau das Gegenteil ist der Fall. Sie leben schon seit Jahren hier, verzichten sogar auf ihren Urlaub und wollen unter keinen Umständen fort von hier. Einer lebt schon seit 18 Jahren hier. Slava erklärt es mir: »Es ist der gleiche Grund, der mich früher bewogen hat, jahrelang auf Polarstationen zu arbeiten. Es ist das freie und kaum irgendwelchen Konventionen unterworfene Leben. Man hat seine Arbeit, die ernst genommen und gewissenhaft erledigt wird, man braucht kein Geld, braucht sich um politische und wirtschaftliche Querelen keine Sorgen zu machen und ist darüber hinaus in jeder Beziehung frei. Wer das unbeschwerte, wilde Leben auf solchen entlegenen Stationen einmal kennen gelernt hat, verzichtet gern auf Fernseher, Auto und Konsum. Die Natur entschädigt einen auf vielfache Weise für jeden vermeintlichen Verzicht«. Dabei

30. August 2002. Wir ankern in der Lagune Rodger-Harbor auf Wrangel Island. Eine einzige Fischdose ist in der Einfahrt gestrandet – sonst ist kein Eis an dieser Küste. *J. mueri*

Die Wrangel-Insel mit der in der Lagune ankernden DAGMAR AAEN aus der Sicht des Malers.

wird kaum für die Menschen gesorgt. Versorgungsschiffe kommen nicht mehr. Nahrungsmittel werden mit dem Hubschrauber eingeflogen, aber Diesel für Stromgeneratoren ist so knapp wie nie. Der Generator läuft nur stundenweise, um Batterien zu laden, dann wird er sofort wieder abgestellt. Geheizt wird mit Treibholz, Licht spenden Kerzen oder Petroleumlampen und wenn die Nacht beginnt, gibt es nur unten an der Polarstation eine Funzel, die noch für ein paar Stunden Licht spendet. Danach versinkt alles in Finsternis. Doch das stört die Menschen hier nicht.

Abends wird für uns die Sauna angefeuert. Sie ist schlicht, aber stilvoll. Das Licht kommt von einer Glühbirne, die von der Batterie eines Motorrades gespeist wird, das vor der Tür geparkt ist. In zwei aufgeschnittenen, ehemaligen Ölfässern ist heißes beziehungsweise kaltes Wasser enthalten, das man sich in einer Zinkschüssel mischt, um sich zu waschen und sich nach dem Saunagang entsprechend kalt abzuduschen. Den wenigen Luxus, den die Menschen auf der Insel haben, teilen sie bereitwillig mit uns.

Anschließend wandern wir durch die verlassenen Häuserzeilen, besuchen die Polarstation, die als eine der wenigen noch aktiv ist. Wie es sich gehört, spreche ich eine Gegeneinladung an Bord aus, was von allen freudig angenommen wird, und wenig später sitzen wir alle dicht gedrängt an Bord der DAGMAR AAEN. Unsere letzten Schnapsvorräte schwinden dahin, die Stimmung wird immer lockerer. Durften wir die Soldaten anfänglich nicht in Uniform fotografieren, so ist das plötzlich alles kein Problem mehr. Die Party zieht sich bis weit nach Mitternacht, erst dann wird auch der letzte Besucher gut gelaunt und ein wenig angeheitert mit dem Schlauchboot an Land gebracht.

Für den nächsten Morgen haben wir eine Einla-

dung erhalten, mit ihnen ins Inselinnere zu fahren. Das Gefährt Marke Eigenbau trägt den Namen Wezdechod und ist für diese Zwecke bestens geeignet. Seine weichen Schlauchreifen hinterlassen auf dem Tundraboden kaum Spuren und gehen somit schonend mit der Pflanzenwelt um. Fachkundig erhalten wir Informationen über die Flora und Fauna, die Menschen hier kennen sich bestens aus. Auf der Insel gibt es Rentiere, Moschusochsen, Wölfe, Polarfüchse, Schneeeulen und natürlich Eisbären, Walrosse und Robben. Wrangel ist geradezu eine Ansammlung zoologischer Highlights. Im Hochland spürt man deutlich, dass die Jahreszeit vorangeschritten ist. Die Tundra hat eine herbstliche Färbung angenommen und über Nacht hat sich wie Puderzucker eine dünne Schneedecke über die Bergkuppen gelegt. Von einer Anhöhe aus betrachtet Martin mit dem Fernglas die See und entdeckt dichte Eisfelder, die sich um die Insel herumziehen und weiter nach Süden treiben. Das lässt bei uns die Alarmglocken schrillen. So schön es auch ist, überwintern wollen wir hier nicht – zumindest noch nicht. Einen geplanten Winter auf der Wrangel-

Extra für uns wird die Sauna angeheizt. Anschließend laden wir die Soldaten zu uns an Bord ein. Sie revanchieren sich mit einer neuerlichen Einladung am nächsten Tag.

Mit einem speziellen Gefährt, das mittels seiner Ballonreifen den Tundraboden nicht schädigt, fahren wir ins Inland.

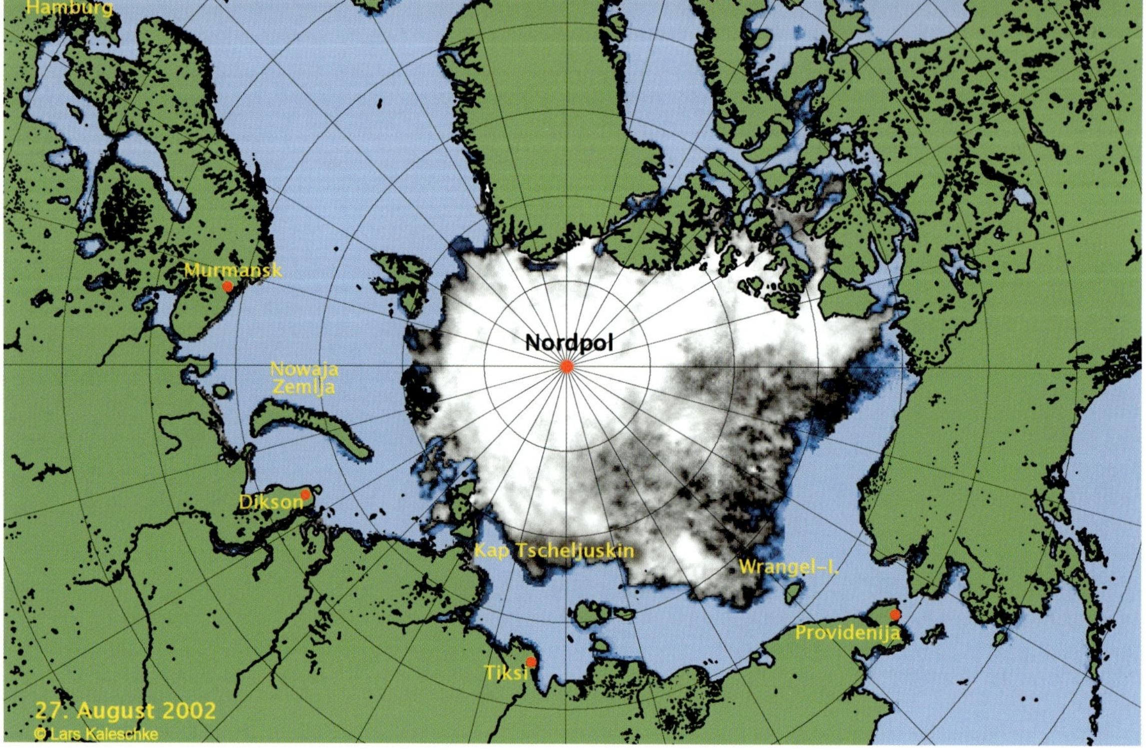

27. August 2002

Immer weiter zieht sich
das Eis zurück.
So eisfrei habe ich den
arktischen Ozean noch
nicht erlebt.

Ein verendetes Rentier
auf der Wrangel-Insel.

Insel zu verbringen, ist etwas, was ich mir durchaus reizvoll vorstellen kann. Aber so weit ist es noch nicht.

Die Eislage erfordert schnelles Handeln. Ursprünglich hatte ich mir vorgenommen, die nordöstlich gelegene Herald-Insel aufzusuchen, aber daraus wird jetzt nichts. Genau aus dieser Richtung kommt das Eis, und die Gefahr eingeschlossen zu werden, ist viel zu groß. Noch am selben Abend verabschieden wir uns von unseren freundlichen Gastgebern und gehen ankerauf. Es ist keine Stunde zu früh. Die Aussteuerung geht noch problemlos, aber bei einbrechender Dunkelheit sind wir im Eis. Die Wrangel-Insel verliert sich im Dunst und in der Dunkelheit, als hätte es sie nie gegeben. Es ist fast wie ein Traum gewesen, aber bisweilen werden Träume eben wahr.

Ich hatte mir die Wrangel-Insel ganz anders vorgestellt. Sie ist noch viel abwechslungsreicher als ich glaubte.

DER KREIS SCHLIESST SICH

*Mit der Umrundung des Nordpols haben wir eine Weltumsegelung
auf der kürzesten und zugleich schwierigsten Route durchgeführt
– die wahre Nordroute.*

Wegen der Eisfelder sind wir gezwungen, zunächst auf das sibirische Festland zuzulaufen. Wir queren damit die gesamte De Long-Straße in Nord-Süd-richtung und erreichen am 1. September das Kap Otto Schmidt. Slava gehen die Augen über. Schon von weitem können wir große Schiffe vor Anker liegen sehen, an Land zeichnet sich eine Stadt ab, qualmende Schornsteine – von alledem haben wir keinen blassen Schimmer gehabt. Slava ist fast ent-rüstet: »Zwölf Jahre habe ich auf Polarstationen in der Arktis gelebt und heute muss ich erfahren, dass Kap Otto Schmidt nicht nur aus einer Polarstation und ein paar Tschuktschenhäusern besteht, son-dern dass sich gleich eine ganze Stadt mit Flugha-fen und allem was dazugehört dahinter verbirgt!« Kein Seehandbuch, kein Hinweis von Murmansk oder der Verwaltung des Nördlichen Seeweges hat uns auf diese Ortschaft vorbereitet. Es ist, als ob wir auf eine Geisterstadt treffen – allerdings eine, die lebt. Wir haben natürlich keine Landeerlaubnis, wir hatten auch gar nicht darum ersucht, da wir nicht um die Existenz dieser Ortschaft wussten. Verblüfft laufen wir in eine Bucht und versuchen zu ankern, zumindest das dürfte erlaubt sein. Der

Anker hält nicht, nach dem vierten Versuch geben wir auf. Ein Stück weiter liegt ein großer Frachter vor Anker, die Mannschaft hat unsere vergeblichen Bemühungen beobachtet. Ihr Anker hält, wohl weil er entsprechend schwer ist. Wir laufen auf das Heck des Frachters zu, Slava spricht über Funk mit dem Kapitän und wenig später fliegt eine Wurfleine zu uns an Deck, an der wir eine lange Trosse befesti-gen. Wir geben die ganze Länge aus und liegen

sicher an dem Frachter. Der Grund, warum unser Anker nicht hält, liegt darin, dass der Meeresboden an der gesamten Küste gefroren ist. Lediglich die großen, schweren Anker durchbrechen den Frostboden, unser Anker ist mit 65 Kilogramm dafür zu leicht.

Staunend blicken wir uns um. Außer dem Frachter, an dem wir festgemacht haben, liegt noch ein zweiter vor Anker sowie ein Tanker und ein Eisbrecher. Der Ort ist mindestens so groß wie Dikson. Auf den Berghängen sieht man militärische Einrichtungen, Barackenlager, Antennen, Richtfeuer für Flugzeuge sowie allerlei technische Einrichtungen. Wie alle Orte wirkt auch dieser vernachlässigt.

Als wir am nächsten Morgen nach einer ruhigen

Der Eisbrecher KRASSIN – ein Nachfolger des ersten Eisbrechers gleichen Namens – liegt vor Kap Schmidt.

Die geheimnisvolle Stadt am Kap Schmidt. Wir können uns keinen Reim aus diesem Ort machen.

Nacht langsam entlang der Küste segeln, erhalten wir weitere Eindrücke. So entdecken wir einen Flugplatz, auf dem neben einigen Hubschraubern ein Passagierjet sowie mehrere Doppeldecker vom Typ Antonow 2 stehen. Im Hintergrund gibt es abgeteilte Bereiche mit Wachtürmen und verfallenen Wohnanlagen – irgendwie wirkt das Ganze, als wäre es früher einmal ein Gulag gewesen.

Wenig später werden wir von zwei Männern in einem offenen Motorboot angesprochen. Sie kommen zu uns an Bord und schenken uns eine große Tüte voll mit frischem Fisch, dem wohlschmeckenden Omul. Befragt nach der Ortschaft, erzählen sie Slava, dass das Militär angeblich vor drei Jahren abgezogen ist und heute nur noch 500 Einwohner dort leben würden. Aber wozu diese vielen Schiffe, der Tanker? Seit Murmansk haben wir nicht mehr so eine Schiffskonzentration gesehen. Das alles wirkt auf uns sehr mysteriös. Warum diese Geheimniskrämerei in den Seehandbüchern oder unseren offiziellen Segelanweisungen? Auf der anderen Seite hat man uns nicht verboten, den Ort dicht zu passieren. Nur anlanden dürfen wir eben nicht. Daran halten wir uns auch. Wir haben keine Lust auf weitere verfallene Städte und schon gar nicht auf Probleme mit Militärs.

Wir fahren langsam weiter. In einer weichen Hügellandschaft säumt die Küste unseren Kurs. Es gibt ausgedehnte Lagunen, die von Nehrungen gebildet werden. Flüsse münden in die Lagunen und schwemmen von dort aus den Sand in die offe-

Genau an der Stelle, an der wir unser Schiff 1994 beinahe durch die Eispressungen verloren hätten, ankern wir im September 2002 ohne ein Stück Eis in unserer Nähe zu finden. Alles Bedrohliche von damals ist verschwunden.

ne See. Es gibt Sandstrände und eine Dünenlandschaft, die Tundra schimmert in einer rötlich herbstlichen Färbung. Wir haben den 1. September, der Sommer nähert sich in diesen Breiten seinem Ende. Aber etwas fehlt hier, dessen Abwesenheit wir zwar nicht wirklich beklagen, uns aber doch nachhaltig nachdenklich stimmt: das Eis.

Die Eisfelder der Wrangel-Insel liegen weiter im Norden, zudem hat es sich dabei offenbar nur um eine Zunge gehandelt, die sich vom Norden her in die De Long-Straße schiebt. Wir haben sie umfahren, nach Norden hin ist die See wieder eisfrei. Das ist ungewöhnlich.

An Bord der DAGMAR AAEN sind heute vier Personen besonders nachdenklich und still: Brigitte, Slava, Henryk und ich selbst. Verträumt steht Henryk an der Reling und starrt auf die nahe Küste. Wir wechseln Blicke, Slava und Brigitte verfolgen die Position auf der elektronischen Seekarte. Dort zeichnet sich eine weitere Lagune ab – eigentlich nichts Besonderes. Aber für uns ist es durchaus

etwas Besonderes. Etwas, das uns anrührt, aufwühlt, stocken lässt. Ich glaubte nicht, dass mir das passieren würde, aber ich bin innerlich in Aufruhr. Ich bitte Achim, die Salutkanone zu laden. Die Freiwachen kommen an Deck und warten gespannt, fast ein wenig atemlos. Brigitte gibt die Position an Deck durch: »Wir sind jetzt auf 68° 26'N und 177° 50'W – wir sind da!« Ich gebe Achim ein Zeichen. Die Kanone donnert und stößt einen Schwall Rauch aus, danach ist wieder alles still. Genau an dieser Stelle sind wir schon mal gewesen. Das war am 20. August 1994. Keiner, der damals dabei gewesen ist, wird diesen und die darauf folgenden Tage jemals vergessen. Wir waren bei dem Versuch, die Nordostpassage von Osten her zu durchfahren, genau bis zu dieser Position gekommen. Das Eis war damals dicht gedrängt, wir hatten Erkundungsflüge durchgeführt, nur um zu dem Schluss zu kommen, dass es für uns momentan kein Durchkommen gab. Es war zu spät – in jeder Hinsicht. Nicht nur vor uns, auch hinter uns schloss sich das Eis. Wir saßen in der Falle. Zusätzlich begann

das Barometer sturzflugartig seinen Abstieg, der Himmel überzog sich mit einem milchigen Schleier – man musste wirklich kein Meteorologe sein, um das bevorstehende Unheil zu spüren. Anatoly, unser russischer Eislotse, zog besorgt die Luft ein und taxierte mit finsteren Blicken das Eis. Kurze Zeit später brach das Unheil über uns herein. Der Sturm nahm sich nicht einmal Zeit, sich langsam zu steigern, er war einfach da, als wäre es nie anders gewesen. Die schweren, viele Meter dicken Alteisschollen reagierten anfangs scheinbar widerwillig, dann aber mit immer größerer Drift. Wie auf dem Verschiebebahnhof prallten sie aufeinander, trieben mal in die eine, dann wieder in die andere Richtung. Unmöglich für uns, eine generelle Bewegungsrichtung des Eises festzustellen. Wie Zahnräder griffen die Schollen ineinander, füllten die bis dahin freien Lücken aus, warfen an ihren Rändern Eisschollen auf, brachen auseinander, schoben sich gegen- und übereinander. Ein Kräftemessen unter Eisschollen. Das junge, einjährige Eis hatte keine Chance. Zersplittert und zertrümmert wurde es zwischen dem harten Alteis aufgemahlen. Es herrschte Weltuntergangsstimmung – zumindest bei uns an Bord der DAGMAR AAEN. Wir fanden eine Bucht in einer Eisscholle, in die wir das Schiff legen konnten und ein wenig Schutz vor dem Eis fanden. Aber auch hier schob sich eine Scholle unter den Rumpf unseres Schiffes und hob es wie ein Kinderspielzeug ein Stück aus dem Wasser. Wenig später zerbrach unser Schutzhafen aus Eis und wir fanden uns in einem Mahlstrom aus Packeis wieder. Niemals zuvor und niemals danach habe ich das Eis als eine solche Bedrohung empfunden wie damals im August 1994. Es war, als ob wir mitten in ein gewaltiges Erdbeben geraten wären. Es war ein Hexenkessel aus glasharten Eisbrocken, aus darin gefangenen Baumstämmen, die irgendein sibirischer Strom vor Jahren ins Polarmeer entlassen haben mochte, aus glatten, runden, eckigen, großen und kleinen Eisgebilden, die sich alle offenbar zum Ziel gesetzt hatten, die DAGMAR AAEN und uns gründlich zu zerstören. Kein Pathos, keine Übertreibung – es war wirklich so! Das Schiff, das uns so viel bedeutet, litt fürchterlich – und wir mit ihm.

Als die Eispressungen einsetzten, kam Anatoly mit ernstem Gesicht auf mich zu und nahm mich beiseite. Er war ein erfahrener Mann, der viele Jahre als Kapitän auf Eisbrechern verbracht hatte. Er kannte das Eis und wusste sofort um die Bedrohung: »Five minutes, no more!« Dabei blickte er mir direkt in die Augen. Ich weiß nicht, woher ich die Gewissheit nahm, wohl mehr aus Trotz und um mir selbst Mut zu machen, antwortete ich ihm: »She will stand it. She has done that before!«, und ließ ihn stehen. Beide meinten wir die DAGMAR AAEN. Obwohl er immer wieder beteuert hatte, für wie stabil und robust er dieses Schiff hielt, in diesem Aufruhr gab er ihm maximal fünf Minuten. Hätte sie nicht standgehalten, wären auch wir in akuter Lebensgefahr gewesen. Fernab von der Küste in einem Chaos aus berstendem und schiftendem Eis hätte es schon einer sehr glücklichen Fügung bedurft, wenn wir alle heil an Land gekommen wären.

Doch sie hielt stand. Sie leistete Widerstand, wie selbst ich es nicht für möglich gehalten hätte. Sie wand und hob sich. Sie ächzte und stöhnte in den Verbänden, sie verlor ein Drittel ihres Ruderblattes sowie die gesamte Rudermechanik. Ihre Eishaut aus Aluminium wurde teilweise wie eine Apfelsinenschale vom Rumpf abgeschält. Eine Planke wurde eingedrückt und sprang sofort in die ursprüngliche Form zurück – ohne größeren Wassereinbruch. Sie ritt auf den Eisverwerfungen wie ein Rodeoreiter und widersetzte sich hartnäckig allen Zerstörungsversuchen – waren sie auch noch so hinterhältig angelegt. Es war einfach noch nicht ihre Zeit. Das Schiff lebte, bebte und kämpfte, während wir machtlos an Deck standen, zuschauten und bangten.

Irgendwann am nächsten Tag, nachdem der Sturm nachgelassen hatte, gelang es uns, die DAGMAR AAEN

Bilder von 1994.
Die DAGMAR AAEN in den
schweren Eispressungen
in der De Long-Straße.
Sturm und Schneetreiben
und gewaltige Eisfelder
nahmen das Schiff in die
Zange.

Der Kreis ist geschlossen. Indem wir die Position von 1994 erreichen, hat die DAGMAR AAEN als erstes Segelschiff den gesamten Nordpol umrundet – ohne Hilfe von Eisbrechern! Grund genug zum Feiern und ein Dank an die gesamte Mannschaft.

so weit unter die Küste zu bringen, dass wir fast mit dem Vordersteven auf Grund liefen. Hier konnte das schwere Eis nicht hingelangen, da es viel tiefer ging als das Schiff und – bevor es uns erreichte – bereits gestrandet war. Trotzdem dauerte es fast zwei Wochen, bevor wir uns endgültig aus dem Eis befreien konnten – mit einem schwimmenden, aber gleichermaßen angeschlagenen Schiff und Ego. Damals war es gewesen, dass ich gesagt hatte: »Nie wieder!« Die schlechte Informationspolitik, die Abzockerei der Hafenverwaltung in Providenija, die fehlende Möglichkeit, zeitgerecht am richtigen Ort und die Ohnmacht, nicht Herr seiner eigenen Entscheidungen zu sein, hatten mich ausgebrannt. Nie wieder wollte ich zurück nach Russland – bis zu jenem denkwürdigen Besuch von Slava bei mir zu Hause im Frühjahr 2001.

Jetzt sind wir an genau der gleichen Stelle, an der die DAGMAR AAEN ihren bislang härtesten Kampf gefochten hatte. Aber es scheint uns so, als wären wir in einer völlig anderen Region. Kein Eis, nicht einmal ein kleines Stückchen schwimmt auf dem Wasser!

Wir lassen den Anker fallen. Irgendjemand bringt Gläser an Deck, ich sehe den erwartungsvollen Blick aller, der auf mir ruht, und bitte Katja eine Flasche zu holen. Es gibt – was sonst an dieser Stelle – russischen Vodka. Wir stehen an Deck, prosten uns zu, umarmen uns, ich habe einem Kloß im Hals und kann immer noch nicht glauben, dass wir hier sind. Wir vier, die wir alle Etappen um den Nordpol zusammen zurückgelegt haben, schauen uns immer wieder ungläubig um. Die anderen halten sich in dieser Situation eher zurück. Sie lassen uns die Intensität des Augenblicks, obwohl sie genau wie wir den gleichen Anteil daran haben, dass wir dieses Jahr hier sind. Aber sie kennen die Erzählungen der Erlebnisse von 1994, können nachempfinden, was in uns vorgeht. Sie gönnen uns die Freude.

Die DAGMAR AAEN ist das erste Schiff überhaupt – nicht nur Segelschiff –, das den Nordpol aus eigener Kraft und ohne Eisbrecherhilfe umrundet hat. Zudem ist sie mit ihren 71 Jahren ganz sicher das älteste Schiff, das jemals diese Gewässer befahren hat. Eine alte Lady, die es allen noch einmal zeigt. Die Skeptiker und Kritiker von damals sind ohne-

An einem Treibholz-
stamm befestigen wir
eine Flasche mit einer
Nachricht über unsere
erfolgreiche Nordpol-
umrundung.

Derartige Mitteilungen
waren schon bei den
historischen Expeditio-
nen üblich.

Henryk, Slava, Arved und
Brigitte (von links) stellen sich zum Gruppen-
foto auf. Wir vier haben
alle Etappen der Nord-
polumrundung gesegelt.

hin längst verstummt. Ein Hoch den alten däni-
schen Bootsbauern in Esbjerg, die 1931 das Schiff
gebaut haben und ein Hoch auch auf Christian
Jonsson und seinen Leute, die die alte Dame seit
zwölf Jahren betreuen. Und natürlich auf das Team,
das sich jahrein jahraus um das Schiff kümmert und
es fährt.

Ulli hat eine leere Flasche vorbereitet, in der eine
Nachricht über unser Eintreffen und die Expedition
verpackt wird. Mit dem Schlauchboot fahren wir an
Land und bringen die Flasche an einem Holzpfahl
an. Die Küste ist nicht unberührt. Das war uns
damals schon aufgefallen. Die Lagunen und die
Flüsse sind sehr fischreich, und die Tschuktschen

sowie vereinzelte Russen richten sich immer wieder Sommercamps ein, um zu fischen. Sie kommen von so weit her wie etwa Kap Otto Schmidt oder von Vankarem, einer kleinen Tschuktschensiedlung weiter im Osten. Es ist ihr Einzugsgebiet, und so finden wir eine verlassene Hütte und allerlei Gerätschaften. Schon von See aus hatten wir immer wieder solche provisorischen Behausungen gesehen.

Die Landschaft sieht im Vergleich zu 1994 völlig verändert aus. Damals waren wir im August hier, also noch dichter am Sommer dran als dieses Jahr.

Trotzdem hatten wir damals Schneetreiben und Frost. Heute ist es sonnig und mild. Ich streife mit Brigitte über die Tundra, schaue den weißen Wolkenfetzen nach und nehme den Duft der Pflanzen in mich auf. Wir stolpern durch Tümpel und Moraste, entdecken verlassene Nester, in denen Gänse gebrütet haben müssen. Sie sind schon längst wieder auf dem Weg nach Süden. Die herbe Schönheit dieser Landschaft lässt mich plötzlich gewahr werden, dass wir schon wieder fast am Ende unserer Expedition stehen. Es liegt noch eine weite Strecke bis zum endgültigen Winterhafen vor uns,

Die Tundra hat bereits eine herbstliche Färbung. Die Tage werden kürzer und Nachts wird es deutlich kälter.

Die De Long-Straße bleibt eisfrei. Wir nutzen die Chance und landen an unterschiedlichen Stellen an, um uns umzusehen.

aber die gefürchtete, die herbeigesehnte und verwünschte Eisfahrt hat an dieser Stelle ihr Ende gefunden. Für dieses Jahr! Die Passage als zweites Ziel kann uns eigentlich keiner mehr nehmen.

Es sind die letzten schönen Spätsommertage in diesem Jahr. Im September beginnt in der Regel der Verfall des Wetters. Es wird ungemütlich, Stürme, Nebel, Eisregen und Schneefall setzen ein. In diesem Jahr wird es mit der Eisbildung sicher etwas länger dauern. Immer wieder schaue ich fassungslos über die offene See. Wo ist das Eis?

An diesen Ort werde ich schwerlich zurückkehren.

Das bewusste »Nie wieder?« Nein! Dahinter steckt kein Frust, kein Zorn, keine Enttäuschung, sondern einfach nur das Wissen, etwas erreicht und abgeschlossen zu haben. Nach elf Jahren! Der Ort hat seine Aufgabe erfüllt. Und noch etwas habe ich hier gewonnen: die Erkenntnis, dass es gut war mit dem »Nie wieder« zu brechen. Slava hatte den richtigen Riecher gehabt.

Man sollte eben niemals Nie sagen!

DIE TSCHUKTSCHEN

»Alle Deutschen sind Faschisten«,
Alexander, Tschuktsche aus dem Dorf Enurmino.

Längst ist die Zeit vorbei, zu der auch um Mitternacht die Sonne geschienen hat oder es zumindest noch Licht gab. Die Tage werden spürbar kürzer und kälter, die Nächte sind rabenschwarz, erhellt höchstens durch das gerade im Herbst verstärkt auftretende Polarlicht, das Aurora Borealis. Wir haben es nicht mehr eilig. Das Eis, so viel können wir mit Sicherheit sagen, liegt hinter uns. Die Herbststürme kommen so oder so, ob wir uns jetzt beeilen oder nicht, wir werden unseren Anteil daran schon abbekommen. Deshalb lassen wir uns jetzt Zeit, machen Landausflüge und ankern nachts in Buchten vor der Halbinsel Tschukotka. Es ist das Land der Tschuktschen, die fälschlicherweise immer wieder als Eskimos bezeichnet werden.

Die Tschuktschen haben ihre eigene Kultur und Sprache und stellen ein eigenständiges und zugleich sehr selbstbewusstes Volk dar. Den Stolz dieser Menschen sollte schon der Zar und später die Kommunisten zu spüren bekommen. Den Ausrottungsbefehlen des Zaren widersetzten sich die Tschuktschen genauso erfolgreich wie der Forderung nach Steuerabgaben. Als ihre Rentiere im Zuge der kommunistischen Machtübernahme verstaatlicht werden sollten, töteten sie kurzerhand ihre Herden.

Die Kommunisten hatten kein Interesse an den unterschiedlichen nationalen Kulturen. Ihnen war daran gelegen, ein einziges Sowjetvolk zu kreieren, in dem die ethnologischen Unterschiede nach und nach verwässern würden. Man betrachtete die Naturvölker lediglich als einen Wirtschaftszweig, den es zu erhalten lohnte. Man hatte Interesse an den Rentieren, die allerdings in Kolchosen zusammengefasst wurden – was der Lebensauffassung der Tschuktschen widersprach. Gnadenlos wurde Raubbau an der Natur betrieben, und falls es erforderlich war, die Urbevölkerung verdrängt. Durch gezielte Umerziehung und die geplante Zerstörung der überlieferten Lebensformen wie etwa auch die Abschaffung des tief in den Wurzeln der sibirischen Völker verankerten Schamanismus, gerieten die Menschen zunehmend in eine Identitätskrise. Lediglich jene Völkergruppen, die als Nomaden in völlig abgelegenen Regionen umherzogen, entgingen weitgehend der Einflussnahme.

Das Dorf Enurmino,
bei dem wir die
Tschuktschen treffen.

Aber auch durch die Schaffung der Gulags, die in der Regel nichts anderes als Todeslager waren und sich wie eine Kette durch den sibirischen Norden zogen, wurde der Lebensraum der Völker eingeschränkt und die Einflussnahme der Kommunisten wuchs. Als 1929 im ganzen Land die Kollektivierungen durchgeführt wurden, stand dahinter neben wirtschaftlichen Aspekten auch die Überlegung, gesellschaftliche Strukturen der Urbevölkerung zu zerschlagen. Siedlungen mit festen Häusern wurden aus dem Boden gestampft, was aber bei den ansonsten in Zelten umherziehenden Nomaden eher dazu führte, dass sich eine Art polare Slums entwickelten. Der Vodka tat das seinige – im Suff suchte die Bevölkerung Vergessen und fand stattdessen den sozialen und gesundheitlichen Absturz.

Die Ansteuerung der Buchten mitten in der Nacht ist immer eine spannende Angelegenheit. Sehen kann man nichts, lediglich das Radarbild zeichnet eine klare Küstenlinie ab. Viele der Buchten sind nicht vollständig vermessen, Seekarten und Tiefenangaben sind daher mit Vorsicht zu genießen. Während wir uns vorsichtig der Küste nähern, steht ständig jemand am Echolot und ruft die Tiefen aus. Bei 8 Metern rufe ich »Fallen Anker«, stoppe das Schiff auf und gebe ganz langsam zurück, bis der Anker sich in den Boden gegraben hat. Wegen der Vereisung des Meeresbodens klappt das nicht immer, aber in diesem Fall haben wir Glück. Der Steven der DAGMAR AAEN nickt wie zur Bestätigung, dass der Anker hält, ich kuppele aus und das Schiff beginnt um den Anker zu schwojen. Markus stellt die Maschine aus, wir machen die Decksbeleuchtung an und trinken an Deck ein Glas Wein. Ein ganz normales Manöver mit einem lockeren und geselligen Tagesabschluss – allerdings an einem weltentlegenen Zipfel.

Es ist absolut still, hier und dort flackert ein Nordlicht, ansonsten ist es dunkel. Wie ein Vorhang verbirgt die Nacht die Küste vor unseren Blicken. Wir sind gespannt, was wir dort bei Tagesanbruch vorfinden werden. Während alle anderen in die Kojen verschwinden, zieht die Ankerwache auf. Viel zu tun gibt es nicht. Solange es so windstill bleibt, wird alle halbe Stunde die Position verglichen, Wetterbeobachtungen ins Logbuch eingetragen, hin und wieder die Öfen kontrolliert und ansonsten gelesen. Das sind die angenehmen Ankerwachen, es gibt auch andere, in denen man permanent driftende Eisschollen mit Bootshaken abwehren muss oder die Position beobachtet, weil der Anker zu slippen droht. Heute Nacht ist es ruhig.

Als die aufgehende Sonne langsam die Landschaft in ein diffuses, weiches Licht hüllt, tauchen langsam und schemenhaft die Umrisse des Festlandes auf. Überrascht blicken wir auf eine Hütte, vor der allerlei Gerätschaften liegen. Einige Hunde dösen in der Morgensonne und zwei Personen laufen geschäftig zwischen ihren Utensilien herum. Es gibt eine kleine Steilküste mit Sandstrand, dahinter erstreckt sich die Tundra mit Hügeln und weiter im Hinterland

Der Tschuktsche Alexander hat mit seinem Enkel ein Sommercamp bezogen, um ihn das Fischen zu lehren. Die anfängliche Skepsis über unseren Besuch kann Slava zerstreuen. Während der alte Tschuktsche uns Fisch schenkt, revanchieren wir uns mit Konserven, Tee und Kaffee.

sind Berge zu erkennen. Es verspricht ein schöner Tag zu werden, spontan entschließen wir uns anzulanden.

Nach dem Frühstück, das wir alle gemeinsam einnehmen, machen wir das Schlauchboot fertig und fahren an Land. Dabei teilen wir uns in zwei Gruppen, eine, die jeweils an Land ist und die andere, die auf das Boot aufpasst. Wir lassen das Schiff niemals unbeaufsichtigt. Kleinere Gruppen wirken zudem nicht so überfallmäßig.

Zusammen mit Slava, Brigitte, Torsten und Katja bin ich bei der Vorhut dabei. Wir halten uns etwas im Hintergrund, als Slava auf einen älteren Tschuktschen zugeht und ihn freundlich anspricht. Der Alte sitzt vor seiner Hütte auf einem alten Kanister, eine Zigarette in der Hand und schaut uns neugierig an. Neben ihm kniet ein Junge und staunt uns mit großen, schwarzen Augen an. Slava hockt sich trotz schmerzender Rippen daneben, um gleiche Augenhöhe bemüht, und plaudert mit dem Alten. Er lacht, blickt auf uns, dann wieder auf den Tschuktschen und redet eifrig auf ihn ein. Während

Alexander bereitet das
Netz für den nächsten
Fischzug vor. Geduldig
weist er seinen Enkel in
die Technik ein.

der Alte offenbar Slava gegenüber keine Vorbehalte hat, weicht er unseren Blicken eher aus. Erst nachdem Slava eine Weile auf ihn eingeredet hat, wird der Tschuktsche spürbar lockerer. Slava steht auf, kommt lächelnd auf uns zu und sagt: »Alexander meint, alle Deutschen seien Faschisten!« Dass er überhaupt etwas mit Deutschen anfangen kann, wundert mich bereits, aber diese Aussage haut uns um.

»Wie kommt er denn darauf?« Perplex blicke ich zu dem alten Mann hinüber. Slava klärt uns auf.

»Alexander wohnt in einem Dorf, das Enurmino heißt und hinter der Landzunge in der nächsten Bucht liegt. Dort ist er geboren und aufgewachsen. Der Junge ist sein Enkel, dem er die traditionelle Form des Fischens beibringt. Sie leben hier für einige Wochen während des Sommers, schon bald werden sie wieder zurück in die Siedlung gehen.«

»Aber wieso Faschisten?«, frage ich Slava immer noch völlig konsterniert.

»Du musst wissen, dass während der Sowjetzeit in jedem Dorf, und sei es noch so klein, Parteifunktionäre gesessen haben, die eifrig Propaganda betrieben haben. Bücher wurden in öffentlichen Büchereien kostenlos zur Verfügung gestellt, wobei natürlich peinlich genau darauf geachtet wurde, dass es sich entweder um harmlose und politisch unkritische Werke handelte, oder aber um solche, die genau der Parteilinie folgten. Die Zeit des kalten Krieges hat auch vor dieser entlegenen Küste nicht Halt gemacht.«

Der »Große Vaterländische Krieg«, wie in Russland der Zweite Weltkrieg genannt wird, ist von der Propaganda auch bis an die fernen Küsten Tschukotkas transportiert worden, wobei die geschichtliche Aufarbeitung der stalinistischen Gewaltherrschaft, der Gulags und Massenvertreibungen oder gar des Hitler-Stalin-Paktes keinerlei Erwähnung fanden. Obwohl wir die ersten Deutschen sind, die Alexander zu Gesicht bekommt, steht sein Urteil fest. Erst nachdem Slava ausführlich mit ihm geredet hat, schaut er uns fast verwundert und ein wenig nachdenklich an. Irgendwie scheint sein Weltbild durcheinander geraten zu ein.

Wir wollen wissen, wie es ihm geht, seit es die Sowjetunion nicht mehr gibt. »Früher war es besser«, sagt er, schränkt aber schnell ein, »zumindest was die Versorgungslage angeht. Heute müssen wir uns wieder um alles selbst kümmern.« Ob sie Not

Aufmerksam hört der Junge den Erläuterungen seines Großvaters zu.

leiden? Er lacht. »Nein, es ist fast wieder so wie früher. Wir leben von der Jagd und von unseren Rentieren.«

Bei den Tschuktschen unterscheidet man zwischen den See-Tschuktschen, die wie die Eskimos von der Jagd auf Wale, Robben und Walrosse leben, und den Rentier-Tschuktschen. Letztere ziehen als Nomaden durch die Tundra, um sich um ihre Herden zu kümmern. Alexander ist ein See-Tschuktsche, hat aber gleichzeitig eine Herde von 200 Rentieren, die sich in der Tundra befinden. »Früher, zu Sowjetzeiten, durften wir höchstens jeder 20 Tiere besitzen, heute bin ich reich!«, erzählt er nicht ohne Stolz.

Das Leben der Menschen hat sich grundlegend geändert. Plötzlich sind wieder die alten Fähigkeiten gefordert. Die Versorgung mit Nahrungsmitteln wurde in den neunziger Jahren weitgehend eingestellt. Bis zu 90 Prozent ihrer Lebensmittel mussten sie sich selbst beschaffen, das heißt durch die Jagd oder durch die Rentiere, durchs Sammeln von Beeren und Pilzen, so wie man es früher auch gemacht hat. Und natürlich über das Fischen. Aus diesem Grund hat Alexander mit seinem Enkel das Sommercamp bezogen. Er möchte ihm beibringen, wie man früher gefischt hat. »Die jungen Leute können das heute nicht mehr. Solange wir Alten noch da sind, müssen wir unser Wissen an die junge Generation weitergeben.« – So gesehen ist der Zeitpunkt noch günstig. Die alten Jagdmethoden, das Wissen um das Überleben in dieser polaren

Landschaft ist glücklicherweise noch nicht verloren gegangen. Es mag in der Erinnerung vergraben gewesen sein, aber eben nicht verschüttet. Die Zeichen der Zeit erkennend, besinnt man sich auf die alten Lebensformen, die Traditionen und damit auch der eigenen Identität. Letztere fand zur kommunistischen Zeit häufig genug ihr trauriges Ende im Vodka. Alkoholismus hat von jeher bei den polaren Völkern eine große Zahl an Opfern gefordert. Gewalt in den Familien, Selbstmorde und durch Alkohol bedingte Unfälle waren die leidigen Folgeerscheinungen. Heute sind einige der Dörfer weitgehend trocken.

Während Alexander aufsteht und mit seinem Enkel zum Strand geht, um die Netze auszuwerfen, wandern wir entlang der Landzunge. An deren Ende steht eine – wie soll es anders sein – verlassene Polarstation. Die Gebäude sind, nachdem die

Besatzung abgezogen war, von einer Tschuktschenfamilie bezogen worden. Sie haben keinen Strom und keine Zentralheizung, sondern Kerzen, Petroleumlampen und die typischen Tranfunzeln. Geheizt wird mit Treibholz. Trotzdem haben wir nicht den Eindruck, als ob die Menschen etwas vermissen würden. In nahe gelegenen Erdhöhlen werden Vorräte gelagert. Die Männer sind überwiegend draußen auf dem Meer auf der Suche nach Walrossen, die die wesentliche Fleischquelle darstellen.

Während wir am Strand entlangschlendern, kommt Alexander auf Slava zu und schenkt ihm getrockneten und gesalzenen Fisch. Nicht einen – es ist gleich ein ganzer Sack voll. Alexander scheint seine ursprünglichen Vorbehalte aufgegeben zu haben. Slavas Erklärungen haben ihn offenbar nachdenklich gemacht. Und irgendwie scheinen wir auch nicht in das Bild zu passen, das man ihm jahrzehntelang eingetrichtert hat. Ich lasse über Slava nachfragen, ob es im Tausch gegen die Fische etwas gibt, was er haben möchte. Ja, da gibt es durchaus etwas: Konserven könnten sie gebrauchen, Tee und Kaffee. Kein Wort von Vodka, wie ich im Stillen befürchtet hatte. An Bord stellen wir ihm ein umfangreiches Proviantpaket zusammen: Speck, Mettwurst, Dosenwurst, den gewünschten Tee und Kaffee sowie zum Probieren ein wenig gefriergetrocknete Trekkingmahlzeiten. Mit leuchtenden Augen nimmt er das Paket in Empfang. Wir haben offenbar vor ihm bestanden.

Von einer Anhöhe aus sehen wir das Dorf Enurmino auf einer Landzunge liegen, die sich zwischen eine Lagune und das offene Meer geschoben hat. Im Winter wird das Packeis bis unmittelbar vor den Hütten liegen. Eisige Schneestürme fegen dann über die Tschuktschensee, und das Land wird im Schnee versinken. In dem diffusen Dämmerlicht der Polarnacht werden weitere Reisen nicht möglich sein. Man wird dann auf seine Vorräte angewiesen sein und das erklärt, warum das ganze Dorf auf den Beinen ist, um Vorräte für den Winter anzulegen.

Während wir langsam die Küste entlangsegeln, werden wir von Tschuktschen aus dem Dorf mit offenen und mit Außenbordern versehenen Booten eingeholt. Es sind wilde Gestalten, die mit ihren Gewehren, Harpunen und den Messern im Gürtel martialisch aussehen und in jede Hollywood-Produktion über Piraten hineinpassen würden. Aber für sie ist es völlig normal. Und so wild sie rein äußerlich auch wirken mögen, so sanft und höflich sind sie. Sie machen keinen Hehl daraus, dass sie gern an Bord kommen würden. Also lade ich sie ein! Flink werden die Boote auf jeder Seite der DAGMAR AAEN festgemacht, und eh wir uns versehen, haben etwa 15 Tschuktschen, jung und alt, das Schiff geentert. Staunend – wann hat man schon einmal ein Segelschiff gesehen – gehen sie über Deck und begutachten jedes Detail. Wir beobachten sie dabei, während gleichzeitig Tee- und Kaffeewasser aufgesetzt wird. Gespannt verfolge ich,

Walrossjäger kommen mit ihren Booten längsseits und werfen uns ihre Leinen zu. So martialisch wie sie aussehen mögen, so höflich und freundlich geben sie sich uns gegenüber. An Deck der DAGMAR AAEN gibt es Kaffee, Tee, Kekse und Zigarillos. Keiner von ihnen fragt nach Vodka – wir hätten ihnen auch keinen gegeben.

was sie am meisten interessiert. Es sind nicht die elektronischen Geräte, die im Kartenraum das Schott zieren. Es sind die scheinbar profanen Dinge wie etwa ein leuchtend roter Fender, Tauwerk oder aber das Fernglas. Ja, das Fernglas. Hätten wir es entbehren können, ich würde es ihnen auf der Stelle schenken oder besser noch, gegen einen Fisch eintauschen. Aber wir brauchen es selbst. Das Fernglas hat es ihnen angetan – und natürlich der hohe Mast der DAGMAR AAEN mit seiner Eistonne. Sie fragen um Erlaubnis, ob sie hinaufklettern dürfen, ich habe nichts dagegen. Überhaupt tun sie nichts, ohne vorher um Erlaubnis zu fragen. Mit dem Fernglas bewaffnet, klettern sofort zwei Mann nach oben und halten nach Walrossen Ausschau. Der im Fernglas eingebaute Kompass entlockt ihnen immer wieder andächtiges Kopfschütteln. Nach dem Gebrauch stecken sie vorsichtig die Schutzkappen über das Glas und hängen es in den Navigationsraum. Sie sind höflich, zurückhaltend und interessiert.

Die Jagd geht weiter. Vielleicht haben wir Glück gehabt, eine solche intakte Jagdgemeinschaft gefunden zu haben.

Anderen Berichten zufolge, soll es in einigen Siedlungen enorme Alkoholprobleme geben.

Inzwischen stapeln sich an Deck Dosen mit Keksen sowie Tee- und Kaffeemuggen. Dazu gibt es aus dem Schiffsstore Zigarillos, die wahre Begeisterungsstürme hervorrufen. Fast alle sind sie starke Raucher. Und dann erzählen sie von der Jagd. Ihnen sei es gestattet, Walrosse und Wale zu jagen, da sie damit ihren Grundbedarf an Nahrungsmitteln bestreiten. Ob sie etwas von der IWC gehört hätten, die in Japan die Fangquoten für Wale festgelegt haben? Nein, haben sie nicht.

Japan versucht seit Jahren, den kommerziellen Walfang mit allen Tricks und Schlichen wieder durchzuboxen, unter anderem damit, dass Nationen, die nicht einmal eine Küstenlinie haben, eingekauft werden, um zu stimmberechtigten Mitgliedern der IWC zu werden. Ein Beispiel ist die Mongolei, für die Japan den Einstandspreis in Höhe von 30.000,- US $ entrichtet und weitere finanzielle Anreize in Form von Entwicklungshilfeprojekten gesetzt hat, damit die Mongolei für den Walfang stimmen möge. Und das ist nur ein Beispiel. Auf der letzten Konferenz waren 20 Staaten pro Walfang und 24 dagegen. Aber der Abstand wird immer geringer. Und in Bezug auf den Küstenwalfang ist die Abstimmung mit 20 zu 21 noch knapper ausgefallen. Japan wollte 50 Wale in Küstennähe fangen, was durch die knappe Mehrheit abgelehnt worden ist. Aus Verärgerung darüber bestand Japan darauf, dass sich dieses Verbot dann auf alle Regionen und Völker beziehen müsse – also auch auf die Tschuktschen und Eskimos. Man muss sich diesen Zynismus einmal genau vergegenwärtigen: Da fängt eine reiche Industrienation wie Japan Jahr für Jahr allein in antarktischen Gewässern 440 Minkwale – wobei man sich nicht zu sicher sein darf, dass es sich wirklich nur um Minkwale handelt. Im Nordpazifik fing Japan in der Saison 2002 150 Minkwale, 50 Brydewale, 50 Seiwale und 10 Pott-wale. Das alles – versteht sich – im Dienste der Wissenschaft. Japan ist die einzige Nation, die die Tiere totschießt, um sie zu untersuchen. Wenn man weiß, dass ein Kilogramm Walfleisch in Japan etwa 300,-US $ kostet, lässt sich schnell erahnen, was die wahren Beweggründe des Walfangs sind – Kommerz!

Der Zynismus besteht darin, dass Japan maßgeblich am Niedergang der Walpopulation beteiligt war und ist – und nicht etwa die Tschuktschen oder die Eskimos, zu deren Tradition es seit Tausenden von Jahren gehört, Jagd auf Meeressäuger zu betreiben. Aber genau die werden bestraft, da sie offiziell ebenfalls unter das Küstenwalfangverbot fallen. Allerdings kümmern sie sich Gott sei Dank nicht darum. Bestraft werden sie ohnehin, denn durch den Verzehr des mittlerweile hoch mit Umweltgiften belasteten Walfleisches nehmen sie die Gifte in ihrem Organismus auf. Walfleisch ist Sondermüll, doch die Naturvölker sind auf das Fleisch angewiesen und wissen natürlich auch nicht um die Gefahren. Was sollten sie auch tun?

Auch die Walrossjagd ist reglementiert. Die Tschuktschen bei uns an Bord dürfen das Walross nur auf See jagen. Fünfzehn Meilen entfernt gibt es eine große Walrosskolonie, von der nicht nur wir wissen, sondern die Tschuktschen natürlich auch. Aber dort darf nicht gejagt werden, obwohl es doch so viel einfacher wäre. Es gibt dort sogar einen Wildhüter, der aus dem Dorf stammt und darüber wacht, dass die Tiere nicht gestört werden. Auch

11. August 2002 . Nordenskold Inseln . Jetzt haben wir Eis. Die Drift schließt uns ein, 23⁰⁰ Uhr.   R. unRu

Stolz hält der Jäger zwei Walrosszähne hoch. Wertvoll sind für ihn aber nicht die Zähne, sondern das Fleisch der Tiere.

wir dürfen dort nicht anlanden, nicht einmal zum Fotografieren, darauf werden wir mehrmals nachdrücklich hingewiesen.

Die Spielregeln sind klar und offenbar schon vor langer Zeit von den Sowjets aufgestellt. Die Tschuktschen halten sich daran. In ihren Booten liegen blutige Stoßzähne von Walrossen. Einer präsentiert sich stolz vor unserer Kamera damit, aber einen großen Wert haben die Stoßzähne für die Jäger nicht. Sie werden von der Regionalregierung Tschukotkas eingesammelt, sie selbst erhalten nur ein geringes Entgelt dafür. Aber das Fleisch ist für sie wertvoll und so steht, während die anderen Tee oder Kaffee trinken, ständig einer von ihnen in der Masttonne, um Ausschau nach Beute zu halten.

Unter unseren Gästen sind fast alle Altersschichten vertreten. Die Alten, die die gleiche Jagdbegeisterung an den Tag legen wie die Jüngeren, bis hin zu Kindern, die auf diese Art und Weise sehr früh an die Jagd herangeführt werden. Kein Einziger fragt uns nach Vodka – mir fällt ein Stein vom Herzen. Wir hätten ihnen auch nichts gegeben, aber der Umstand, dass sie gar nicht danach fragen, sondern im Gegenteil einen unglaublich fitten und stolzen Eindruck hinterlassen, macht uns froh.

Das Leben und die Zeit, die der Tschuktsche Juri Rytchëu in seinen Büchern so eindringlich beschrieben hat, lässt sich in den Menschen von Enurmino wiederfinden. Sie haben sich und ihre Identität trotz aller politischen und sozialen Verwirrspiele nicht verloren. Es gibt Anknüpfpunkte,

die sie ergriffen haben und darauf ihr neues Leben aufbauen. Die Vorstellung, dass die Naturvölker, sobald sie allein gelassen sind, zurück zu den Ursprüngen gehen und in Harmonie mit sich und der Natur leben – als die »edlen Wilden« –, entspringt wohl mehr der verklärten Vorstellung eines Menschen, der nicht nur geografisch, sondern auch intellektuell weit entfernt von diesen Menschen lebt. Mein Eindruck ist, dass sie mit beiden Beinen im Leben stehen und mit Nachdruck ihre Souveränität über diese harsche Natur vertreten. Das tun sie mit zeitgemäßen Mitteln – wie etwa modernen Yamaha-Außenbordmotoren, die ihnen der Gouverneur Tschukotkas zur Verfügung gestellt hat, aber auch mit einer Harpune, die sich seit unzähligen Generationen nicht verändert haben dürfte. Und sie wissen aus Erfahrung um die Bedeutung ihrer Kultur und ihrer sozialen Strukturen für sie selbst. Darin liegt die Hoffnung und die Zukunft dieser Menschen verborgen. Es gibt eben auch immer wieder schöne Dinge zu vermelden!

PROVIDENIJA

Wir sind durch!

Die wenigen Schönwettertage sind vorbei, das stürmische Wetter hat uns wieder eingeholt. Von Bord aus beobachten wir das Kap Szerdse Kamen, an dem Amundsen zum dritten Mal überwintern musste. Er hatte zwar in der Zwischenzeit die Nordostpassage in gesamter Länge als Zweiter nach Nordenskiöld befahren, aber darum ging es ihm bei der Expedition gar nicht. Amundsen wollte die Polardrift mit der MAUD nachvollziehen. So segelte er im Juli 1920 zunächst nach Nome in Alaska, um Reparaturen am Schiff durchzuführen sowie die Vorräte zu ergänzen. Helmar Hansen, Sundbeck und Ronne verließen dort die Expedition und traten die Heimreise an, womit nur noch vier Mann an Bord der MAUD verblieben. Ein Schiff wie die MAUD mit vier Mann zu segeln, ist schon eine Aufgabe für sich, zusätzlich aber auch noch eine Drift anzugehen, die vier oder fünf Jahre dauern konnte, schien vermessen zu sein. Vielleicht war es eine glückliche Fügung, dass das Schiff bereits nach rund siebzig Meilen bei dem Kap erneut einfror. Am 1. Juli 1921 konnte sich die MAUD aus dem Eis befreien, musste aber erneut umkehren, da das Eis den Propeller beschädigt hatte. Dieses Mal segelte

Amundsen ganz nach Seattle und reiste von dort aus nach Norwegen. Im Frühjahr des nächsten Jahres kehrte er zurück und hatte erstmals ein Flugzeug »im Gepäck«, mit dem er den arktischen Ozean zu überqueren hoffte. Das Kommando über die MAUD übertrug er seinem Vertrauten Wisting, der mit einer neuen Crew abermals versuchte eine nördliche Strömung zu erwischen. Sie kamen bis zu den Neusibirischen Inseln und wurden dann wieder an die Küste gespült. Auch dieser Versuch war misslungen. Was anderen Schiffen wie der JEANETTE oder der KARLUK unfreiwillig widerfahren war, gelang den Norwegern freiwillig nicht. Die MAUD kehrte endgültig nach Nome zurück. Es war der 22. August 1925 – mittlerweile sieben Jahre nachdem sie Norwegen verlassen hatten. Die Expedition war ein Fehlschlag.

In der Nacht zum 6. September überqueren wir den Polarkreis. Am 13. Juni hatte die DAGMAR AAEN an der norwegischen Küste mit Nordkurs den Polarkreis passiert. Jetzt steuern wir Südkurs. Wir laufen in die Beringstraße ein und um 8:45 Uhr liegt Kap Deshnew auf Steuerbord querab.

7. September 2002 Nach Westen. An der Insel Yttygral vorbei, suchen
10.00 Uhr wir eine alte Kultstätte. Auch eine Walroß-
Kolonie soll in dieser Gegend sein. Wir suchen.

Wir sind durch!

Wir haben die Nordostpassage in nur einer Saison und ohne größere Schwierigkeiten durchfahren. Damit ist nach der Umrundung des Nordpols das zweite Ziel unserer Expedition erreicht. Die VAGABOND ist einige Tage vor uns durch die Straße gesegelt, aber das ist uns egal. Keiner an Bord hat auch nur eine Sekunde daran gedacht, den Besuch auf Wrangel oder Enurmino zugunsten einer vermeintlichen Rekordfahrt einzutauschen. Nikolai Littau, ein russischer Segler, der die Nordostpassage nur mittels Eisbrecherunterstützung und zusätzlicher Überwinterung gemeistert hatte, müht sich derweil in der gegenüberliegenden Nordwestpassage ab. Auch hier kommt er nur unter Eisbrechergeleit durch. Seine Äußerungen, die Slava auf seiner Website verfolgt, klingen nicht sehr kollegial. Sein Plan, als Erster um den Nordpol zu segeln, ist geplatzt, das scheint ihn sehr verdrießlich zu stimmen.

Als ob es keine wichtigeren Themen in Bezug auf die Nordostpassage gäbe. Ich bin selbst ehrgeizig, was meine Expeditionsziele angeht, und ich bin

Die Nordostpassage liegt hinter uns. Wir segeln entlang der Tschukotka-Halbinsel in der Beringsee. Unser nächstes Ziel ist die prähistorische Eskimosiedlung Yttygran.

auch von sportlichen Ambitionen getrieben. Aber hier geht es um wichtigere Themen und Inhalte als um eine profane Rekordjagd: Die Klimaveränderung lässt uns keine Ruhe. Die stillgelegten Polarstationen beunruhigen uns. Das brachliegende wirtschaftliche Potenzial des Nördlichen Seeweges, das am wenigsten von den Menschen verstanden wird, die dort leben, bewegt uns. Man könnte argumentieren, dass dieser Dornröschenschlaf gut ist für die Natur. Aber die Umweltaltlasten können nur dann saniert werden, wenn die Region etwas erwirtschaftet. Es ist unrealistisch zu glauben, dass die Kommunen und Regionalregierungen etwas für die Umwelt tun, solange ihnen das Wasser wirtschaftlich bis zum Hals steht. Und für Moskau ist das alles weit weg. Es gibt dort dringlichere Probleme, zugegeben.

Obwohl wir offiziell nicht die Genehmigung dafür haben, es uns andererseits aber auch nicht explizit verboten wurde, machen wir einen Abstecher zu der Insel Aramkatschetschen. Dort gibt es eine weitere Insel namens Yttygran, die die Überreste einer alten eskimoischen Kultur beherbergt. Es ist ein Ort der Stille, genau das, was wir suchen, um Abschied von der polaren Landschaft zu nehmen. Wir haben Glück. Das Wetter bessert sich im Laufe des Tages, und als wir vor der Insel beidrehen und die erste Gruppe an Land fährt, bricht die Sonne hervor und taucht die Berge und Gräser in leuchtende Herbstfarben.

Yttygran wurde vermutlich im 13. oder 14. Jahrhundert erbaut. Bis heute ist unklar, wer die Erbauer waren. Offenbar ist diese Kultur einfach untergegangen. Walrippen, die senkrecht aufgestellt wie ein Torbogen wirken, formten jahrhundertelang die so genannte Walfischallee. Angeblich sollten die Walrippen an diejenigen erinnern, die auf der Waljagd den Tod gefunden haben. Ein früher Eisaufbruch, verbunden mit großen Mengen Eis, die an Land geschoben wurden, hat vor kurzem zahlreiche Rippen zum Einsturz gebracht. Über Jahrhunderte haben sie allen klimatischen Unbillen standgehalten – ein Zufall, dass das Eis plötzlich so konzentriert und geballt aufs Land geschoben wurde? Oder ist dieser frühe Eisaufbruch mit begleitenden Stürmen auf klimatische Veränderungen zurückzuführen?

Es gibt nicht nur Walrippen zu bestaunen. Die

Uralte Walwirbel und Vorratskammern aus Stein in der alten Siedlung Yttygran.

gewaltigen, durch die Jahrhunderte hindurch porös gewordenen Wirbel der Wale sind in einer bestimmten Formation angeordnet. Erdhöhlen, mit Knochen zugedeckt, in denen angeblich noch mumifiziertes Walfleisch lagern soll, finden wir allerorts. 120 Stück soll es laut einer Studie des Smithonian Instituts davon geben. Anfang der siebziger Jahre waren Anthropologen des Instituts an Ausgrabungen beziehungsweise Untersuchungen beteiligt. Damals standen fast alle Rippen noch aufrecht.

Fundamente von Häusern, ein Versammlungsplatz, mit Kieseln kunstvoll gepflasterte Steingärten: Überall gibt es etwas zu entdecken. Irgendwann ist die alte Kultur spurlos verschwunden. Dennoch wird der Ort regelmäßig von den Eskimos aufgesucht. Am Strand liegen frische Walrossknochen, offenbar Überreste einer Jagd. Auf der Insel Aram-katschetschen gibt es eine große Walrosskolonie, somit ist der Tisch reich gedeckt. Es gibt frische Lagerplätze, auch ein wenig Müll liegt herum, ansonsten ist der Ort verlassen und bis auf die historischen Hinterlassenschaften unberührt.

Für uns ist es ein Hort der inneren Zwiesprache. Jeder geht seiner Wege, bestaunt die alten Bauten und hängt seinen Erinnerungen nach. Es ist wie eine Art Abschiednehmen von der Passage – auch wenn Yttygran streng genommen nicht mehr dazuzählt. Geografisch gesehen ist die Passage mit der Beringstraße beendet, aber nach russischen Vorgaben endet sie in Providenija. Dort müssen wir hin, um auszuklarieren. Es ist das letzte Glied in der Kette. Und auch wenn meine Erinnerungen an den Ort getrübt sind, umso gespannter bin ich, was uns dort erwartet.

Es ist Sonntag früh morgens, als wir in den Fjord einlaufen und schließlich hinter einer Biegung die Häuser auftauchen sehen. Auf den ersten Blick hat sich nichts verändert. Das Wetter ist wie zur Belohnung für eine weite Reise schön und sonnig geworden. Anders als bei unserem ersten Eintreffen 1994 erwarten uns keine Lotsen, keine Behördenfahrzeuge, auch kein übereifriger Hafenkapitän. Wir gelangen völlig unbemerkt in den Hafen, selbst Slavas Bemühungen, über Funk eine Verbindung herzustellen, bleiben unbeantwortet. An der gleichen verfallenen Pier, an der wir damals festgemacht haben, legen wir uns auch dieses Mal hin.

Die so genannte »Wal-
fischallee« auf Yttygran.
Zahlreiche Walrippen
sind in den letzten Jahren
umgefallen.

Der Hafen von Providenija. 1994 hatte ich nicht geglaubt, jemals mit einem Schiff wieder hierher zurückzukehren.

Jetzt sind wir da und haben den Nördlichen Seeweg von Murmansk bis Providenija befahren.

Vor uns der einzige funktionierende Hafenschlepper, auch er scheint seit 1994 unverrückt an seinem Platz zu liegen.

Es ist noch sehr früh am Tag, die Ortschaft schläft den Sonntagsschlaf. Ich gehe an Land und laufe durch den Hafen. Es ist wieder einmal wie eine Zeitreise, mir kommt es vor, als wäre ich erst gestern hier gewesen. Das an der Pier abgesoffene Holzschiff, die löchrige und baufällige Kaimauer, der Schrott – alles war irgendwie schon einmal da. Aber bei genauem Hinsehen hat sich doch vieles verändert. Zuerst bin ich mir nicht ganz klar, was es ist, bis ich stutzig vor einem Container stehen bleibe, der bis zum Rand voll mit alten Batterien ist. Mit einem Male begreife ich: Man versucht Ordnung zu schaffen! Der Schrott ist sortiert, hier abholbereiter Metallschrott, dort die entsorgten Batterien sozusagen als Sondermüll, an anderer Stelle lagert Bauschutt. Irgendjemand muss den Kampf mit den jahrzehntelangen Hinterlassenschaften aufgenommen haben. Dieser Eindruck verstärkt sich bei einem Stadtbummel. Auch hier scheint sich zwar

Man versucht, Ordnung in das Chaos zu bringen und dringend notwendige Reparaturen vor Wintereinbruch abzuschließen.

Überall wird gearbeitet
und repariert, sogar die
tristen Häuser bekom-
men einen neuen, farbi-
gen Anstrich.

Der Großteil der Bevöl-
kerung ist abgewandert.
Diejenigen, die geblieben
sind, hoffen auf eine
wirtschaftliche Belebung
der Region. Es ist ihnen
zu wünschen. Mich haben
die Menschen nachhaltig
beeindruckt.

Für die Kinder sind
wir eine willkommene
Abwechslung.

auf den ersten Blick nicht viel verändert zu haben, aber bei genauem Hinsehen bemerkt man plötzlich ganz gravierende Unterschiede. So sind zum Beispiel die Straßen aufgegraben worden, um die Leitung für die Fernheizung aus dem Heizkraftwerk zu erneuern. Dass die alten jenseits aller Funktionalität sind, beweist ein Blick in die Baugrube. Die Rohrleitungen sehen aus wie Schweizer Käse. Neue Rohre liegen stapelweise am Wegrand. Oder das Dieselkraftwerk, aus dessen Auspuffrohren ähnlich wie in Tiksi oder Dikson das wummernde Dröhnen der Motoren zu hören ist: Die Fassade ist eingerüstet und wird offenbar von einer Baukolonne neu isoliert und verputzt. Der Eindruck, dass man in dieser Stadt nach Kräften bemüht ist, wiederaufzubauen und zu reparieren, ist unverkennbar.

Das war 1994 anders. Damals sprach jeder nur davon, möglichst schnell von hier fortzuziehen. Inzwischen gibt es ein kleines Bistro, wo es keine alkoholischen Getränke gibt, dafür Capuccino und eine kleine Auswahl an recht wohlschmeckenden Speisen. Auf einem Regal steht ein Fernseher, in dem ein Video über Alaska läuft. Offenbar ein Werbefilm, um den Tourismus zu fördern. In großartigen Aufnahmen sind darin Weißkopfadler, Grizzlys beim Lachsfang oder Wale zu sehen. Das alles natürlich in amerikanischer Sprache. Der Film scheint hier ein Dauerrenner zu sein. Ich blicke aus dem Fenster und schaue auf die zwar karge, aber dennoch grandiose Natur vor den Toren der Stadt. Da sitzt man inmitten einer der faszinierendsten Naturlandschaften und schaut sich einen Film über eine nicht minder interessante Landschaft, eben Alaska, an. Aber das Gute, das so nah liegt, scheint hier nicht Gegenstand des Interesses zu sein.

Es gibt auch ein Museum in Providenija. Betrieben wird es von Igor. Igor spricht fließend Englisch mit amerikanischem Akzent und gibt uns bereitwillig auf jede Frage Auskunft. Die Provinz Tschukotka hat etwa 70 000 Einwohner, von denen etwa 2000 in Providenija leben. Rund 1000 Menschen sind aus der Stadt abgewandert. Daneben ist offenbar das gesamte Militär abgezogen. Er zeigt aus dem Fenster und weist auf die andere Fjordseite. Dort steht eine ganze Stadt leer. Außer der Boarder Guard sind alle weg. Die Häuser sind mittlerweile unbewohnbar und werden irgendwann abgerissen. Auch in Providenija selbst stehen zahlreiche Häuser leer, mit den geborstenen Fenstern und dem bröckelnden Putz sehen sie deprimierend aus. »Mitte der neunziger Jahre war es am schlimmsten«, erzählt Igor, »damals brach einfach alles zusammen. Das Heizkraftwerk, die Stromversorgung – einfach alles. Es war der traurige Tiefpunkt in der Geschichte dieses Ortes. Früher war Providenija so beliebt, dass man den Ort für Fremde schließen musste. Menschen, die hier lebten und arbeiteten, verdienten dreimal so viel wie in anderen Gebieten und wurden bereits mit 55 anstatt mit 60 Jahren pensioniert. Aber seit dem Niedergang der Sowjetunion und konsequenterweise des Nördlichen Seeweges ist alles verfallen.«

Abenddämmerung in der
Beringsee. Die Stille
trügt. Vor uns liegt eine
stürmische Überfahrt.

»Warum gibt es keinen Schiffsverkehr durch den Nördlichen Seeweg?«, frage ich auch Igor. Das gleiche Achselzucken, das ich auch anderswo erhalten habe. »Das weiß keiner!«

Ich spreche ihn auf Tourismus sowie das Video an, das ich im Bistro gesehen habe. »Warum wird der Tourismus nicht entwickelt?«, will ich wissen.

»Es fehlt an allem, wir haben nicht einmal mehr ein Hotel. Außerdem gilt diese Region als autonomes Gebiet, für das die Besucher besondere Genehmigungen brauchen. Und die sind nur schwer zu bekommen. Ihr müsst das doch wissen«, antwortet er lachend. – Und ob wir das wissen. Der wirtschaftlichen Entwicklung steht immer wieder eine allgegenwärtige Bürokratie im Wege und angebliche Sicherheitsinteressen, die längst zu einer Farce geworden sind.

Die Hoffnung ruht allein auf dem neuen Gouverneur Tschukotkas. Er heißt Roman Abramovich und ist erst 35 Jahre alt. Für dieses relativ junge Lebensalter hat er es schon weit gebracht. Angeblich ist er Milliardär und soll zu den 250 reichsten Männern der Welt gehören. Das Ölgeschäft soll das möglich gemacht haben. Wie auch immer – er scheint sein Vermögen jedenfalls sinnvoll anzulegen. Die Tschuktschen von Enurmino verdanken seinem Vermögen ihre neuen Boote samt Außenbordern. Die Einwohner von Providenija profitieren ebenfalls von seinem Engagement. Die Reparaturen des Kraftwerks und der Heizleitungen gehen offenbar zu seinen Lasten. Desgleichen ver-

Unter dem Morgendunst
liegt Providenija.
An Lenin ist die Zeit vor-
beigegangen.

sucht er, neuen Wohnraum zu schaffen und wirtschaftliche Impulse zu setzen. Wenn es sich so verhält wie von Igor beschrieben, dann muss es sich
wirklich um einen bemerkenswerten Mann handeln.

Arcardi, jener Hafenkapitän, der uns 1994 drang-
saliert hatte, ist zum Glück nicht mehr vor Ort, sondern hat sich nach St. Petersburg zurückgezogen.
Das ist von hier aus gesehen wirklich das andere
Ende der Welt. Russland ist ein Riesenreich – das

wird uns einmal mehr bewusst. Bis hierher haben wir 6.132 Seemeilen zurückgelegt. Es ist eine weite Reise. Leider ist auch Anatoly, der Eislotse, der mit uns 1994 die dramatische Eisfahrt mitgemacht hatte, nicht mehr vor Ort. Wo er hingezogen ist, kann uns niemand sagen. Schade, ihn hätten wir gern wiedergesehen.

Ein Stück weiter an der Pier dümpelt die VAGABOND. Wir verbringen einen sehr netten Abend bei Eric und seinen Leuten an Bord. Sie freuen sich über die zügige Reise, aber so richtig können sie nicht erfassen, wie viel Glück wir alle gehabt haben. Ihnen fehlt der Vergleich, den wir haben. Für sie war der Sommer normal.

In Providenija verlassen uns Slava und Henryk. Wir feiern an Bord einen auffällig stillen und fast bewegten Abschied voneinander. Slava und besonders auch Henryk waren Dreh- und Angelpunkt der Expedition. Henryk hatte sich wie Slava unermüdlich für das Projekt eingesetzt, und da die beiden die Einzigen waren, die Russisch sprechen, kam ihnen gerade in den Häfen die Hauptlast zu. Slava hat immer noch Probleme mit seinen Rippen. Henryk, der eigentlich bis Alaska mitsegeln wollte, begleitet ihn, weil Slava keine schweren Taschen tragen kann. Es ist ein trauriger Abschied, obwohl wir alles erreicht haben, zu dem wir aufgebrochen sind. Slavas Vision von der erfolgreichen Durchfahrung der Nordostpassage ist Wahrheit geworden. Seine mühseligen Behördengänge, seine stille Sorge, dass wir irgendwo doch noch Probleme mit den Behör-

den oder letztlich mit dem Eis bekommen – das alles ist vorbei. Und wie immer hinterlässt eine erfüllte Aufgabe eine Art Vakuum, in das man unweigerlich gerät. Wir werden neue Pläne schmieden. Wir haben Ideen. Aber vorerst heißt es Abschied nehmen. Als wir den umgebauten LKW, der als eine Art Flughafenshuttle eingesetzt wird, durch die Schlaglöcher Richtung Flugplatz holpern sehen, stelle ich mir Slavas schmerzverzerrtes Gesicht vor. Ihm muss jede einzelne Rippe wehtun.

Auch uns hält jetzt nichts mehr in diesem Ort. Wir bekommen Besuch von der Boarder Guard, die uns ausklariert. Der Vorgang ist von einer gewohnten Umständlichkeit, aber auch von Freundlichkeit geprägt. Irgendwie ist man froh, so zumindest mein Gefühl, dass wir heil durchgekommen sind und dass man uns los wird. Weniger weil man von uns irgendwelche Probleme erwartet, als mehr aus der Überlegung heraus, dass sie sich für uns verantwortlich fühlen. Die Erleichterung ist auch Moskau und der Murmansk Shipping Company anzumerken. Wir erhalten ein Glückwunschfax, in dem man uns zu der gelungenen Durchfahrung des Nördlichen Seeweges gratuliert.

Am 11. September werfen wir los und segeln seewärts den Fjord hinaus.

EPILOG

*»Je mehr sich der moderne Mensch von der Natur
entfernt, desto mehr schwärmt er von ihr.«*
(Halldor K. Laxness, isländischer Literatur-Nobelpreisträger)

Ich lasse den Deckwaschschlauch, wo er ist. Anders als vor acht Jahren verfalle ich nicht in Aktionismus und wasche das Schiff, um mich auf andere Gedanken zu bringen. Ich verspüre keinerlei Frust – ganz im Gegenteil. Wie stets, wenn ich eine Expedition abgeschlossen habe, macht sich bei mir eine Art tiefer Zufriedenheit breit, die gepaart ist mit einem guten Quantum Wehmut. Eine eigenartige Kombination – ich weiß. Ich lasse etwas zurück, und nehme etwas – sozusagen in anderer Währung – mit. Es ist die Erinnerung, sind die Bilder in meinem Kopf, die mich fortan nicht mehr verlassen werden. Aber ein Abschnitt meines Lebens, der mich insgesamt elf Jahre lang begleitet hat, ist gelebt, ist Biografie.

Wir stehen alle an Deck und blicken uns die kargen, aber auf ihre Art schönen Berghänge der Tschukotka-Halbinsel an. Langsam versinken die Häuser eines nach dem anderen hinter der Fjordbiegung. Und anders auch als damals blicke ich sehr wohl zurück. Nachdenklich. Dieses Mal ist alles anders. Wir sind entspannt und gelöst, wie man es ist, wenn eine große Aufgabe, die einen seit langen Jahren beschäftigt hat, erfolgreich abschließt. Aber loslassen kann ich dennoch nicht. Die Expedition hat für mich mehr Fragen aufgeworfen als sie beantwortet hat.

Der Abstand, den ich seit 1994 zu Sibirien gewonnen habe, lässt mich vieles differenzierter sehen. Vielleicht liegt es daran, weil wir erfolgreich waren. Die Sorge, im Eis der Bürokratie oder des Polarmeeres stecken zu bleiben, ist von mir genommen. Das mag ein guter Grund sein, vieles gelassener zu sehen. Zumindest hilft es. Vielleicht liegt es ja auch an den vier Intervallen, in denen wir diese Region immer mit den gleichen Mitteln aufgesucht haben, dass man bestimmte Dinge mit anderen Augen sieht. Mich bewegen die Eindrücke, und es ist keine Spur irgendeiner Form von Bitterkeit geblieben. Ich bin beeindruckt von der positiven Lebenseinstellung, die die Menschen trotz dieser enormen wirtschaftlichen Probleme ausstrahlen und mit welcher Entschlossenheit sie daran gehen, ihre Lebensumstände kontinuierlich zu verbessern. Von Deutschland erreichen uns Meldungen über die schlechte wirtschaftliche Lage, das böse Wort Rezession oder Nullwachstum wird aufgeworfen. Die Lage ist alles andere als rosig – gemessen an dem gewohnten Standard versteht sich. Sibirien ist nicht der Maßstab, an dem sich Deutschland zu messen hat, trotzdem würde ich mir hierzulande ein wenig von der positiven Ausstrahlung jener Menschen wünschen, die wir entlang des Nördlichen Seeweges getroffen haben. Unsere Sorgen möchten diese Menschen einmal haben! Es liegt mir fern, die Situation zu bagatellisieren – aber Mut und positive Ausstrahlung wirken ansteckend. Pessimismus und Negativstimmungen übrigens auch. Wir klagen tatsächlich auf einem hohen Niveau.

Etwas gibt es, das mich mehr als alle Begegnungen mit den Menschen, als die Naturerlebnisse oder das Leben mit einer freundschaftlichen und engagierten Crew auf der DAGMAR AAEN beschäftigt – das ist der offensichtliche Klimawandel. Man mag das berechtigte Argument in die Diskussion einbringen, dass subjektive Eindrücke und Analysen einer wissenschaftlichen Betrachtung nicht standhalten können. Doch das stimmt nur bedingt.

Ich bin 1979 das erste Mal in der Arktis gewesen, seitdem war ich jedes Jahr in irgendeiner arktischen Region, und viele dieser Gegenden habe ich – wie jetzt die Nordostpassage – mehrfach besucht. Ich bin ein Beobachter. Ich kann Veränderungen feststellen! Das Schlimme daran ist, dass der Zeitpunkt, zu dem man Veränderungen beobachten kann, meist schon zu spät ist. Man sieht immer nur Resultate. Mutmaßungen zählen nicht.

Dazu gibt es eine Geschichte, die fast kurios klingt, wäre sie nicht so ernst: Als wir 1989 von der Nordpolexpedition zurückkehrten, in deren Verlauf wir in Zusammenarbeit mit der kanadischen Umweltbehörde diverse Untersuchungen durchgeführt hatten und laut darüber nachdachten, ob es ähnlich wie über der Antarktis ein Ozonloch über der Nordhalbkugel geben könne, wurden wir ausgelacht. Ich entsinne mich gut eines Besuches beim damaligen Umweltminister Klaus Töpfer in Bonn. Der fand solche Überlegungen völlig abwegig und unseriös; wir würden ein Geschäft mit der Angst betreiben. Heute gibt es diese Ausdünnung der Ozonschicht sehr wohl. Und die Erwärmung? Klimaveränderungen hat es erdgeschichtlich immer gegeben – aber auch in diesen kurzen Zeiträumen? Das ist keine Bagatelle, etwa nach dem Motto: Wenn es wärmer wird, dann sitzen wir eben unter Palmen im Sommer an der Ostsee und im Winter sparen wir Heizkosten. Die Unwetter und Stürme der letzten Jahre sprechen eine andere Sprache. Gibt es hier Zusammenhänge? Viele Fachleute meinen ja. Wellenhöhen und Windgeschwindigkeiten sind angestiegen – auch bei uns vor der Haustür in der

Die Reise durch die Beringsee und weiter über den Nordpazifik nach Sitka in Alaska entwickelt sich zu einer Abfolge von Stürmen.

Wir sind froh, als wir schließlich den schützenden Hafen erreichen. 8000 Seemeilen liegen hinter der DAGMAR AAEN.

Nordsee. Die Deutsche Gesellschaft zur Rettung Schiffbrüchiger, DGzRS, baut derzeit einen neuen Seenotkreuzer, der genau diesen veränderten Anforderungen Rechnung trägt. Die Männer der DGzRS sind Pragmatiker, sie reagieren auf veränderte und gefährlichere Arbeitsbedingungen – und nicht weil sie gern ein schönes großes Schiff hätten. Leider sind die russischen Polarstationen zur Untätigkeit verdammt. Ich könnte mir gut vorstellen, dass sie einen sinnvollen Beitrag zur Untersuchung dieses Klimaphänomens beisteuern könnten. Ich werde demnächst nach Moskau reisen, um dort mit Dr. Chilingarov und seinem Stab die Möglichkeiten zu erörtern, eventuell mit Unterstützung der deutschen Industrie einige der Stationen zu reaktivieren. Ob wir die Mittel dafür bekommen, kann ich derzeit nicht beurteilen. Ich werde mich aber dafür einsetzen.

Deshalb und auch aus anderen Gründen wird mich die Arktis auch weiterhin auf vielfältigste Art und Weise beschäftigen.

Eine ganz andere Frage beschäftigt weniger mich, als allerlei andere Leute: Journalisten, Bekannte, Leser oder auch das Publikum bei meinen Vorträgen: »Habt ihr euch eigentlich nie gestritten? Das muss doch krachen, wenn man für so lange Zeit auf einem so kleinen Schiff zusammenlebt.« – Sollte man meinen, hat es aber nicht. Nicht weil wir bessere Menschen wären, sondern weil wir vorbereitet auf die Reisen gehen. Jeder weiß, worauf er sich einlässt. Jeder Einzelne hat das gemeinsam gesteckte Ziel zu seinem eigenen gemacht. Klingt einfach, aber so ist es. Bei Konflikten wird nicht so getan, als gäbe es sie nicht, sondern man versucht, die Probleme in einem freundschaftlichen Ton zu lösen. Das geht! Tatsächlich hat es auf dieser Reise nicht ein einziges Mal Streit gegeben. Das ist der Verdienst eines jeden einzelnen Crewmitgliedes. Bei einem Vortrag, den ich kürzlich bei einem großen Unternehmen gehalten habe, sagte mir einer der teilnehmenden Führungskräfte, nachdem ich diese Frage beantwortet hatte: »Sie haben das große Glück, dass sie keinen Betriebsrat haben.« »Wir brauchen auch keinen«, habe ich geantwortet. Dabei ist es mitunter gar nicht so leicht, mit mir klarzukommen. Als Skipper und Leiter einer Expedition kann man nicht immer »Everybody's Darling« sein. Es gibt auch unpopuläre Entscheidungen. Dass es dennoch in Harmonie und Freundschaft klappt, ist der Verdienst des gesamten Teams zu Lande wie zu Wasser. Und dafür danke ich allen Beteiligten von Herzen!

Quelle: N-TV
Das Eis an den Polen schmilzt weiter – die Meeresspiegel steigen.
Samstag, 31. August 2002
Neue NASA-Erkenntnisse
Massive Eisschmelze an Polen

Nach Erkenntnissen der US-Raumfahrtbehörde NASA verändert sich die Eisdecke an den Polen schneller als vermutet – mit nicht absehbaren Konsequenzen für das Weltklima und die Meeresspiegel. Vor allem in großen Bereichen des südöstlichen Grönland und im Westen der Antarktis seien die Veränderungen gemessen worden, teilte die NASA mit.

»Die Eisdecken an den Erdpolen verändern sich in relativ kurzen Zeiträumen, das heißt in Jahrzehnten und nicht Tausenden von Jahren«, sagte der Wissenschaftler Eric Rignot vom Jet Propulsion Laboratory der NASA im kalifornischen Pasadena. Nach diesen mit neuester Technologie ausgeführten Messungen verliert allein Grönland durch Eisschmelze jährlich 50 Kubikkilometer an Masse. Dies führte zu einem Anstieg des Meeresspiegels um 0,13 Millimeter. Die Eisschmelze lasse sich nicht nur durch ein paar warme Sommer erklären, sagte Rignot.

Insgesamt könnte ein Schmelzen der Eisdecke in Grönland und dem Südpol nach Angaben der NASA die Meeresspiegel um 70 Meter anheben. Aber schon ein kleines Ungleichgewicht zwischen neuem Schneefall und der Schmelze könne den Anstieg der Meeresspiegel stark beeinflussen. Dies sei die eigentliche Gefahr der schmelzenden Eisdecke.

Quelle: www.n-tv.de
Das Forschungsschiff POLARSTERN auf seinem Weg durchs Eis
Dienstag, 15. Oktober 2002
Die Arktis schmilzt
Nordpol-Eis auf dem Rückzug

Das ewige Eis der Arktis befindet sich auf dem Rückzug. Nach Informationen des Bremerhavener Alfred-Wegener-Instituts (AWI) hat sich die Eisgrenze überraschend nach Norden zurückgezogen. Mögliche Ursache sei die globale Erwärmung.

Am Dienstag war die Besatzung des Forschungseisbrechers POLARSTERN aus der Arktis nach Bremerhaven zurückgekehrt. Die AWI-Wissenschaftler an Bord berichteten vom Rückzug der Eisgrenze. Der Fahrtleiter Wilfried Jokat räumte zwar ein, dass es sich dabei um eine natürliche Schwankung handeln könne, sagte aber: »Die Vermutung, dass diese Situation von der globalen Erwärmung herrührt, liegt nahe.«

Ebenso überraschend wie die Eissituation war für die rund 100 Wissenschaftler, dass aus der Arktis wieder in größerem Umfang kaltes Wasser in Tiefenströmen Richtung Süden fließt. Zugleich halte der Zustrom warmen Atlantikwassers an, hieß es.

Warum der kalte Strom zurzeit wesentlich stärker auftritt als in den vergangenen zehn Jahren, wollen die Bremerhavener Wissenschaftler nun in Untersuchungen zu den Schwankungen im Arktis-Klima feststellen.

Quelle: N-TV
Die Eisdecke am Nordpol wird immer dünner
Sonntag, 8. Dezember 2002
Umweltschwankungen
Rekordschmelze am Nordpol

Die Eisdecke über dem Nordpolarmeer ist in diesem Sommer so stark abgeschmolzen wie seit über 20 Jahren nicht mehr. Nach neuen wissenschaftlichen Erkenntnissen, die jetzt auf einer Konferenz der Amerikanischen Geophysikalischen Union vorgestellt wurden, war die Eisfläche in der Arktis im September diesen Jahres um vier Prozent kleiner als in allen Jahren zuvor seit Beginn der Messungen im Jahre 1978. Klimaforscher sehen in dieser Entwicklung einen Hinweis auf langfristige Klimaänderungen aufgrund der menschlichen Lebensweise.
Als Ursache hält Mark Serreze von der Universität Colorado mehrere Einflüsse für möglich: die Zerstörung der schützenden Ozonschicht aufgrund von Umweltverschmutzung, andere Änderungen in der Atmosphäre über der Arktis sowie Schwankungen in den Meeresströmungen des Nordpolarmeeres.

Der Arktische Ozean ist der kleinste, flachste und kälteste aller Ozeane der Erde. Besonders stark ausgeprägt ist die Eisschmelze auf der Insel Grönland. Dort hat sich die Schmelzfläche nach Untersuchungen der Geologen aus Colorado seit 1979 um 16 Prozent vergrößert.

Nachsatz:
Während ich die letzten Zeilen zu diesem Buch schreibe, erreicht mich eine Nachricht eines russischen Freundes, den ich seinerzeit in Igarka kennen gelernt habe und mit dem ich immer noch regelmäßig korrespondiere. In seinem Brief schreibt er mir unter anderem:
»Die letzten Nachrichten bezüglich des Nördlichen Seeweges sind schlichtweg erschreckend. Seit Januar 2003 gelten neue Tarife für den Einsatz der Eisbrecher. Die Charterkosten sollen für die Ortschaften entlang des Seeweges um 100 Prozent ansteigen. Das ist das sichere Ende für die Hafenstädte im Norden, die noch am Leben und auf den Nachschub im Sommer angewiesen sind. Selbst die alten Tarife waren von den Kommunen kaum zu bezahlen. Die Stadt Igarka hat in diesem Jahr lediglich acht mit Holz beladene Frachtschiffe abgefertigt – und nach Abzug aller Kosten mit einem Minus von 46 US $ pro Kubikmeter Holz abgeschlossen. Die Regierung in Moskau hat sämtliche Subventionen für die Eisbrecher gestoppt. Andererseits soll aber ein noch größerer Eisbrecher, der

schon seit vielen Jahren als Bauruine in St. Petersburg liegt, fertig gestellt werden. Warum dafür Geld ausgeben, wenn die bestehende Flotte untätig herumliegt?«

Ich hoffe sehr, dass die Menschen entlang des Nördlichen Seeweges auch diese neuerliche Hürde meistern können – auch wenn es fast an Don Quichotterie zu grenzen scheint. Immer wenn es so aussieht, als hätten sie ein Problem bewältigt, taucht ein neues, noch größeres auf. Ich wünsche ihnen von ganzem Herzen Glück – verdient haben sie es allemal!

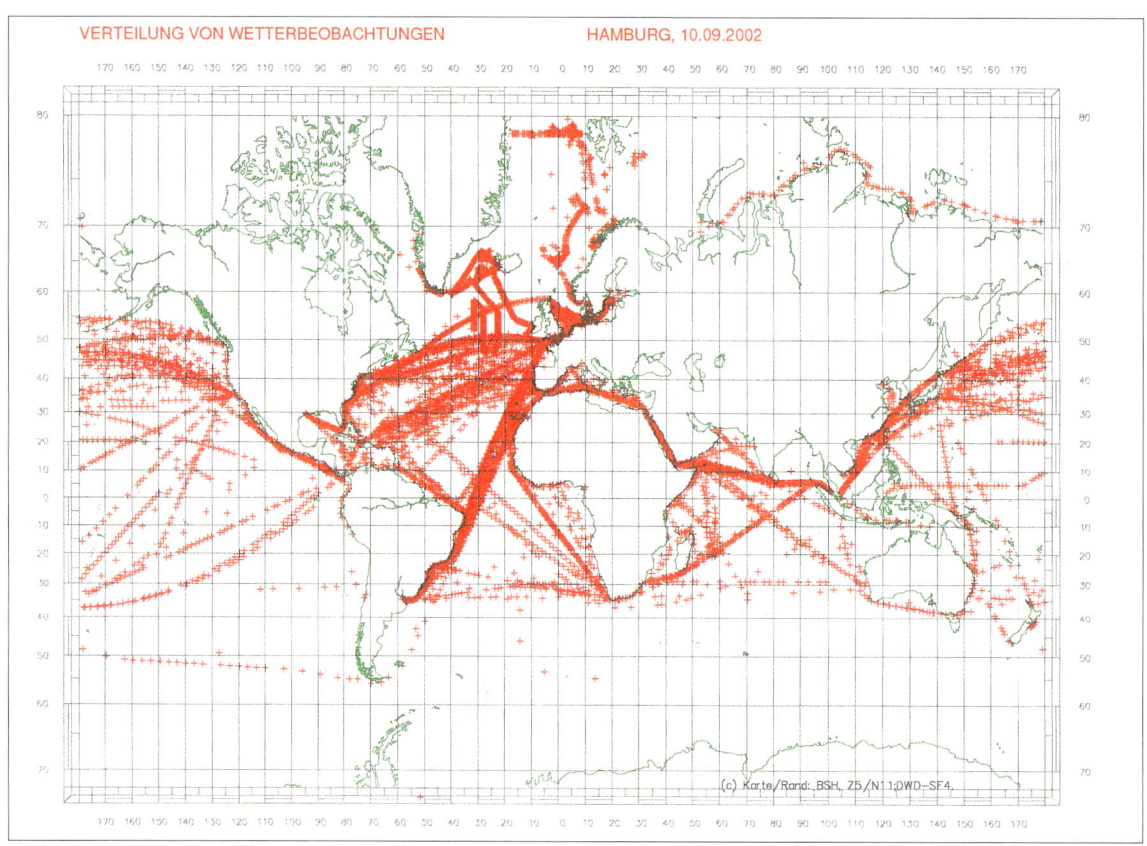

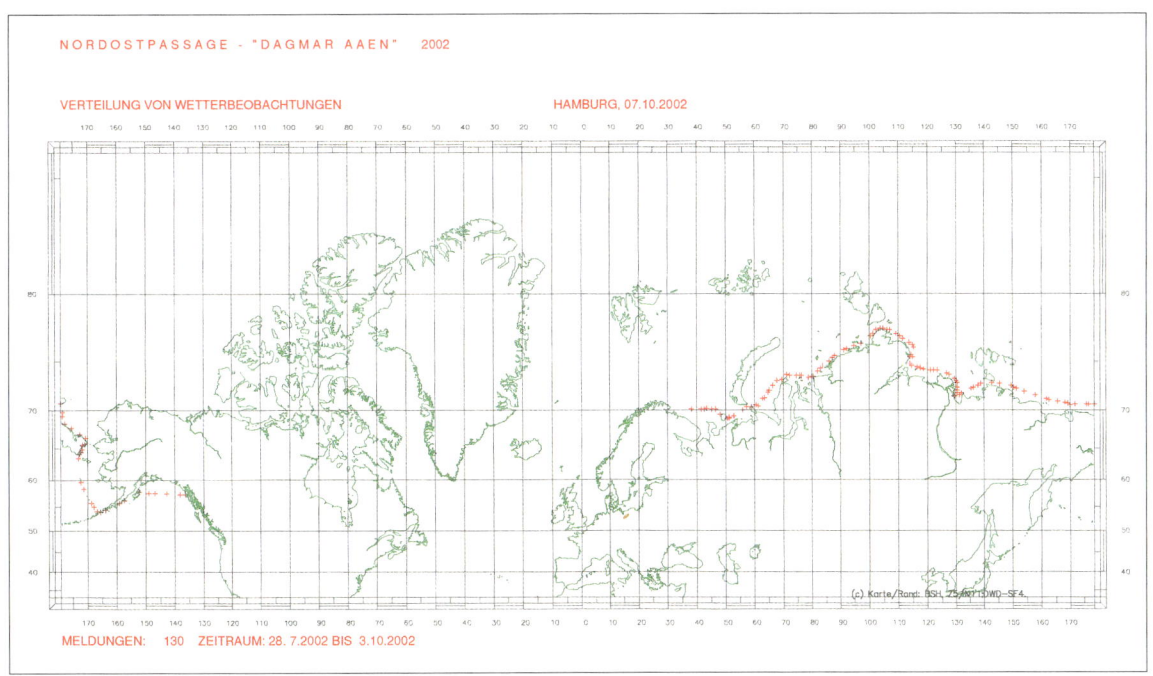

Mobile Wetterbeobach-
tungsstationen des Deut-
schen Wetterdienstes.
Jedes rote Kreuz symboli-
siert eine Wettermeldung.
Deutlich ist zu sehen, dass
entlang der Nordostpas-
sage außer den Daten der
DAGMAR AAEN keine Beob-
achtungen gemacht und
weitergegeben wurden.

Die Crew

Arved Fuchs

Brigitte Ellerbrock

Elise Fleer

Hans-Joachim Karpus

Rainer Kerzig

Ursula Latus

Hermann Nuffer

Wolfgang Reetz

Roger Schmidt

Egon Fogtmann

Martin Friederichs

Torsten Heller

Slava Melin

Frank Mertens

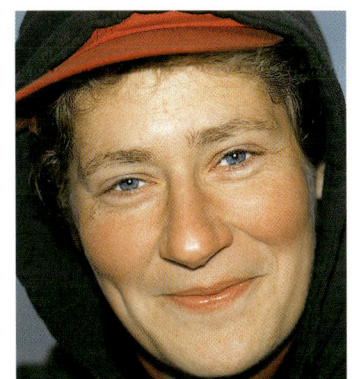

Katja Nagel

Rainer Ullrich

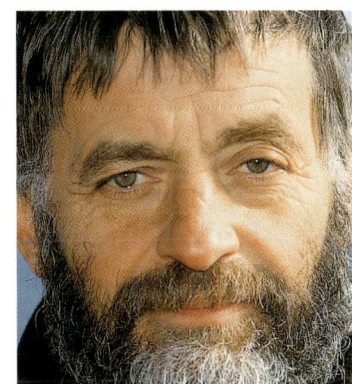

Henryk Wolski

Markus Zatrieb

Segelriss DAGMAR AAEN,

erstellt von Detlev Löll,

NAVCON

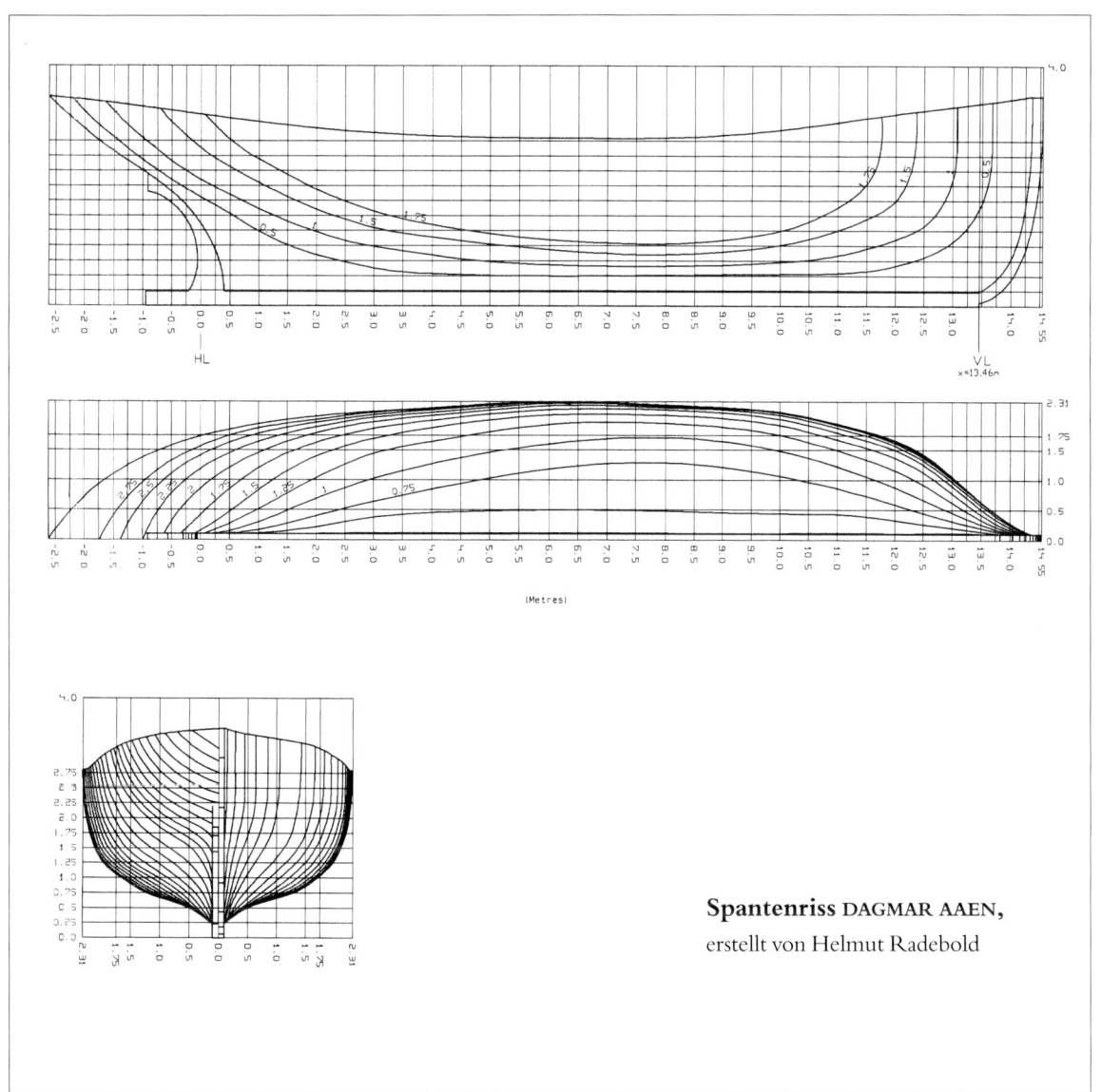

Spantenriss DAGMAR AAEN,
erstellt von Helmut Radebold

Danksagung

Um keine erzählerischen Längen im Buch aufkommen zu lassen, habe ich darauf verzichtet, jeden einzelnen Teilnehmer vorzustellen. Der Erfolg dieser Expedition wäre aber ohne ein über alle Maßen engagiertes Team nicht möglich gewesen. WIR haben den Erfolg als Team möglich gemacht – nicht ich als Einzelperson. Dafür möchte ich jedem Einzelnen herzlich danken.

Zum Team gehören aber auch all diejenigen, die zu Hause bleiben und im Stillen die Fäden in den Händen halten, während wir reisen dürfen. Euch allen möchte ich auch im Namen der gesamten Mannschaft von Herzen danken!

– Der Firma JACK WOLFSKIN, ohne euch wäre es nicht gegangen! Danke für die tolle Ausrüstung und die Unterstützung in allen Belangen. Unser Erfolg ist euer Erfolg!

– GLOBETROTTER AUSRÜSTUNG für Beratung, Vertrauen sowie jahrelange Freundschaft und dafür, dass ihr wieder mit ins Boot gestiegen seid.

– NATIONAL GEOGRAPHIK DEUTSCHLAND für die tolle und kompetente Zusammenarbeit. Die Geschichte unserer Expedition könnte nirgendwo besser aufgehoben sein als bei euch.

– Meddy und Folker Schultheiss sowie Stefanie Berson für das Peronin und die TRECKING MAHLZEITEN.

– Der LHS Leasing- und Handelsgesellschaft Deutschland mbH für den Ford Galaxy.

– Der Agentur MXM Design für die Präsentationen und die Beratung.

– NAVCON, Detlev Löll, für die Berechnung, Planung und Erstellung des neuen Riggs für die DAGMAR AAEN.

– GEO, Gleistein & Sohn für das hervorragende Thempest Tauwerk.

– CANON für das professionelle Videoequipment.

– PANASONIC für das Notebook, das selbst den gröbsten Misshandlungen widerstanden hat.

– KIEL RADIO für die Kommunikation.

– PANDA Icemaster für die tolle Betreuung und den Service.

– PETERSEN-Ingenieure, insbesondere Harald Petersen dafür, dass er Rainer Ullrich die Malerei auf der Reise ermöglicht hat.

– SCUBAPRO für das Tauchequipment, das uns auch unter polaren Bedingungen nicht nur warm gehalten, sondern uns auch die erforderliche Sicherheit gewährleistet hat.

– TRANSAS für die elektronischen Seekarten, die mich endgültig und nachhaltig überzeugt haben!

– Der Firma K&M RETTUNGSGERÄTE , besonders Herrn Behnk, für die Unterstützung und Beratung in allen Sicherheitsfragen sowie den Service der Rettungsinsel.

– DEUTSCHE RETTUNGSFLUG, DRF, besonders Christian Müller-Ramcke, der uns durch sein Erste-Hilfe-Training bestens auf Unfälle vorbereitet hat.

– GASTROLAND, Falk Mahnke für die Hilfe bei der Nahrungsmittellogistik.

– X-CEN-TEK für den Notfall-Rucksack.

– SCS für das Modem.

– BAUER Kompressoren für den Kompressor.

– Der C.J.SKIBS & BADEBYGGERI APS, Christian Jonsson und sei-

nen Leuten für die schiffbauliche Betreuung und Vorbereitung der DAGMAR AAEN für die Expedition.
- Der Firma SECUMAR für die Rettungswesten.
- Der Firma DRY FASHION, Günther Mühlhaus, für die Survival-Anzüge.
- VARTA Batterien, Erich Brandt.

Folgenden Personen und Institutionen gilt mein ganz besonderer Dank:

- Brigitte Ellerbrock, die wie immer einen wesentlichen Anteil am Entstehen und Gelingen der Expedition hat und die mir immer wieder Rückhalt und Stärke in schwierigen Situationen vermittelt.
- Elke Hoffmann, die schon seit elf Jahren das Zepter im Büro schwingt und für die geregelten Büroabläufe sorgt.
- Hans-Joachim Karpus für die Homepage, die Vortragstechnik sowie die Bereitschaft, in allen Bereichen sofort einzuspringen und zu helfen.
- Astrid Eggers, gemeinsam haben wir Icesail angefangen und gemeinsam haben wir es auch beendet. Danke für deinen Einsatz und deine fundierte Mitarbeit.
- Rolf Becker, der für den juristischen Rahmen sorgt.
- Torsten Heller, der mit seiner Kamera unermüdlich bei Wind und Wetter im Einsatz war und eine einzigartige Fotodokumentation erstellt hat.
- Den Mitarbeiterinnen und Mitarbeitern des Delius Klasing Verlages, ganz besonders Birgit Radebold, die dieses Buch wieder unter unglaublichem Zeitdruck lektoriert hat. Wenn es rechtzeitig fertig geworden ist, dann ist es dein Verdienst.
- MXM Design, Guido und Simone für die Hilfe in allen Belangen.
- SCOUT PE, Wolfgang Reetz, durch deine Seminare hast du zum gegenseitigen Verständnis der Crew und zum Teambuilding wesentlich beigetragen.
- Der Wald-Apotheke, Dr. Frank Intert für seine Unterstützung.
- Dem parlamentarischen Staatssekretär Franz Thönnes für seine Hilfe und die Vermittlung.
- Dem Auswärtigen Amt.
- Der Deutschen Botschaft Moskau.
- Dr. Arthur N. Chilingarov, Stellvertretender Präsident der DUMA für seine großzügige Unterstützung.

- Frank Mertens für die funktionierende Elektrik und Elektronik an Bord. Unglaublich, wie viel hundert Meter Kabel in so ein Schiff passen.
- Elise Fleer für die professionelle Zusammenstellung der Nahrungsmittel sowie die perfekte Rolle des Smuts an Bord.
- Egon Fogtmann, ohne Callesen wäre es nicht gegangen – und ohne Egon erst recht nicht!
- Helmut Radebold für die neue Stabilitätsberechnung der DAGMAR AAEN.
- Thomas Mauch und Ulli Baron vom NDR, Landestudio Kiel, für den Film über die Trainingsfahrt.
- TOPAS Film, Bernd Siering und Uwe Agnes für den Expeditionsfilm.
- Gerd Schwalenstöcker für seine Gastfreundschaft und die Organisation in Tromsø.
- Lars Kaleschke von der UNIVERSITÄT BREMEN für die hervorragenden Eiskarten.
- Dem DWD »Deutscher Wetterdienst« Hamburg für die meteorologische Beratung.
- Silke Karpus, die immer hilft, wenn Not am Mann ist.
- Martina Kurzer und Roger Schmidt, beide aus Sitka, Alaska, unter deren fürsorglicher Obhut die DAGMAR AAEN den Winter verbringt.
- Günter Hoffmann für seine Hilfe.
- Lena Melin für die Übersetzungen von oder in die russische Sprache.
- Allen Crew-Mitgliedern, Helfern und Freunden, die nicht alle namentlich genannt werden können, aber maßgeblich mitgeholfen haben, in vielen Arbeitsstunden das Boot termingerecht fertig zu stellen.

Last but not least Rainer »Ulli« Ullrich. Es war ein ganz intensives Erlebnis und ein besonderes Geschenk, die Entstehung deiner Bilder hautnah verfolgen zu dürfen. Deine Bilder geben der Reise eine ganz besondere Prägung und Wertigkeit. Wer nicht dabei war, kann es in Ullis Atelier erleben: *Rainer Ullrich, Art & Work, Alsterberg 18, 22335 Hamburg, www.rainer-ullrich-artundwork.de*

Bibliografie

Boden, Jürgen F. und Myrell, Günter: *Im Bannkreis des Nordens. Auf den Spuren der Entdecker in die faszinierenden Welten des Polarkreises*, Oststeinbek 1999.

Brakenstek, Markus: *Die Nordostpassage*, Diplomarbeit der FH-Oldenburg 2001

Doeker-Mach, Günter und Mayer, Fred: *Vergessene Völker im wilden Osten*, Göttingen 1993.

Huntford, Ronald: *The Amundsen Photographs*, London 1987.

McKinlay, William Laird: *Karluk. Die Geschichte einer verratenen Expedition*, Köln 1979.

Niven, Jennifer: *Packeis. Das Drama der kanadischen Polarexpedition von 1913*, Hamburg 2000.

John Nurminen Foundation: *The Northeast Passage.*

Pantenburg, Vitalis: *Seestraßen*, Herford 1976.

Pawlik, Peter-Michael: *Von Sibirien nach Neu Guinea. Kapitän Dallmann, seine Schiffe und Reisen 1830-1896*, Bremen 1996.

Payer, Julius: *Österreich-Ungarische Nordpol-Expedition in den Jahren 1800, 70, 71, 72-74,* Wien 1876.

Rytchëu, Juri: sämtliche Romane, beispielsweise *Die Suche nach der letzten Zahl*, Zürich 1998.

Stefansson, Vilhjalmur: *The Adventure of Wrangel Island*, First Published in MCMXXVI, London.

Bildnachweis

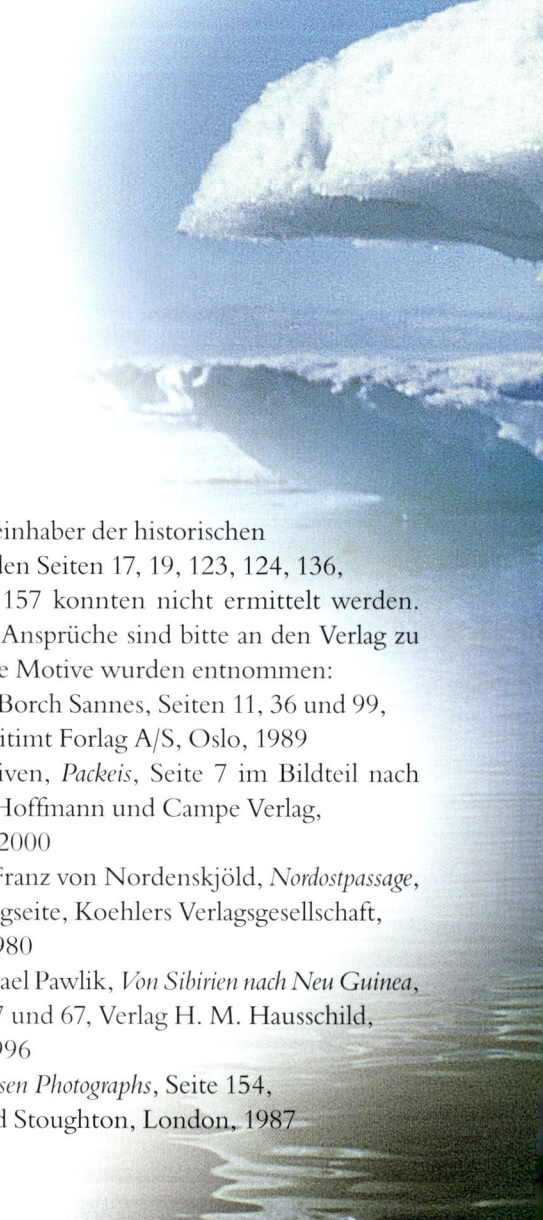

Brigitte Ellerbrock: Seiten 6, 8, 9, 52 o., 54, 61 o. + u., 62 o. + u., 88, 94 o. + u., 105, 114, 122, 126, 129, 134, 139 u., 141 l., 160 u., 167 u., 171 o. + u., 173, 176, 178, 180, 181, 183 u., 188, 191, 194, 199, 200 o. + u., 204 o. + u., 206, 220.

Arved Fuchs: Seiten 10, 12 o. + u., 20, 23, 24, 28, 30 o. + u., 33, 34, 42 u., 58 o. + u., 66 u., 87, 100, 101, 102, 103, 104, 124 o., 146, 175 o., 218 sowie Schutzumschlag hinten links.

Torsten Heller: Seiten 11, 13, 14, 16, 18, 25, 27, 28 o., 29, 31 o. + u., 35, 36, 37 o. + u., 39, 42 o., 43 o. + u., 44, 45 o. + u., 46, 47 o. + u., 49, 51, 52 u., 56 o. + u., 59, 60, 61 M., 63, 65, 66 o., 67, 69 l., 69 r., 71, 72, 73, 74, 77, 78, 81, 82, 86, 92, 93 l. + r., 97 o. + u., 98 o. + u., 106, 109, 110, 111, 113, 116 o. + M., + u. 118, 120, 121 o., 125, 130, 132, 133, 135, 137, 138 o. + u., 139 o., 140, 141 r., 142, 144, 145, 147, 148 o. + M. + u., 149, 150 l. + r., 152, 153, 154, 156, 158, 160 o., 163, 165, 167 o. l. + r., 168, 169, 170, 175 u., 177 o. + u., 179, 183 o. + M., 184, 185, 187 o. + M. + u., 192, 196, 197, 198 o. + u., 202, 208, 214, 215, 223 sowie Buchtitelseite und Schutzumschlag hinten rechts.

Guido Pritzkow: Seiten 32, 41.

Eiskarten: Lars Kaleschke, Universität Bremen.

Vorsatzkarte: Karin Buschhorn

Die Gemälde wurden freundlicherweise vom Hamburger Kunstmaler Rainer Ullrich zur Verfügung gestellt.

Die Rechteinhaber der historischen Bilder auf den Seiten 17, 19, 123, 124, 136, 155 sowie 157 konnten nicht ermittelt werden. Eventuelle Ansprüche sind bitte an den Verlag zu richten. Die Motive wurden entnommen:
FRAM, Tor Borch Sannes, Seiten 11, 36 und 99, Norsk Maritimt Forlag A/S, Oslo, 1989
Jennifer Niven, *Packeis*, Seite 7 im Bildteil nach Seite 224, Hoffmann und Campe Verlag, Hamburg, 2000
Friedrich-Franz von Nordenskjöld, *Nordostpassage*, 4. Umschlagseite, Koehlers Verlagsgesellschaft, Herford, 1980
Peter-Michael Pawlik, *Von Sibirien nach Neu Guinea*, Seiten 9, 37 und 67, Verlag H. M. Hausschild, Bremen, 1996
The Amundsen Photographs, Seite 154, Hodder and Stoughton, London, 1987

Durch's Eis mit dem Polar-Fuchs!

Abenteuer zwischen Tropen und ewigem Eis
Sea, Ice & Mountains
384 S., 65 Farbfotos, 22 Karten, 4 Risse
Format 13,5 x 21,5 cm, kart.
ISBN 3-7688-1353-3

Im Schatten des Pols
*Auf Shachletons Spuren im härtesten
Meer der Welt*
224 S., 158 Farb- u. 15 S/W-Fotos,
Format 20 x 23 cm, gebunden
ISBN 3-7688-1228-6

Im Faltboot um Kap Hoorn
216 S., 17 Farb- und
81 S/W-Fotos, 5 Karten,
Format 13,5 x 21,5 cm, kart.
ISBN 3-7688-1092-5

Wettlauf mit dem Eis
Die Durchsegelung der Nordwestpassage
240 S., 120 Farbfotos,
7 Zeichn., 8 Karten,
Format 17 x 24 cm, geb.
ISBN 3-7688-1303-7

Der Weg in die weiße Welt
Mit der DAGMAR AAEN zum 7. Kontinent
416 S., 85 Farbfotos, 24 Karten,
Format 14,5 x 21,5 cm, geb.
ISBN 3-7688-1071-2

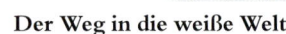

Abenteuer russische Arktis
192 S., 91 Farbfotos, 3 S/W-Fotos,
5 Karten, 4 Risse,
Format 14,5 x 21,5 cm, geb.
ISBN 3-7688-1141-7

Erhältlich im Buch- und Fachhandel

DELIUS KLASING

GRÖNLAND

ISLAND

ATLANTISCHER
OZEAN

NORDSEE

Ålesund

Bergen

Tromsø
26. Juni–2. Juli

Vardø

Murmansk
14.–27. Juli

Hamburg *28. Mai 2002*

EUROPA

RUSSLAND

Schwarzes Meer

Kaspisches Meer

ASIEN

Nordpol

A R K

SPITZBERGEN

FRANZ-JOSEF-LAND

Barentssee

GEYBERG-

NOWAJA
ZEMLJA

Karasee

Karastraße

Dikson
6.–8.

KOLGUJEV-
INSEL

Ob

Jeniss